U0554535

权威·前沿·原创

皮书系列为
"十二五""十三五""十四五"时期国家重点出版物出版专项规划项目

BLUE BOOK

智库成果出版与传播平台

北京蓝皮书

BLUE BOOK OF BEIJING

北京公共服务发展报告

（2024~2025）

ANNUAL REPORT ON PUBLIC SERVICE OF

BEIJING (2024-2025)

组织编写／北京市社会科学院

主　　编／杨伟国
副主编／毕　娟　罗　植

社会科学文献出版社
SOCIAL SCIENCES ACADEMIC PRESS (CHINA)

图书在版编目（CIP）数据

北京公共服务发展报告 . 2024~2025 / 杨伟国主编；
毕娟，罗植副主编 . -- 北京：社会科学文献出版社，
2025.6. --（北京蓝皮书）. -- ISBN 978-7-5228-5174-
7

Ⅰ. D625.1
中国国家版本馆 CIP 数据核字第 2025L0S702 号

北京蓝皮书
北京公共服务发展报告（2024~2025）

组织编写／北京市社会科学院
主　　编／杨伟国
副 主 编／毕　娟　罗　植

出 版 人／冀祥德
责任编辑／张铭晏
责任印制／岳　阳

出　　版／社会科学文献出版社·皮书分社（010）59367127
　　　　　地址：北京市北三环中路甲 29 号院华龙大厦　邮编：100029
　　　　　网址：www.ssap.com.cn
发　　行／社会科学文献出版社（010）59367028
印　　装／天津千鹤文化传播有限公司

规　　格／开　本：787mm×1092mm　1/16
　　　　　印　张：19.5　字　数：291 千字
版　　次／2025 年 6 月第 1 版　2025 年 6 月第 1 次印刷
书　　号／ISBN 978-7-5228-5174-7
定　　价／158.00 元

读者服务电话：4008918866

▲ 版权所有 翻印必究

北京市社会科学院蓝皮书、集刊、论丛编辑工作委员会

主　　任　谢　辉　贺亚兰

副 主 任　杨伟国　范文仲　鲁　亚　肖峻峰　朱霞辉

成　　员　谢　辉　贺亚兰　杨伟国　范文仲　鲁　亚

　　　　　肖峻峰　朱霞辉　季英勇　杨　奎　赵　弘

　　　　　刘　波　项晓东　兰银卫　张　怡　安红霞

　　　　　谭日辉　祁述裕　包路芳　袁振龙　毕　娟

　　　　　邓丽姝　黄仲山　刘仲华　常越男　尤国珍

　　　　　张真理　马一德　陆小成　郭万超　孙　伟

　　　　　赵继敏

《北京公共服务发展报告（2024~2025）》
编　委　会

主　任　杨伟国

副主任　毕　娟　罗　植

委　员　杨伟国　毕　娟　罗　植　李志斌　吴向阳
　　　　　鄢圣文　李江涛　董丽丽　王　婧　杨　浩
　　　　　王　鹏　孟凡新　李嘉美　唐将伟　张梦溪

主要编撰者简介

杨伟国　北京市社会科学院党组副书记、副院长。中国人民大学劳动人事学院教授、博士生导师，中国劳动学会副会长，中国人力资源开发研究会副会长，国际劳动与雇佣关系学会（ILERA）执委。曾任职商务部、深圳海王集团、澳门南光集团南光（捷克）有限公司、中国南光闽澳进出口公司、中国光大银行、中国社会科学院等机构。主要研究方向为就业理论与政策、数字经济与工作市场、人力资本服务、人才管理等。主持多项国家社会科学基金重大项目、北京市社会科学基金重大项目，以及教育部、人社部、国家发展改革委课题。在《求是》《中国社会科学》《人民日报》等报刊发表论文和研究报告百余篇，出版《转型中的中国就业政策》《人力资本服务》《数字经济：新动能与新就业》等多部著作。

毕　娟　北京市社会科学院管理研究所副所长，副研究员，管理学博士。主要研究方向为公共服务、科技政策与管理、数字经济与治理、政府绩效管理。主持北京市社会科学基金重点课题、智库重大课题、北京市科技战略决策咨询课题等多项课题。出版著作《北京文化与科技融合的模式及路径》《跨国公司技术转移研究——北京案例》，担任《北京数字经济发展报告》副主编，发表学术论文和研究报告50多篇。多项成果获得北京市哲学社会科学优秀成果奖二等奖，北京市社会科学院优秀成果奖二等奖、三等奖。

罗　植　北京市社会科学院管理研究所副研究员，管理学博士。主要研究方向为公共管理、公共政策、社会治理。主持完成"北京市政府激励企业科技投入优化研究""首都城市治理的标准化战略及实现路径研究"等多项课题。博士后研究项目"促进基本公共服务均等化的供给机制优化研究"获中国博士后科学基金一等资助，主持2015年国家社会科学基金青年项目"治理视域下地方公共服务供给的系统优化研究"。专著《中国地方政府规模与结构优化》获北京市第十五届哲学社会科学优秀成果奖一等奖。

摘　要

　　全书分为总报告，评价篇，科技、教育、文化篇，社会保障篇，基础设施篇，公共安全篇，环境保护篇7个部分，围绕北京市公共服务布局和高质量发展进行深入研究，通过定性与定量分析，从科学技术、基础教育、公共文化、社会保障、基础设施、公共安全、环境保护等方面，呈现北京市公共服务发展总体情况。

　　2024年北京市迈向公共服务高质量发展新阶段，持续打造均衡、优质、高效的公共服务供给格局，以首善标准提升服务水平，不断完善公共服务体系。科教文事业改革提质发展并取得积极成效；社会保障服务提质增效，全面增强劳动关系治理能力；城市基础设施加快改造升级，促进数智化发展，保障城市运行效率和市民生活质量；创新举措加强公共安全监管，维护首都社会治安大局持续稳定；"蓝天碧水净土"协同突破，夯实生态文明建设成果。同时，北京公共服务仍有短板，需进一步深化改革，不断建设与完善均衡优质、高效持续、多层多样的社会公共服务体系。

　　在科技领域，北京市在坚持"四个面向"理念的同时聚焦区域科技发展问题，以推动国际科技创新中心建设为核心目标，系统谋划科技体制改革并取得积极成效。科技事业跨越发展，国际科技创新中心建设取得新进展，在综合创新实力、基础研发、科技创新与产业创新融合等方面取得明显成效。在基础教育领域，多措并举推动优质教育资源均衡发展，优化学位供给、提升办学条件，强化学生素养培养、提升教育质量，不断增强人民群众教育的获得感和满意度。在公共文化领域，公共文化服务政策持续发力，文

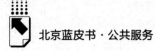

化新质生产力势头强劲。文化服务和供给不断优化,高端与融合发展趋势鲜明。公共文化服务品牌不断增多,服务质量和效能稳步提升。在就业与社会保障领域,新就业形态劳动者权益保障的数字化管理建设水平不断提升。延迟退休对北京市城镇职工养老金待遇具有积极正面影响。需从激发新业态活力、完善法律法规、增强民生社会保障、削弱户籍栓梏等方面,促进北京市生活性服务业性别平等。北京养老服务呈现数智化转型趋势,住房公积金制度不断赋能北京住房保障高质量发展。在基础设施领域,通过对全国代表性省份数字化基础设施水平进行对比分析,发现北京市在5G基站、算力供给等方面具有显著优势。同时在算法框架、数据集和平台等人工智能基础设施建设方面全国领先,持续赋能产业升级。北京市乡村新型公共设施加快建设布局,但是区域覆盖不均,偏远乡村难享便利,建设与运维难度大、成本高,适配人口产业发展难度较大是主要现实问题。在公共安全领域,北京在政治、经济、文化等安全领域的积极作为与显著成果,为全国安全治理提供了宝贵经验。社区社会组织在基层社会治理中发挥着不可替代的作用,但在培育和发展过程中仍面临诸多挑战和困境。在环境保护方面,研究发现北京市在空气质量、水资源管理、固体废物处理和绿色能源应用等关键领域取得显著成效。然而,臭氧污染问题依然突出,区域协同治理机制仍需完善,绿电市场化消纳不足等挑战依然存在。北京碳市场是地方碳试点中的佼佼者,市场机制较为完善,交易主体丰富,其市场设计具有“高约束性+强服务导向”特征。京津冀地区碳排放总量下降,但碳排放强度仍高于全国平均水平,需持续优化产业结构、加强高耗能产业协同减排、提升区域交通一体化水平、增强环保政策协同性、协同优化区域能源结构。此外,京津冀地区农村人居环境综合质量有待提升,需健全农村人居环境整治的长效机制,因地制宜选择整治模式。

关键词: 公共服务 科学技术 基础教育 社会保障 基础设施 公共安全 环境保护

目 录 ▷

I 总报告

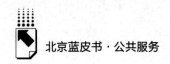

Ⅴ　基础设施篇

Ⅵ　公共安全篇

Ⅶ　环境保护篇

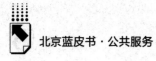

总 报 告

B.1

迈向公共服务高质量发展新阶段
打造均衡、优质、高效公共服务供给格局

—北京公共服务发展报告（2024~2025）

北京市社会科学院管理研究所"北京公共服务创新发展研究"课题组*

摘　要： 2024 年北京市迈向公共服务高质量发展新阶段，持续打造均衡、优质、高效的公共服务供给格局，以首善标准提升服务水平，不断完善公共服务体系。科教文事业改革提质发展并取得积极成效；社会保障服务提质增效，全面增强劳动关系治理能力；城市基础设施加快改造升级，促进数智化发展，保障城市运行效率和市民生活质量；创新举措加强公共安全监管，维护首都社会治安大局持续稳定；"蓝天碧水净土"协同突破，夯实生态文明建设成果。同时，北京公共服务仍有短板，需进一步深化改革，不断建设与

---

* 执笔人：毕娟，北京市社会科学院管理研究所副所长，副研究员，主要研究方向为公共服务、科技政策与管理、数字经济与治理、政府绩效管理；罗植，北京市社会科学院管理研究所副研究员，主要研究方向为公共管理、公共政策、社会治理；吴向阳，北京市社会科学院管理研究所副研究员，主要研究方向为环境经济学；鄢圣文，北京市社会科学院管理研究所副研究员，主要研究方向为社会保障、人力资源管理；李志斌，北京市社会科学院管理研究所助理研究员，主要研究方向为公共管理、基础设施。

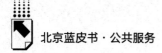
完善均衡优质、高效持续、多层多样的社会公共服务体系。

关键词： 公共服务供给 科技创新 社会保障 基础设施 公共安全 生态文明

一 总体结论：以首善标准提升服务水平，
公共服务体系不断完善

2024 年是落实"十四五"规划的关键一年，北京市紧紧围绕"抓改革、促发展、推产业"的发展思路，推动公共服务领域改革与创新发展。注重以首善标准引导公共服务发展方向，着力构建均衡、优质、高效的公共服务供给格局，不断完善公共服务体系，改善民生福祉，提升人民对于公共服务的满意度和获得感。

在科学技术方面，科技创新事业实现跨越式发展。综合创新实力显著提升。2024 年，北京在《国际科技创新中心指数 2024》（GIHI2023）中位居第三，连续 8 年居《自然指数—科研城市》榜首。科技创新助力新质生产力形成，数字经济核心产业增加值增长 10.1%，北京地区技术合同成交额 9153.3 亿元，增长 7.2%。在高性能处理器、车规级芯片整车国产化等方面取得突破。统筹推进"三城一区"联动发展，支持在京国家实验室承担国家科技重大专项。深化科技体制改革，中关村新一轮先行先试改革政策全面落地。

在基础教育方面，系统推进高质量发展，扩优提质效果显著，提升终身学习公共服务水平。以首都发展和学龄人口变化趋势为依据，优化基础教育供给，义务教育阶段就近入学率连续 5 年保持在 99% 以上，各区持续探索合作办学模式，助推优质教育资源均衡发展；以课程改革为核心，推动教育质量提升；以人工智能赋能，推动教育数字化改革；以规范化管理为抓手，夯实基础教育安全。

　　在文化和旅游方面，深入推进全国文化中心建设，扎实推动文化和旅游改革。发挥公共文化服务体系示范区引领带动作用，四级公共文化服务体系不断完善。挖掘首都优秀文化资源，提升全国文化中心建设水平。以建设"演艺之都"为抓手，大力发展文化事业与文化产业。坚持文化惠民，2024年举办市民系列文化活动1.6万场、营业性演出5.7万场，丰富群众精神文化生活。挖掘红色旅游资源，以品牌建设引领旅游高质量发展。

　　在就业和社会保障方面，构建与完善就业公共服务体系，坚持公共就业服务与市场化就业服务并重，增强就业服务效能。整体薪酬水平呈现稳中有升态势，服务业等领域薪酬增速处于领先地位。基本养老金、城乡居民基础养老金和福利养老金、工伤保险等社会保障待遇水平不断提升，增进首都群众获得感、幸福感、安全感。劳动关系协商协调能力和治理水平不断提升，以"安薪北京"专项行动为抓手保障劳动者权益。

　　在基础设施方面，践行人民城市理念，通过一系列创新举措，推动城市高质量发展，不断打造宜居宜业的智慧城市。城市更新政策体系不断完善，加快形成宜居、宜业、绿色、韧性、智慧的城市新面貌。开展城市公用设施改造，提升智能化管理和维护能力。加强交通综合治理，提升城市交通便利度和运行效率，引导绿色低碳出行。加速推进智慧城市建设，在整体规划、新基建、自动驾驶示范区建设等方面取得明显进展。

　　在公共安全方面，全力营造安定和谐的社会环境。创新完善"安全+服务"举措，维护首都社会治安大局持续稳定，在社会安全、大型群众性活动安全、校园安全等方面细化政策方案，提升安全保障。注重科技赋能，推动智慧警务建设，利用人工智能、大数据构建立体化防控体系，完善数字政务，提升公安政务服务水平。在全国率先推进一体化综合监管改革，以专项行动促进全市食品药品安全形势稳中向好。净化网络生态环境，深入整治"自媒体"乱象。

　　在环境保护方面，夯实生态文明建设成果。"蓝天碧水净土"协同突破，推动蓝天保卫战走向"长效治本"阶段，构建"三水统筹"治理体系，创新"风险管控+安全利用"的土壤治理模式，实现大尺度绿色空间建设成效。京津冀环境协同治理持续深化，进入治理协同深化改革新阶段。

2024年，北京公共服务取得较为显著的成效，在打造均衡、优质、高效的公共服务供给格局方面取得新进展。但是，北京公共服务领域距离首善标准还有一定差距，公共服务领域还需进一步深化改革。例如，关键核心技术研发、供给端提升科技创新成果产出及质量、科技成果转化落地及应用见效仍有不足；基础教育优质均衡与人民期待仍有差距；公共文化领域存在体制机制掣肘问题，特色公共文化服务供给、文旅深度融合还需加力；居民收入增长动力不足、就业形势严峻且结构性问题凸显，医疗、养老等公共服务领域的优质资源分配不均等问题依然存在；城市基础设施改造提升、智慧化发展还需加强；护航首都经济社会高质量发展，促进首都安定和谐稳定的需求始终迫切；维护生态文明成果，推动京津冀环境协同治理仍需努力。

2025年是"十四五"规划收官之年，也是谋划"十五五"规划的重要年份。北京市公共服务发展需锚定"基本建成政府保障基本、社会多元参与、全民共建共享的公共服务供给格局"的发展目标，在科技教育文化、就业与社会保障、基础设施、公共安全、环境保护等领域系统布局，协同发力，不断建设与完善均衡优质、高效持续、多层多样的社会公共服务体系，以更好地满足人民群众的期盼和需要，提升民生福祉，增强人民群众的获得感、幸福感。

二 科教文事业改革提质发展，发展成效不断显现

（一）科技创新事业跨越发展，科技体制改革进一步深化

2024年北京市科技创新事业呈现跨越式发展的特征，在综合创新实力、关键核心技术支撑等方面成效显著。但是，科技发展中仍存在一定问题，需要进一步深化科技体制改革，持续激发创新活力。

创新综合实力不断提升。2024年，北京在《国际科技创新中心指数2024》中位居第三，并连续保持3年，科学中心和创新高地两个维度均位居第二。高被引科学家数量达431人次，连续两年位居全球创新城市第一。原

始创新能力实现跨越发展。5 项基础研究成果入选中国科学十大进展，连续8 年居《自然指数—科研城市》榜首。世界知识产权组织发布的《2024 年全球创新指数》中北京排名第三，较上年上升 1 位。

科技创新助力形成新质生产力。2024 年，数字经济核心产业增加值比上年增长 10.1%，在规模以上数字产品制造业中，2024 年工业机器人产品产量增长 61%。北京地区认定登记技术合同 102910 项，成交额 9153.3 亿元，增长 7.2%。推动关键核心技术创新，在高性能处理器、车规级芯片整车国产化等方面突破发展。中央网信办备案大模型 105 家，占全国近四成，助力人工智能产业加速发展。医药器械等医药健康领域创新成果突出，医药健康产业总规模首次破万亿元。[①]

统筹推进"三城一区"联动发展。全力支持在京国家实验室承担国家科技重大专项任务，加快推进怀柔综合性国家科学中心建设，推动 29 个重大科技设施全面投入科研运行，同时建成昌平南口全国重点实验室基地一期工程。示范区规模以上重点企业技术收入增长超 10%。

进一步深化科技体制改革。坚持"四个面向"导向，服务于国家战略科技力量发展，中关村新一轮先行先试改革政策全面落地，进一步推动中关村世界领先科技园区。在科研项目管理、财政科技经费分配使用、人才激励、科技成果转化、科技金融发展制度机制等方面不断探索完善。

北京市科技发展仍然存在关键核心技术研发、供给端提升科技创新成果产出及质量、科技成果转化落地及应用见效不足等方面的问题，[②] 未来需进一步深化科技体制改革，营造科技发展良好环境。

（二）基础教育扩优提质发展，提升终身学习公共服务水平

2024 年，北京市系统推进基础教育高质量发展，终身学习的教育公共服务水平不断提升。

---

① 《2025 年北京市科技与经济和信息化工作会议召开》，https：//www.most.gov.cn/dfkj/bj/zxdt/202502/t20250217_193080.html，2025 年 2 月 17 日。

② 北京市《2025 年政府工作报告》。

以首都发展和学龄人口变化趋势为依据，优化基础教育供给。加强托育服务等学前教育供给，新增普惠性托位近1.9万个，适龄儿童入园率和普惠率均达到93%；优化义务教育供给，新增中小学学位近3.9万个，义务教育阶段就近入学率连续5年保持在99%以上。北京市各区持续探索合作办学模式，助推优质教育资源均衡发展。

以课程改革为核心，推动教育质量提升。2024年，启动基础教育课程教学改革六大行动，全方位推动课程改革。推进"大思政课"综合改革，注重立德树人。2024年启动中小学生"健康一起来"阳光体育运动计划，义务教育阶段调整课间时长为15分钟。推进普通高中优质特色发展。加强新时代中小学科学教育，实施学校美育浸润行动。注重家校社协同育人，落实"教联体"等机制，东城、朝阳、海淀三区列入全国学校家庭社会协同育人试验区。

以人工智能赋能首都教育，推动教育数字化改革。2024年10月发布《北京市教育领域人工智能应用工作方案》《北京市教育领域人工智能应用指南（2024年）》，推动人工智能在教育领域深入实践。25所中小学成为基础教育人工智能应用场景试点校，6所中小学入选教育部中小学人工智能教育基地。

加强规范管理，筑牢安全底线。2024年6月，北京市基础教育"规范管理年"行动启动，在规范学校日常管理、加强师德师风、守牢安全底线等方面推进规范整治工作。开展119消防安全系列活动，提升校园安全意识。弘扬教育家精神，提升教师数字素养，加强高素质教师队伍建设。设立专项基金，奖励优秀乡村教师。

未来，北京市基础教育改革还需进一步深化，需坚持以人民为中心，不断满足人民群众对教育发展的新期待。

（三）扎实推动文旅改革发展，文旅融合成效不断显现

2024年，北京市深入推进全国文化中心建设，扎实推动文化和旅游改革，文旅融合成效不断显现。

公共文化服务体系不断完善。全市建有四级公共文化设施7123个，一刻钟公共文化服务圈基本形成。制定工作方案设置指标体系，落实公共文化

服务体系示范区建设，已在西城、门头沟、昌平、怀柔、平谷等区推进示范区创建工作。

强化首都文化保护与传承。2024 年，北京中轴线申遗圆满成功，以中轴线申遗带动老城整体性、系统性保护，研究制定中轴线保护三年行动计划和中轴线文化阐释和传播若干措施。继续推进"三条文化带"建设，大运河文化旅游景区被评为国家 5A 级旅游景区，中国长城博物馆建设顺利，大葆台西汉墓遗址保护展示工程完工，"进京赶考之路"京冀红色旅游路线贯通，首钢老工业区入选国家工业遗产。[①]

以建设"演艺之都"为抓手，大力发展文化事业与文化产业。坚持文化惠民，举办市民系列文化活动 1.6 万场、营业性演出 5.7 万场，丰富群众精神文化生活。创新博物馆服务模式，试点推行 20 家博物馆延时开放，新增 15 家备案博物馆和 29 家类博物馆，提升公共文化服务效能。推进书香京城建设，实体书店数量突破 2100 家，营造浓厚城市文化氛围。

促进旅游业高质量发展。2024 年召开旅游发展大会，出台《北京市推动旅游业高质量发展的实施意见》，古北水镇成为全市首个国家级旅游度假区，"漫步北京""北京微度假""北京网红打卡地"等品牌引领文旅融合业态新风向。发布 51 个体育旅游精品项目，认定 6 家市级工业旅游示范基地。挖掘红色旅游资源，推出 17 条红色旅游精品线路。

未来，北京仍需不断突破体制机制掣肘问题，提升特色公共文化服务供给，制定政策措施服务于文旅新业态创新发展。

三　社会保障服务提质增效，劳动关系
治理能力显著增强

2024 年是"十四五"规划目标任务推进中的关键一年，面对外部环境的重重压力与日益增多的内部挑战，北京市迎难而上，致力于推动经济社会

---

① 北京市《2025 年政府工作报告》。

平稳健康发展，用心用情办好民生实事，让人民群众得到更多实惠。2024年，北京城镇调查失业率为 5.1%，居民人均可支配收入同比增长 4.5%，居民消费价格微涨 0.1%。此外，北京市在人均地区生产总值以及万元地区生产总值所对应的能耗、水耗、碳排放等多个关键指标上，继续维持在全国省级地区中的领先地位。

（一）就业公共服务体系不断健全，逐步形成"大就业"服务格局

2024 年以来，北京市在就业公共服务体系的建设上迈出了坚实步伐，构建了由公共就业服务机构、政府行业主管部门及经营性人力资源机构共同驱动的"三驾马车"模式，形成"大就业"服务格局，并坚持公共就业服务与市场化就业服务并重的"双轮驱动"战略。[①] 其间，北京市不仅升级了马驹桥零工市场等就业服务站点，还推出了"家门口"智慧就业服务平台，显著增强了就业服务效能。2024 年 5 月，发布《关于规范建设零工市场的指导意见（试行）》及实施方案，为全市零工市场的规范化建设提供了政策框架。截至 2024年底，已建成 16 个零工市场和 18 个零工驿站，初步编织起便捷、精准的零工服务网络，有效促进了灵活就业人员的就业质量。此外，还设立了国家公共就业服务区域中心（北京），牵头组建了京津冀晋蒙鲁公共就业服务联盟，强化了区域间的就业协作。实施就业形势季度分析研判机制，特别是针对高校毕业生，启动了"十项行动"以促进其就业创业。同时，北京市还创新性地推出了职业技能培训"见证补贴"政策，提高了政策执行的精准度和资金使用效率。2024年，北京市在就业方面取得了显著成绩，新增城镇就业 28.4 万人，帮助 12.4 万名困难人员实现就业，并助力 4.8 万名农村劳动力就业参保，北京生源高校毕业生的就业率高达 96.1%。[②] 尽管如此，北京市仍需应对长期存在的就业总量压力及结构性矛盾，持续完善就业公共服务体系。

---

① 《北京朝阳区率先打造"三驾马车"同向发力的"大就业"服务格局》，http：//www.chinadevelopment.com.cn/xc/2025/0109/1928624.shtml，2025 年 1 月 9 日。

② 《重点群体就业质量纳入"每月一题"　今年已帮助 4.8 万名困难人员实现就业》，《北京日报》2024 年 5 月 13 日。

（二）整体薪酬水平稳中有升，重点行业增速明显

依据《2024 年北京市人力资源市场薪酬状况报告（四季度）》，北京市经济稳定复苏的趋势日益明显，整体薪酬水平呈现稳中有升的态势。服务类产业持续高质量发展，薪酬增速整体处于领先地位，软件和信息服务业、科技服务业、专业服务业的月平均薪酬中位值分别为 14417 元、12791 元和 11915 元。随着国家重大战略的实施和重点领域安全能力建设的加强，以及推动新一轮大规模设备更新和消费品以旧换新的"两重""两新"政策的持续推动，智能高端制造产业的薪酬环比增长显著，月平均薪酬中位值达到 13459 元。在技能人才薪酬方面，以生产制造环节为主导的技能人才薪酬中位值继续呈现环比增长，高级技师、技师、高级技能人才、中级技能人才的月平均薪酬中位值均突破 1 万元大关，分别为 12529 元、11384 元、11084 元、10688 元。此外，随着国家低空经济产业的全面推进，以及《北京市促进"低空经济"产业高质量发展行动方案（2024—2027 年）》的出台，北京低空经济产业相关人才的需求逐渐增加，相关专业技术岗位也成了高薪且热门的岗位。例如，飞行器自动控制算法工程师的月平均薪酬中位值高达 29435 元，无人机飞行技术工程师和低空飞行器设计师的月平均薪酬中位值也超过了 26000 元。[1]

（三）社保服务提质增效，优质资源布局日益均衡

全面落实社会保险经办条例，提高社保经办服务效能。调整社保经办服务规范和办事指南。结合《社会保险经办条例》，举办第六期社保新流程业务培训，各区社保经办机构人员参加。税务、人社、医保等部门密切协作，圆满完成"统模式"改革任务。2024 年第三季度按时足额为 442 万人发放养老金。[2]

---

[1] 《北京发布 2024 年四季度人力资源市场薪酬状况报告》，https://www.beijing.gov.cn/ywdt/gzdt/202501/t20250117_3991939.html，2025 年 1 月 17 日。

[2] 《北京市人力资源和社会保障局 2024 年市政府重要民生实事和市政府工作报告重点任务三季度进展情况》，https://rsj.beijing.gov.cn/xxgk/zfxxgk/ghjh_1/202410/t20241028_3929278.html，2024 年 10 月 28 日。

6月底公布2024年企业和机关事业单位退休人员基本养老金、城乡居民基础养老金和福利养老金、工伤保险定期待遇等调整方案，进一步提升社保待遇水平。截至2024年8月底，各项待遇已发放到位。持续开展社保基金管理巩固提升行动，成立督导组对各区开展督导检查。2024年10月底，分阶段、分人群、分批次启动第三代社保卡集中换发工作。第三代社保卡的一大特点是功能扩容，在社保办事、看病就医的基础上，可以在金融、交通、文旅等领域的多个场景使用。与此同时，京津冀三地完成社保卡"一卡通"协同立法，发布首批30项"一卡通"应用场景，三地在社会保障、就医购药、交通出行领域全面实现"一卡通办"，在387家文旅场所实现"一卡通行"，京津冀社保卡"一卡通"进入统一化、标准化发展的新阶段。为加快数字政府建设，提高人民群众的获得感、幸福感、安全感，北京市不断拓展第三代社保卡应用场景。[1] 2024年以来，北京联合天津、河北发布首批15个社保公共服务"同事同标"事项，设立"京雄社会保险经办窗口""京津冀协同社保帮办窗口"，为企业群众提供高频业务异地办理服务；推动工伤保险跨省异地就医直接结算试点；稳步提高社保待遇标准，惠及全市400多万人；制定出台《北京市查处侵害社会保险基金行为暂行办法》，组织骗取套取社保基金专项整治，建立基金监管常态化督导机制，对82家工伤保险医疗协议机构开展全覆盖专项检查，调整养老保险基金委托投资模式，实现基金保值增值。

（四）治理能力全面增强，管理效能不断提升

加大劳动关系协商协调力度，维护劳动关系和谐稳定。完成《北京市集体合同条例》立项论证报告和调研报告，做好"安薪北京"专项行动。在全市工程建设领域选树25个"安薪"项目并通过北京市人力资源和社会保障局官网进行通告。加强对重点行业企业用工动态信息监测，截至2024年9月底，

---

[1] 《答好"改革题" 做好"人社卷" 北京奋力书写首都全面深化改革新篇章》，https://rsj.beijing.gov.cn/xwsl/mtgz/202501/t20250103_3979916.html，2024年12月25日。

监测风险信息 160.5 万条，预警风险企业 418 家，及时处置化解风险隐患。①
推动农民工工资领域非现场监管，确保劳动者就业顺心放心安心。依托"人
社+金融"、"人社+住建"和"风险+信用"联动预警机制，创新推动农民工
工资领域非现场监管，农民工工资欠薪治理由"被动清欠、人力监督"向
"主动治欠、智能监管"升级。加快推进以非现场监管为标志的数字化监管改
革，充分运用数据比对分析、预警数据监测和风险信用评估等技术手段，及
时发现问题，处置风险，提高执法监管效能。系统开展根治欠薪行动，累计
为 1.3 万名劳动者追发工资 2.18 亿元，保持了欠薪线索动态清零。扎实开展
"安薪北京"冬季行动，以工程建设领域、加工制造、服务业为重点，全面排
查欠薪隐患，快速办理、高效处置各渠道涉薪诉求。自行动开始至 12 月初，
共接收全国欠薪线索反映平台转办线索 8837 件，办结率达 96.5%。全市人社
系统上下联动，确保查实的欠薪案件在 2025 年春节前动态清零，让农民工及
时拿到工资返乡过年。组织开展新就业形态就业人员职业伤害保障试点工作，
推进全民参保计划。截至 2024 年 9 月底，北京市共参保 97.26 万人，确认职
业伤害 6901 人，试点工作平稳有序推进。② 完成 2024 年度超转人员生活补助
费调整，推动困难人员参加城乡居民养老保险，做好应保尽保工作。全面增
强劳动关系治理能力，创建劳动用工风险监测系统，实现对企业裁员风险实
时预警；发布人力资源市场薪酬数据报告，为劳动者求职择业和企业薪酬分
配提供指引；推进新就业形态集体协商，打造劳动纠纷"一站式"调解中心，
畅通新就业形态劳动者维权渠道，确保劳动者就业安心。

四　践行人民城市理念，推动基础设施高质量发展

2024 年，北京市在城市建设与发展中深入践行人民城市理念，通过一

---

① 《本市"安薪北京"夏季专项行动　为农民工追发工资 1.12 亿元》，https://www.beijing.
gov.cn/ywdt/gzdt/202410/t20241023_3926166.html，2024 年 10 月 23 日。
② 《北京市人力资源和社会保障局 2024 年市政府重要民生实事和市政府工作报告重点任务三季度
进展情况》，https://rsj.beijing.gov.cn/xxgk/zfxxgk/ghjh_1/202410/t20241028_3929278.html，
2024 年 10 月 28 日。

系列创新举措，推动城市高质量发展，致力于打造宜居宜业的智慧城市标杆。2024 年，北京市全年固定资产投资超过 9000 亿元，同比增长 5.1%。其中，基础设施投资同比增长 17.7%，增速比全市投资平均水平高出 12.6个百分点，占全市投资比重达到 25%。① 有效支撑了北京经济的平稳健康发展。北京市进一步推进智慧城市建设，通过智慧交通、智慧医疗、智慧政务等领域的创新应用，显著提高了城市运行效率和市民生活质量。

（一）城市更新稳步推进，引领旧城换新颜②

完善政策体系，自 2023 年《北京市城市更新条例》实施以来，北京市密集出台了 40 项配套政策，涵盖了老旧低效楼宇、老旧厂房、传统商业设施等多个领域，针对用地功能混合、工业用地先租后让、五年过渡期实施细则、项目库管理、统筹主体确定等关键问题，北京市明确了具体政策，为城市更新提供了有力的制度保障。2024 年，北京市启动了 742 个老旧小区改造项目，其中 548 个已完工，显著改善了居民的住房条件和生活环境，全年新开工电梯数量达到 1200 部，完工 876 部，极大地提升了老旧小区居民的居住体验，尤其是老年人和行动不便人群的生活便利性。危旧楼房改建与简易楼腾退，通过拆除或改造危旧建筑，消除了安全隐患，改善了居民的居住条件，这不仅提升了老旧城区的居住环境，还为城市空间的优化利用奠定了基础。老旧厂房与低效楼宇更新，通过对老旧厂房、低效产业园区以及老旧低效楼宇的改造升级，实现了产业转型升级和空间效能提升，2024 年，北京市完成了 71 处老旧厂房的更新改造，不仅盘活了存量土地资源，还为新兴产业和现代服务业提供了发展空间，推动了城市经济的可持续发展。在城市更新过程中，北京市注重绿色建筑和智慧技术的应用，推动城市向绿色、低碳、智慧方向发展，通过引入节能环保技术和智能化管理系统，提升了城

---

① 《深挖潜力稳增长 优化结构提质效——2024 年北京固定资产投资情况》，https://www.beijing.gov.cn/gongkai/gkzt/2024bjsjjyxqk/jj/202501/t20250121_3995454.html，2025 年 1 月 21 日。

② 北京市《2025 年政府工作报告》。

市运行的效率和可持续性，进一步增强了城市的韧性和宜居性；2024年，北京市通过《北京市城市更新条例》及其配套政策的实施，全面推进城市更新工作，取得了显著成效。北京市通过城市更新，进一步提升了城市的综合承载能力和运行效率，构建了宜居、宜业、绿色、韧性、智慧的城市，为城市的可持续发展奠定了坚实基础。

（二）公用设施改造保障城市运行，提升市民福祉

公用设施改造保障城市运行。北京市通过"一网统管"体系建设，提升了水电气热等"城市生命线"的运行保障水平。通过安装感知设备和智能终端，实时监测电力、燃气、供热、供水、排水和通信等管线的运行状态，形成了"感知发现—决策指挥—反应处置—终端反馈"的闭环管理机制。老旧管线更新改造，北京市对老旧管线进行了大规模更新改造，计划到2025年底前完成全市约6万公里老旧管线的改造。2024年底前，核心区等重点区域的老化管线更新改造已经启动，确保了城市基础设施的安全运行。北京市启动了多元备份可转换生命线系统建设，提升了水资源和供水的保障能力，优化了天然气管网架构和安全管控能力，强化了通信干线的防灾能力，构建了城市应急疏散救援通道网络体系。北京市积极应用智能探查与精准修复技术，通过无接触式探测、三维建模和物联网技术，提升了对地下管线的智能化管理和维护能力。①

2024年，全市日供水能力达到1000万立方米，提前完成"十四五"规划目标。完成200余公里供水管线改造，管网漏损率降到8.5%以内。② 北京市试点建设了90个"15分钟便民生活圈"，让居民在家门口就能享受到便捷的购物、医疗、文化娱乐等公共服务，提升了居民的生活便利度和幸福感。截

---

① 《北京市：推进城市运行安全"一网统管"》，https：//news. qq. com/rain/a/20240314 A0642100https：//news. qq. com/rain/a/20240314A0642100https：//news. qq. com/rain/a/20240314 A0642100，2024年3月14日。

② 《2025年北京市水务工作报告》，https：//swj. beijing. gov. cn/zwgk/ghjhzj/202502/t20250218_ 4013456. html，2025年2月18日。

至 2024 年底，北京市公园总数达到 1100 个，公园绿地 500 米服务半径覆盖率达到 91%，人均公园绿地面积增加到 16.96 平方米。在核心城区挖掘潜在空间进行绿化增效，新增 300 公顷城市绿地，新建 15 处郊野公园。[①] 在具备条件的公园推行"减围栏、促联通"的策略，拆除包括北京奥体中心在内的护栏围栏 247 公里，拆除不必要的物理隔阂，使绿地得以相连成片，绿道网络更加通畅。启动建设六环高线公园，南苑森林湿地公园基本实现万亩绿地景观，昌平区回龙观生态休闲公园和天通苑生态休闲公园正式对外开放。新增城市绿道 500 公里，环二环 80 公里绿道实现全线贯通，进一步提升了城市的绿色空间和居民的休闲体验。

（三）实行交通综合治理，提高交通治理智慧化水平[②]

2024 年，北京市在交通综合治理方面取得了显著进展，通过多网融合、优化交通设施、提升慢行系统品质、治理交通秩序等一系列举措，促进了交通与城市功能的深度融合，进一步提升了城市的交通便利度和运行效率。北京市推进了城市轨道交通、市郊铁路以及地面公交系统的深度融合，实现了多网融合的一体化规划。2024 年，北京市开通了 3 号线一期、12 号线、昌平线南延一期 3 条轨道新线，新增地铁运营里程 43 公里，总里程达到 879 公里，总里程数位居全国第一，实现了北京七大火车站和两座机场地铁服务的全覆盖，进一步提升了城市交通的连通性和便利性。北京市优化了 143 条公交线路，推出了通学、通医、通游专线 352 条，公交与轨道交通 50 米内换乘比例达到 88%，显著提升了公共交通的便捷性和换乘效率。北京市完成了五环内和城市副中心信号灯联网，对全市 100 条信号灯绿波带进行了科学合理的调整优化，提高了道路通行效率，减少了道路拥堵，中心城区高峰时段道路交通指数从 6.32 下降至 6.08，交通设施便利度显著

① 《北京全市公园总数已达 1100 个 2025 年全市将新增公园绿地 200 公顷、绿道 1000 公里》，https://yllhj.beijing.gov.cn/zwgk/zwxx/202502/t20250220_4015811.shtml，2025 年 2 月 20 日。
② 《2025 年北京市交通工作会 2 月 28 日召开》，https://jtw.beijing.gov.cn/xxgk/dtxx/202502/t20250228_4021821.html，2025 年 2 月 28 日。

提升，道路通行效率得到提高。北京市积极推进步行和自行车系统示范段工程建设，提升了城市慢行系统的品质。北京城市副中心步行和自行车系统示范段工程启动，新增了50公里的自行车道。通过统筹考虑慢行系统、城市道路、公交线网等重要因素，推动构建了连续、安全、快捷、舒适的城市副中心步行及骑行慢行系统，进一步优化了城市空间，引导了绿色低碳出行。

（四）数字技术赋能，加速推进智慧城市建设

2024年，北京市通过数字技术赋能智慧城市，通过推动自动驾驶示范区建设、5G网络布局、新基建投入、智慧城市整体规划以及数字社区试点等一系列举措，进一步提升了城市的智能化水平和居民的生活质量。

2024年，北京市数字经济增加值达到2万亿元，信息软件业营业收入突破3万亿元，成为全市的第一支柱产业，数字经济为城市的高质量发展提供了强劲动力。北京市完成了自动驾驶示范区3.0阶段建设，覆盖面积达到600平方公里，并在4.0阶段的前期工作中取得了进展。自动驾驶示范区的建设为智能交通和智慧城市的发展提供了重要支撑。2024年，北京市新增5G基站1.2万个，网络覆盖率和通信质量大幅提升。[①] 5G网络的广泛覆盖为城市智慧升级提供了坚实的基础，赋能智慧交通、智慧医疗、智慧教育等多个领域的发展。北京市加大对新一代信息技术设施的投入，统筹布局数据中心与算力中心，满足大数据处理及人工智能等高新技术产业的发展需求。新基建的推进为数字经济的快速发展提供了强有力的支撑。北京市全面铺开智慧城市整体规划，大力推行政务服务"一网通办"、城市运行"一网统管"、社会治理"一网慧治"。通过数字化手段，提升了医疗、教育、文化旅游和税务服务等领域的服务质量与效率。北京市积极打造新型智慧社区样

---

① 《2024年全市数字经济增加值达2万亿元》，https：//jxj.beijing.gov.cn/jxdt/gzdt/202501/t20250117_3991817.html，2025年1月17日。

板，推动数字服务适老化改造，确保老年人跟上"智能时代"，享受数字生活的便利。数字社区的建设为居民提供了更加智能化、便捷化的生活服务，提升了社区的整体管理水平。

五　全力营造安定和谐的社会环境，护航首都经济社会高质量发展

（一）创新完善"安全+服务"举措，科技赋能首都安全新生态①

2024年，北京公安聚焦新型犯罪打防和传统案件攻坚，刑事立案总量创近15年新低，抢劫、抢夺和命案100%侦破，全年电诈破案、刑拘数同比分别上升26.9%、36.8%，涉诈资金返还比居全国首位，新型犯罪刑拘破案和发案损失"两升两降"。同时，创新完善"安全+服务"举措，优化营商环境，最大限度地便民利企，有效统筹高水平安全与高质量发展。

持续开展专项行动，确保社会面平安祥和。在"平安春夏行动"中，北京警方深入研判季节性高发案件，破获伪劣电子烟、诈骗失业保险金和电信网络诈骗等各类案件，挽回群众损失近700万元。在"夏夜治安巡查"中，北京警方针对"夜经济"商圈等重点区域，科学布局执勤网格，同警务站、巡逻车，以及武警、交警等多警种联勤，强化巡逻时长与频次，织密社会面防控网。在"冬季会战"中，北京警方结合商业促销活动集中、群众出行意愿强烈的特点，围绕繁华场所、大型活动场地、交通场站等人员密集场所，坚持显性用警，统筹多警种，灵活配置巡逻防控力量，通过"步巡+车巡""定点巡+流动巡"等方式，加强秩序维护、巡逻查控、交通疏导，及时处理各类情况与群众求助。

持续发力"智慧警务"，深化"互联网+政务服务"。北京市通过构建市局、分局、派出所、社区民警四级应用体系，全面重塑基层警务工作流程，

---

① 本部分数据来源于北京市公安局公开发布的内容。

有力推动基层从"汗水警务"向"智慧警务"和"科技警务"跨越发展。在反诈工作中，依托人工智能、大数据等前沿技术，实现涉诈资金全天不间断止付和劝阻，诈骗案件感知预警速度与精准防控能力大幅提升。在刑侦工作中，借助资源高度整合的信息平台，实现基层一线一键获取案件相关信息线索，一键生成协助侦查申请，显著提升案件办理质量和效率。在政务服务方面，推动更多公安行政许可和服务事项网上办理，目前已有 196 个事项实现"全程网办"，65 个事项"最多跑一次"。在大型群众性活动方面，精简安全许可申报材料，推动"联动联审、一网通办"，将审批时间由 7 个工作日压缩到 3 个工作日。保障首都安全稳定的同时，也有力地促进了首都经济社会高质量发展。

重视校园安全，多措并举筑牢安全防线。在安全保障方面，北京公安会同相关部门指导学校加大人防、物防、技防投入，依据校情设置家长临时等候区，优化错峰上下学模式。同时，依托社会面巡逻防控体系，部署 1.4 万余名巡逻力量精准巡逻，确保校园门口及周边安全稳定。在安全教育方面，教委、学校等相关部门充分发挥"法治副校长"的作用，借助"法治进校园"和"开学第一课"等活动平台，有针对性地开展安全教育和普法宣传，增强师生的安全与法律意识，指导学校进行治安事件防范处置及应急疏散演练，提升学校应对突发事件的能力。各项举措紧密配合、相辅相成，全方位为校园安全保驾护航，营造安全、和谐的校园环境。

（二）推进一体化综合监管改革，守护百姓舌尖安全[1]

2024 年，北京在全国率先推进一体化综合监管改革，坚决打击食品安全领域的违法犯罪行为。全市食品药品安全形势稳中向好，连续 5 年在国家食品及药品安全考核中被评为 A 级。

北京市市场监督管理局聚焦"你点我检"民意征集和节日食品特点，深入推进食品安全监督抽检工作。端午节期间，开展粽子专项抽检，对 62 家生产经营单位，销售量较大的 26 个品牌，抽检粽子产品 92 批次，重点检

---

[1]　本部分数据来源于北京市市场监督管理局公开发布的内容。

验了 15 个项目。中秋节和国庆节期间，督促企业加强生产过程控制，重点针对原辅料采购、食品添加剂复核、包装标签规范等环节开展检查，提前研判防控各类风险问题，防止不合格食品流入市场。春节期间，结合"你点我检"民意征集结果，持续加大对米面油、肉蛋奶、果蔬及节日热销食品的抽检力度。2024 年，北京市市场监督管理局全年不定期组织食品抽检工作共 73 次，累计抽检 47147 批次，其中合格 46488 批次，合格率超过 98%。

专项行动加暗访调查依法打击食品安全领域违法犯罪活动。2024 年 7~8 月，北京警方破获多起冒用中华老字号品牌制售假冒产品案件，刑事拘留10 人，捣毁涉案窝点 4 处。9 月初，依"净风"专项行动部署，北京警方严打所谓"专特供"等假酒犯罪，捣毁 3 处制假"黑作坊"，查获 3000 余瓶冒用国家机关、军队名义的假酒，刑拘 15 人。针对保健品非法添加违法犯罪行为，北京公安同市场监管部门联合开展专项打击整治，1~10 月累计破获涉保健食品相关案件 39 起，刑事拘留 150 余人。除了正面出击，食药警察根据办案线索与时令特点开展暗访采样工作，通过快速检测技术，对涉案物品进行初筛，确保在第一时间固定证据，为后续案件侦破提供坚实支撑。2024年，北京食药警察共破获食品领域刑事案件 270 余起，刑事拘留 660 余人。

（三）严整"自媒体"乱象，净化网络生态环境①

2024 年，北京市网信办坚持问题导向、目标导向，深入整治群众反映强烈的"自媒体"乱象，指导网络平台压实主体责任，开展"清朗京网""清朗·E 企护航"等专项整治行动，依法处置违法违规平台账号，持续净化网络生态环境。

面对网络信息内容泛在化、表达情绪化、生态复杂化等治理新挑战，北京市网信办积极指导属地网络平台压实主体责任，加强热搜榜单、用户账号及 MCN 机构等重点环节管理，借助内容标注、全链路智能识别等技术手段，强化"自媒体"管理，加大违规案例警示公告力度。抖音发布指导手册，

---

① 本部分数据来源于北京市违法和不良信息举报平台。

要求用户剧情演绎虚构内容时显著标注，建立热点当事人仿冒账号核验机制，打击蹭热点行为。快手针对违法信息外链特点，采用多模型识别治理模式，强化 OCR 异常内容检测，在多环节全链路打击违法信息外链。新浪微博定期发布公告，通报网络黑产、体育领域"饭圈乱象"等违规案例，引导"自媒体"加强自律意识。

在"清朗京网"系列专项行动中，市委网信办重点整治"自媒体"无底线博流量问题，处置散布同质化不实信息、自导自演摆拍造假、蹭炒社会民生热点、侵犯他人合法权益、制造虚假人设炫富、滥发"新黄色新闻"和拉踩引战"饭圈"乱象等各类违规账号 9000 余个。

在"清朗·E 企护航"专项整治行动中，市委网信办联合市公安局、市市场监管局、市住建委等部门，严肃查处侵犯企业和企业家合法权益的违法违规行为，全力整治扰乱企业生产经营秩序、刷量控评造谣行为、敲诈勒索谋取非法利益、唱衰经济破坏营商环境等各类涉企侵权网络信息，优化营商网络环境，护航经济高质量发展。4~5 月，共受理各类举报 5700 余起，指导属地网站平台清理违法违规信息 3 万余条，依法依约处置违规账号 1000 余个。

2024 年，北京市互联网违法和不良信息举报中心受理举报信息 77889 件，其中有效举报 42153 件，有效率 54.1%，重点管理网站共受理举报 3100.5 万件，其中有效举报 1859.2 万件，有效率 60.0%。

六　生态文明建设成绩斐然，京津冀环境协同治理迈上新台阶

（一）"蓝天碧水净土"协同突破

1. 蓝天保卫战：从"攻坚治标"迈向"长效治本"

2024 年，北京市在蓝天保卫战中取得了显著成效，细颗粒物（$PM_{2.5}$）年均浓度降至 30.5 微克/米³，同比下降 6.2%，连续四年稳定达到国家空气质量二级标准。PM_{10}、NO_2、SO_2 年均浓度分别为 54 微克/米³、24 微克/米³、

3 微克/米^3,多年稳定达标。全年收获 290 个优良天,优良天数占比达到79.2%,为历年最多。[①] 与 2013 年相比,2024 年四项主要污染物 $PM_{2.5}$、PM_{10}、NO_2、SO_2 浓度分别下降 65.9%、50.0%、57.1%、88.7%,空气质量持续保持改善趋势。

优良天气是在结构性减排、"一微克"行动等的努力下实现的。北京市通过多项措施推动能源清洁化、交通电动化和产业低碳化。能源清洁化方面,北京市持续优化能源结构,严控化石能源利用规模,加快发展新能源和可再生能源,绿电比例超过 26%,能源供给低碳化和能源消费电气化水平不断提高。在交通电动化方面,新能源车保有量超过 100 万辆,[②] 营运性新能源和清洁能源货车保有量持续增长。北京市还持续优化以"轨道+"为核心的城市出行、跨区域出行以及"交通+生活"等场景出行服务,激励引导公众绿色出行。坚定不移地疏解非首都功能,疏解提质一般制造业企业 104家。经开区"碳中和产业园"建设取得新进展,单位工业增加值碳排放强度持续下降。同时,北京市还积极开展超低能耗建筑建设和既有公共建筑节能绿色化改造,推动供热绿色低碳转型,推广光伏建筑一体化等技术应用。企业通过绿色绩效评价指南推动清洁生产和深度治理,新增 191 家绿色企业,117 家升为 A/B 级,37 家退出 D 级。汽修行业绿色率提升 12.6%,石化行业完成废气治理减排,实现生产环保双赢。推广扬尘治理的"基坑气膜全密闭施工技术"标准化工地,促进管理创绿,全市绿牌工地提高了 37.2%。

2. 碧水保卫战:构建"三水统筹"治理体系

在碧水保卫战中,北京市已经实施四个"三年治污行动方案",截至2024 年,全市污水处理率提升至 97.5%,日处理污水能力达 785 万立方米。[③] 地表水环境质量达到国家目标要求。永定河实现 26 年来首次全线通

---

① 《290 天!2024 年北京市收获 290 个优良天　为历年最多》,https://www.beijing.gov.cn/ywdt/gzdt/202501/t20250103_3980429.html,2025 年 1 月 3 日。

② 《北京新能源汽车保有量超 100 万辆》,https://fgw.beijing.gov.cn/gzdt/fgzs/mtbdx/bzwlxw/202501/t20250116_3990629.htm,2025 年 1 月 15 日。

③ 《北京市水资源公报（2024）》。

水，潮白河生态补水持续推进，密云水库蓄水量保持高位运行。重点工程进展顺利，雨污合流管线改造工作持续推进，城市副中心"海绵城市"示范区建设成效显著。通过南水北调中线向河道补水，AI 算法动态调控补水流量，水资源利用效率进一步提高。水生生物监测点布设更加完善，水生态恢复成效显著。此外，北京市还建立了涵盖"资产评估—分级维护—监测预警—综合调度"的城市水系统全周期运营管理体系，对城市水系统内近千类资产进行信息收集，开展评估分级，为制订运维计划提供支撑。构建城市水系统综合监测网络，实时监测 200 余项相关指标，为运营效果的评价和管理策略的制定提供依据。

3. 净土保卫战：创新"风险管控+安全利用"模式

在净土保卫战中，北京市土壤生态环境质量总体良好，土壤环境风险得到有效管控。2024 年削减受污染建设用地面积 10 万平方米，受污染耕地安全利用率和建设用地污染地块管控率均达到较高水平。关键技术取得突破，土壤修复技术研发取得新进展，修复周期缩短，修复成本进一步优化。土壤环境监管信息化水平不断提升，重点地块实时监控和预警能力显著增强。建筑垃圾资源化利用工作持续推进，再生产品在城市基础设施建设中的应用不断扩大。

4. 生态空间提质增效

北京市森林覆盖率提升至 44.9%，大尺度绿色空间建设成效显著，南苑森林湿地公园等郊野公园建成开放。生物多样性保护工作持续推进，生态系统多样性、稳定性、持续性不断提升。全市公园总数达 1100 个，66% 的公园实现无界融通，千园之城不断扩容。[①] 此外，北京市还持续提高绿化和碳汇水平，制定实施花园城市专项规划，建成绿道 500 公里，环二环 80 公里绿道全线贯通。同时，北京市还推动绿色基础设施建设，大力发展先进能源、交通、园林、水务等方面的绿色基础设施供给，加快完善废旧物资循环利用体系。

---

① 《290 天！2024 年北京市收获 290 个优良天　为历年最多》，https：//www.beijing.gov.cn/ywdt/gzdt/202501/t20250103_3980429.html，2025 年 1 月 3 日。

（二）京津冀环境协同治理迈上新台阶

近年来，京津冀注重生态环境联建联防联治，三地空气质量显著改善，2024年，京津冀三地细颗粒物年均浓度与2013年相比降幅均超六成。当前，京津冀环境保护迈入新阶段，需要在行政效率提升、治理机制优化方面着力。

1. 行政壁垒与协作效率有待提升

京津冀地区在2024年生态环境协同治理方面取得了显著成效，但在行政壁垒与协作效率方面仍面临挑战。从数据来看，2024年，北京、天津、河北三地$PM_{2.5}$年均浓度分别为30.5微克/米^3、38微克/米^3、37.8微克/米^3，均呈现改善趋势。然而，三地在大气污染联防联控、水环境联保联治等方面协同推进，但行政壁垒依然存在。例如，京津冀三地在生态环境执法联动中，已建立联动机制，联合印发了《2024—2025年京津冀生态环境联合联动执法工作方案》，但在实际中信息共享和协同执法的效率仍有待提高。此外，三地在环境治理的政策、标准和资金投入上存在差异，导致在协同治理过程中难以形成统一的行动方案和有效的成本分担机制，协同治理的精准度和及时性不足。这些问题限制了京津冀区域环境治理的整体效能，影响了区域生态环境质量的进一步提升。

2. 治理机制仍待优化

在京津冀环境治理实践中，治理机制碎片化问题仍然存在，主要表现为数据孤岛与权责模糊的双重困境。京津冀三地在生态环境治理中虽有联动机制，但数据共享平台的建设仍不完善，导致数据难以在区域内高效流通和协同应用，当前京津冀环境监测数据共享率仅为61.3%。这种现象不仅影响了环境治理的精准性，也阻碍了区域协同治理效率的提升。同时，权责模糊问题也制约了京津冀环境治理的协同性。各地政策标准不统一导致在跨区域污染治理中难以形成明确的权责分工。例如，在跨界河流治理中，尽管潮河、白河等跨界断面水质达到Ⅱ类及以上，但在治理过程中，各地在污染源排查、治理措施落实等方面仍存在协调不畅的问题。

评价篇 ▷

B.2

北京市十六区公共服务绩效综合评价

北京市社会科学院管理研究所"北京十六区公共服务绩效综合评价研究"课题组＊

摘　要：　本报告基于《北京区域统计年鉴2024》，从基础教育、社会保障、医疗卫生、公共文化、环境保护和公共安全六个维度综合评价北京市十六区的公共服务水平。结果显示，城六区的表现总体均衡，丰台区的短板比较突出；通州区和平原新城短板较多，且与其他区存在较大差距；生态涵养区在公共文化和公共安全维度存在明显差距。

关键词：　公共服务　绩效综合评价　北京市十六区

一　公共服务绩效综合评价指标体系

在《北京区域统计年鉴2024》中，文物系统内博物馆相关数据的统计

＊ 执笔人：罗植，博士，北京市社会科学院管理研究所副研究员，主要研究方向为公共管理、公共政策分析；毕娟，北京市社会科学院管理研究所副所长，副研究员，主要研究方向为公共服务、科技政策与管理、数字经济与治理、政府绩效管理。

指标有所调整，所以对公共文化维度的评价指标调整如下：删掉"博物馆参观人次"，增加"人均文化、体育和娱乐业增加值"。随着全市空气质量的不断提升，各区的 $PM_{2.5}$ 年均浓度差异逐渐缩小，所以环境保护维度不再单独考虑 $PM_{2.5}$ 下降率。调整后的综合指标体系及指标权重如表1所示。

表1　北京市各区公共服务绩效综合评价指标体系

目标层	准则层	指标层	权重
北京市区域共服务绩效评价指标体系	基础教育 (0.257)	普通小学每百在校生有专任教师(人)	0.394
		普通中学每百在校生有专任教师(人)	0.394
		每万人在园儿童(人)	0.075
		每百在园儿童有专任教师(人)	0.137
	社会保障 (0.182)	每万人有收养性单位床位(张)	0.185
		每万人有社区服务机构(个)	0.106
		社会总抚养比(%)	0.068
		参加基本养老保险比例(%)	0.213
		参加基本医疗保险比例(%)	0.213
		每万人失业登记人数(人)	0.072
		每万人社会救助人数(人)	0.143
	医疗卫生 (0.162)	人均诊疗人次(人次)	0.050
		人均健康检查人次(人次)	0.031
		每千人有执业医师(人)	0.254
		每千人有注册护士(人)	0.117
		每千人有医院床位(张)	0.173
		每千人社区卫生服务机构专业技术人员(人)	0.269
		人均社区卫生服务机构诊疗人次(人次)	0.106
	公共文化 (0.070)	人均公共图书馆总藏数(册)	0.139
		公共图书馆总流通人次(万人次)	0.332
		人均书刊文献外借册次(册)	0.332
		人均文化、体育和娱乐业增加值(元)	0.197
	环境保护 (0.229)	二氧化硫年均浓度(微克/米³)	0.106
		二氧化氮年均浓度(微克/米³)	0.106
		PM_{10} 年均浓度(微克/米³)	0.262
		$PM_{2.5}$ 年均浓度值(微克/米³)	0.418
		万元地区生产总值电耗(千瓦时)	0.055
		万元地区生产总值能耗下降率(%)	0.053

续表

目标层	准则层	指标层	权重
北京市区域共服务绩效评价指标体系	公共安全(0.100)	每万人刑事案件立案数(起)	0.035
		每百万人火灾事故死亡人数(人)	0.251
		每万人火灾事故直接经济损失(元)	0.119
		每百万人交通事故死亡人数(人)	0.234
		每万人交通事故直接经济损失(元)	0.115
		每百万人生产安全事故死亡人数(人)	0.246

二 公共服务绩效综合评价的数据来源与处理

2023 年，北京市十六区公共服务绩效综合评价依据最新公布的《北京区域统计年鉴 2024》。该年鉴数据主要反映了北京市各区 2023 年的经济社会发展基本情况。为避免原始数据存在的类型和量纲差异，基于线性方式对其进行标准化处理。正向指标的处理方式为 $x_i^* = x_i / \mathrm{Max}\ x_i$，逆向指标的处理方式为 $x_i^* = (\mathrm{Max}\ x_i + \mathrm{Min}\ x_i - x_i) / \mathrm{Max}\ x_i$。上式中，下标 i 表示同一指标下的十六个区，x 为原始数据，x^* 为标准化后的数据，Max 和 Min 分别表示取同一指标下十六区原始数据中的最大值和最小值。

（一）基础教育服务指标原始数据及处理

2023 年，北京市各区的基础教育服务水平如表 2 所示，对应的标准化得分如图 1 所示。受二孩政策影响，2016 年和 2017 年出生人口高于往年，小学在校生数持续提升。因专任教师难以快速调整，所以各区的普通小学每百在校生有专任教师有不同程度下降（平谷区除外），平均降幅约为 5.5%。其中，昌平区降幅最大，减少了约 12.3%。从具体数值看，平谷区和门头沟区的相对较高，普通小学每百在校生有专任教师分别为 9.13 人和 8.36 人。怀柔区、延庆区和东城区次之，都超过 7 人。朝阳区最低，仅为 3.59 人。普通中学每百在校生有专任教师也略有下降，昌平区和朝阳区降幅最高，下降近 7.6%。

但从具体数值看，昌平区和朝阳区仍然最高，普通中学每百在校生有专任教师都超过 18 人。西城区最低，每百在校生有专任教师仅 10.31 人。受近几年新生儿持续减少的影响，各区的每万人在园儿童明显减少，平均降幅为10.7%。其中，密云区降幅最高，减少了约 14.6%。除平谷区外，各区的每万人在园儿童都不足 300 人。随着在园儿童的减少，每百在园儿童有专任教师提升明显。除平谷区和怀柔区外，各区的每百在园儿童有专任教师平均提升了9.1%。其中，密云区提升最高，提升了 19.2%，东城区、延庆区和房山区的增幅也都在 10% 以上。从具体数值看，东城区最高，每百在园儿童有专任教师超 14 人，西城区、怀柔区、密云区和延庆区都超过 10 人。门头沟区最低，每百在园儿童有专任教师仅 6.30 人。从标准化得分看，十六区在生均基础教育资源数量上差距不大，各指标得分基本位于 0.4~1.0。

表2　2023年北京市各区基础教育服务各指标的原始水平

单位：人

区域	普通小学每百在校生有专任教师	普通中学每百在校生有专任教师	每万人在园儿童	每百在园儿童有专任教师
东城区	7.17	12.78	240.46	14.06
西城区	5.77	10.31	205.82	12.13
朝阳区	3.59	18.18	245.57	9.60
丰台区	5.97	15.80	203.15	8.92
石景山区	4.30	17.06	263.76	8.89
海淀区	4.85	12.16	235.38	8.84
门头沟区	8.36	12.57	249.19	6.30
房山区	5.36	13.19	242.00	9.61
通州区	5.34	13.09	283.03	9.12
顺义区	5.63	14.39	239.78	7.29
昌平区	4.84	18.47	191.02	7.41
大兴区	4.26	17.11	234.60	8.06
怀柔区	7.67	15.24	235.16	11.45
平谷区	9.13	13.03	302.59	7.97
密云区	6.86	12.77	252.25	11.36
延庆区	7.42	14.02	251.11	10.24

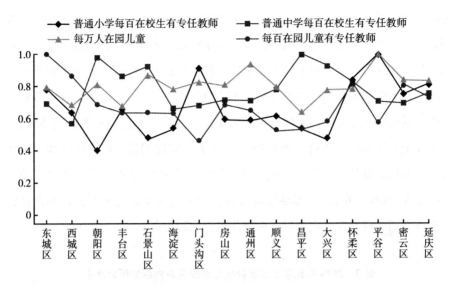

图1　2023年北京市各区基础教育服务各指标的标准化得分

（二）社会保障服务指标原始数据及处理

2023年，北京市各区的社会保障服务水平如表3所示，对应的标准化得分如图2所示。从每万人有收养性单位床位看，平谷区有115.13张，全市最高，东城区仅有13.97张，全市最低。与上一年度相比，朝阳区增幅最大，增长了近21.0%，顺义区、门头沟区、昌平区和平谷区的增幅也都超过10%。延庆区降幅最大，减少了21.3%。从每万人有社区服务机构看，大部分区降幅较大。城六区和平原新城中，海淀区、朝阳区和顺义区降幅明显，减少了约23%。生态涵养区中，怀柔区降幅最大，减少了近18.9%。从水平值看，城六区和平原新城相对较少，与生态涵养区差距较大。其中，朝阳区、海淀区、丰台区和昌平区都不足3个。从社会总抚养比看，十六区中大部分区的总抚养比位于40%上下，东城区和西城区较高，都超过了50%，昌平区最低，只有27.21%，其他各区都高于30%。同上一年度相比，除大兴区外，各区都有不同程度的增加，即老龄化水平有所加深。从社会保险的两个指标看，受户籍等因素的影响，城六区优势明显，生态涵养区整体较低。其中，延庆区、房山区和密云区处于全市最后，两个区的参保比例都较低。从每万人失业登记人数看，昌平区和房山区最低，都不足 100 人。东城区、西城区和朝阳区较高，都在 200 人以上。同上一年度相比，各区变化差异明显，大兴区和昌平区增幅都在 10% 以上，密云区和延庆区都下降了超过 7%。从每万人社会救助人数看，通州区和平原新城整体较少，东城区、西城区和生态涵养区整体较多。其中，密云区最高，达到了 255.19 人。与上一年度相比，仅海淀区和门头沟区略有增加，其他各区均有不同程度下降。昌平区和延庆区降幅较高，分别下降了 8.2% 和 7.0%。从标准化得分看，十六区因功能定位不同，其在社会保障方面的表现存在一定差异，标准化得分比较分散。

表3 2023年北京市各区社会保障服务各指标的原始水平

区域	每万人有收养性单位床位（张）	每万人有社区服务机构（个）	社会总抚养比（%）	参加基本养老保险比例（%）	参加基本医疗保险比例（%）	每万人失业登记人数（人）	每万人社会救助人数（人）
东城区	13.97	4.59	52.49	162.81	125.56	348.75	141.56
西城区	37.87	3.66	57.68	132.44	109.28	229.91	122.96
朝阳区	49.23	2.07	39.12	184.01	138.59	227.84	32.21
丰台区	53.45	2.69	41.92	100.95	94.14	140.72	45.20
石景山区	66.77	4.49	39.95	129.19	115.80	195.37	126.33
海淀区	33.90	2.29	37.67	137.65	109.89	173.98	18.20
门头沟区	49.17	8.99	43.84	111.15	101.25	128.64	190.76
房山区	67.16	7.61	37.24	59.10	60.69	96.62	47.38
通州区	43.57	4.41	35.46	84.74	80.07	144.71	29.18
顺义区	34.86	4.53	34.58	118.83	95.13	116.47	29.84
昌平区	75.00	2.78	27.21	94.93	90.24	84.60	10.76
大兴区	45.72	4.50	37.23	83.04	73.41	120.06	10.92
怀柔区	52.18	9.25	44.26	98.49	93.31	172.11	103.86
平谷区	115.13	8.68	49.02	66.88	63.38	154.78	113.25
密云区	95.25	11.53	43.17	61.64	60.64	148.15	255.19
延庆区	65.83	17.20	41.15	43.97	50.97	101.95	107.84

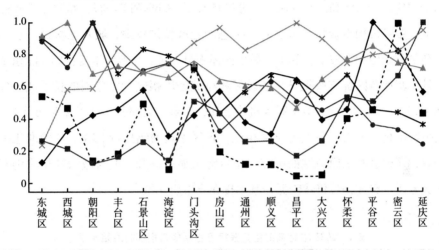

图2　2023年北京市各区社会保障服务各指标的标准化得分

（三）医疗卫生服务指标原始数据及处理

2023年，北京市各区的医疗卫生服务水平如表4所示，对应的标准化得分如图3所示。疫情防控政策调整后，医疗服务量明显提升。从人均诊疗人次看，东城区和西城区接近或超过24人次，数倍于其他各区。朝阳区和石景山区次之，都超过9人次。通州区和平原新城整体处于全市最后。同上一年度相比，十六区平均增长超22.2%。其中，通州区和大兴区增幅最高，增长了53.3%以上，东城区增幅最低，仅增长3.0%。从人均健康检查人次看，城六区优势明显，生态涵养区次之，通州区和平原新城整体较低。其中，通州区的人均健康检查人次仅0.06人次。同上一年度相比，仅海淀区和丰台区下降，分别减少了21.1%和11.3%。其他各区中，西城区和密云区增幅最大，分别增长了125.0%和110.0%。从医疗卫生资源看，东城区和西城区优势仍然较大，但疏解成效有所体现。同上一年度相比，除东城区和西城区外，其他各区的每千人有执业医师和每千人有注册护士都有不同程度增加，平均增幅为

10%。大兴区和通州区增幅较高，前者分别增长了23.4%和28.6%，后者分别增长了18.0%和30.2%。每千人有医院床位同样如此，通州区增幅最高，达到45.4%，大兴区和昌平区次之，分别增长了19.6%和18.9%。从每千人有社区卫生服务机构专业技术人员看，生态涵养区整体较高，城六区次之，通州区和平原新城相对较少。其中，昌平区还不足1人。与上一年度相比，除东城区外，其他各区都有所提升，密云区和海淀区增幅较大，分别增长了27.9%和18.2%。从人均社区卫生服务机构诊疗人次看，大部分区处于2.5~6人次，昌平区不足2人次。与上一年度相比，各区平均增幅接近30%。从标准化得分看，通州区和平原新城的医疗卫生资源虽显著提升，但与城六区相比仍有较大差距，整体得分仍然较低，基本排在全市后几位。

表4　2023年北京市各区医疗卫生服务各指标的原始水平

区域	人均诊疗人次（人次）	人均健康检查人次（人次）	每千人有执业医师（人）	每千人有注册护士（人）	每千人有医院床位（张）	每千人有社区卫生服务机构专业技术人员（人）	人均社区卫生服务机构诊疗人次（人次）
东城区	24.15	0.36	14.13	14.05	11.60	1.78	4.31
西城区	23.91	0.47	12.81	16.58	14.77	1.73	3.35
朝阳区	9.05	0.25	7.59	8.64	7.61	1.73	4.54
丰台区	6.88	0.27	5.32	5.90	6.83	1.99	5.50
石景山区	9.12	0.41	6.88	8.06	9.90	1.72	5.31
海淀区	6.84	0.21	5.31	6.11	4.44	1.85	4.30
门头沟区	7.53	0.24	3.99	4.68	6.42	1.80	3.36
房山区	4.91	0.12	3.68	3.90	4.26	1.75	4.17
通州区	3.86	0.06	2.77	3.11	3.04	1.61	3.13
顺义区	3.46	0.21	3.50	3.25	2.80	1.73	2.81
昌平区	5.15	0.16	4.00	4.51	6.31	0.90	1.96
大兴区	3.79	0.10	3.56	3.94	4.50	1.60	2.62
怀柔区	4.86	0.28	4.61	3.95	4.10	2.28	4.52
平谷区	4.84	0.13	4.44	3.79	3.91	2.57	4.21
密云区	4.84	0.25	4.45	2.84	3.23	3.15	6.48
延庆区	4.42	0.08	4.28	3.58	2.71	3.03	4.98

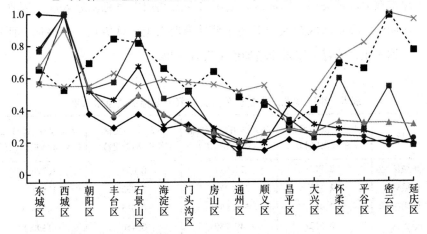

图3　2023年北京市各区医疗卫生服务各指标的标准化得分

（四）公共文化服务指标原始数据及处理

2023年，北京市各区的公共文化服务水平如表5所示，对应的标准化得分如图4所示。从人均公共图书馆总藏数看，海淀区人均已超15册，是其他各区几倍到十几倍。朝阳区次之，人均接近4册。通州区和丰台区最少，人均不足0.6册。与上一年度相比，各区的人均藏书均有增长。昌平区增长了34.8%，增幅全市最高。东城区增幅次之，接近15.0%。疫情后，除顺义区外，各区的公共图书馆总流通人次和人均书刊文献外借册次都显著提升，个别区甚至是成倍增长。朝阳区和东城区的公共图书馆总流通人次增幅超200%。西城区和延庆区的人均书刊文献外借册次增幅超135%。丰台区的人均书刊文献外借册次增幅最大，达到了1225%。从原始水平看，朝阳区和海淀区的人均公共图书馆总流通人次全市最高，都超过了500万人次。西城区的人均书刊文献外借册次全市最多，人均超2册。从人均文化、体育和娱乐业增加值看，东城区和西城区全市最高，都在1万元以上。顺义区、房山区、昌平区和大兴区较低，人均仅300多元。从标准化得分看，平原新城和生态涵养区整体得分较低，城六区分别在不同指标上具有一定优势。海淀区在人均公共图书馆总藏数上表现突出，海淀区、朝阳区在公共图书馆总流通人次上表现突出，西城区和石景山区在人均书刊文献外借册次上表现突出，东城区、西城区在人均文化、体育和娱乐业增加值上表现突出。

表5 2023年北京市各区公共文化服务各指标的原始水平

区域	人均公共图书馆总藏数（册）	公共图书馆总流通人次（万人次）	人均书刊文献外借册次（册）	人均文化、体育和娱乐业增加值（元）
东城区	2.773	71.0145	0.433	16776.0
西城区	2.173	230.2794	2.032	13624.1
朝阳区	3.925	556.9916	0.515	4093.3
丰台区	0.572	49.2894	0.456	1890.8
石景山区	2.258	24.4659	1.689	3030.9
海淀区	15.012	516.7724	0.422	8622.9
门头沟区	3.395	0.3983	0.056	1029.7
房山区	1.352	61.7812	0.357	371.5
通州区	0.517	63.7876	0.286	3700.4
顺义区	1.552	49.8026	0.320	375.9
昌平区	0.657	36.3312	0.116	323.9
大兴区	0.606	70.0274	0.309	305.6
怀柔区	2.824	45.9286	0.623	2313.1
平谷区	3.284	38.091	0.486	644.7
密云区	2.195	43.4184	0.212	810.2
延庆区	3.097	25.0047	0.617	1828.3

（五）环境保护服务指标的原始数据及处理

2023年，北京市各区的环境保护服务水平如表6所示，对应的标准化得分如图5所示。疫情防控政策调整后，经济社会活动全面恢复，主要大气污染物受此影响略有上升。二氧化硫年均浓度变化不大，仅个别区上升了1微克/米^3，各区都保持在3微克/米^{3}或以下。各区二氧化氮年均浓度平均上升约12.0%。其

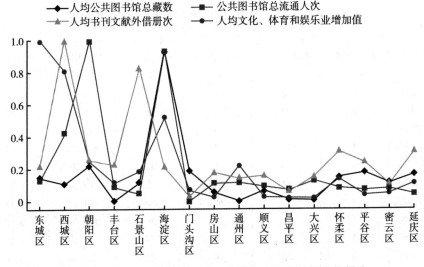

图4 2023年北京市各区公共文化服务各指标的标准化得分

中，东城区、密云区和丰台区的上升幅度都超过15%。各区 PM_{10} 年均浓度平均上升约14.1%。其中，房山区和大兴区上升幅度较大，分别上升了23.6%和22.0%。从水平值看，除生态涵养区外，绝大部分区重新回到60微克/米³以上。各区 $PM_{2.5}$ 年均浓度平均上升约10.3%。其中，东城区、大兴区和通州区的上升幅度都超过15%。从水平值看，东城区、西城区、通州区和大兴区在35微克/米³以上，高于国家二级标准（35微克/米³）。其他各区勉强达到国家二级标准的要求。从万元地区生产总值电耗看，城六区优势明显。西城区的万元地区生产总值电耗已低于100千瓦时。房山区的万元地区生产总值电耗最高，达到1040.56千瓦时。与上一年度相比，大兴区增幅最大，万元地区生产总值电耗增长了15.7%。从万元地区生产总值能耗下降率看，除顺义区、大兴区和通州区外，其他各区均略有下降，顺义区和大兴区不降反增。从标准化得分看，各区在空气污染物浓度上的差距有限，大部分得分基本位于0.4~1，万元GDP电耗存在一定差距，城六区优势明显。①

---

① 顺义区、大兴区、通州区的万元地区生产总值能耗下降率为负，为避免异常值，其标准化得分按0计算。

表6 2023年北京市各区环境保护服务各指标的原始水平

区域	二氧化硫年均浓度(微克/米^3)	二氧化氮年均浓度(微克/米^3)	PM$_{10}$年均浓度(微克/米^3)	PM$_{2.5}$年均浓度(微克/立方米)	万元地区生产总值电耗(千瓦时)	万元地区生产总值能耗下降率(%)
东城区	3	30	64	36	141.95	2.32
西城区	3	32	64	36	98.65	1.34
朝阳区	3	34	63	34	264.68	1.12
丰台区	3	29	65	33	501.70	0.07
石景山区	3	30	65	33	262.31	2.65
海淀区	3	31	59	32	164.31	1.71
门头沟区	3	24	60	30	600.84	1.15
房山区	3	25	61	34	1040.56	3.82
通州区	3	32	69	38	705.81	-1.19
顺义区	3	24	60	32	463.06	-36.04
昌平区	3	21	54	30	688.26	2.48
大兴区	2	32	68	36	770.96	-23.33
怀柔区	3	17	52	29	538.91	2.15
平谷区	3	18	57	32	463.95	6.44
密云区	3	20	54	28	691.85	3.17
延庆区	3	17	51	28	827.96	2.51

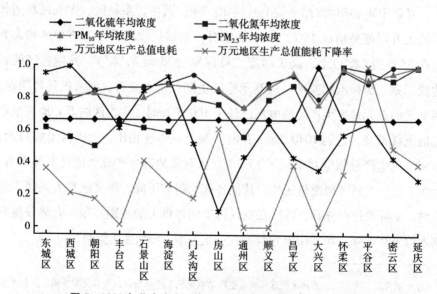

图5 2023年北京市各区环境保护服务各指标的标准化得分

（六）公共安全服务指标的原始数据及处理

2023 年，北京市各区的公共安全服务水平如表 7 所示，对应的标准化得分如图 6 所示。按照人均刑事案件率大体相当的假设，每万人刑事案件立案数可设定为正向指标，其他指标则均为反向指标。从每万人刑事案件立案数看，朝阳区超过 70 起，为全市最高，东城区超过 60 起，排在朝阳区之后。生态涵养区整体较少，总体在 40 起上下。从每百万人火灾事故死亡人数看，房山区、昌平区和怀柔区都为 0，丰台区、平谷区和东城区的火灾死亡人数较高，都超过了 11 人。丰台区的每万人火灾事故直接经济损失接近 26 万元，为全市最高。大部分区的火灾事故直接经济损失在 4 万元上下。从每百万人交通事故死亡人数看，生态涵养区的人均死亡人数较高，延庆区、密云区和怀柔区的每百万人交通事故死亡人数接近甚至超过 100 人。城六区的人均死亡人数较低，特别是西城区、石景山区和东城区，每百万人交通事故死亡人数不到 20 人。石景山区和密云区的每万人交通事故直接经济损失超 4 万元，大兴区、朝阳区和东城区不到 1 万元。从每百万人生产安全事故死亡人数看，平谷区接近 20 人，为全市最高，门头沟区也在 10 人以上，其他各区大部分为 2~4 人。与上一年度相比，经济社会活动的恢复也导致各类安全事故有所增加。从标准化得分看，城六区和平原新城在各指标上的表现相对较好，丰台区在火灾相关指标上得分较低，石景山区在每万人交通事故直接经济损失上得分较低，生态涵养区的短板比较突出。

表 7　2023 年北京市各区公共安全服务各指标的原始水平

区域	每万人刑事案件立案数（起）	每百万人火灾事故死亡人数（人）	每万人火灾事故直接经济损失（元）	每百万人交通事故死亡人数（人）	每万人交通事故直接经济损失（元）	每百万人生产安全事故死亡人数（人）
东城区	64.78	11.38	39064.85	19.91	8961.59	5.69
西城区	52.27	3.64	36857.16	12.74	10202.00	2.73
朝阳区	72.85	3.77	59830.94	34.82	8595.18	4.93
丰台区	57.61	17.40	258756.29	29.84	12602.14	3.98

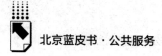

续表

区域	每万人刑事案件立案数（起）	每百万人火灾事故死亡人数（人）	每万人火灾事故直接经济损失（元）	每百万人交通事故死亡人数（人）	每万人交通事故直接经济损失（元）	每百万人生产安全事故死亡人数（人）
石景山区	40.71	7.09	30332.93	17.73	45338.33	3.55
海淀区	41.86	1.28	26300.47	24.00	12194.02	2.56
门头沟区	44.23	2.52	37148.37	50.38	23231.74	10.08
房山区	52.03	0.00	23044.09	65.55	15273.63	3.81
通州区	51.84	3.25	15329.43	57.99	27243.90	3.79
顺义区	57.33	0.75	53594.28	88.92	32911.08	3.01
昌平区	47.69	0.00	28162.36	40.05	15107.84	3.52
大兴区	42.10	1.50	55714.15	54.16	6544.63	5.52
怀柔区	36.09	0.00	76784.63	93.18	10965.91	0.00
平谷区	48.20	13.16	44257.98	76.75	21990.46	19.74
密云区	39.43	3.82	42268.26	99.24	41569.66	1.91
延庆区	39.94	5.83	79085.70	102.04	14288.63	2.92

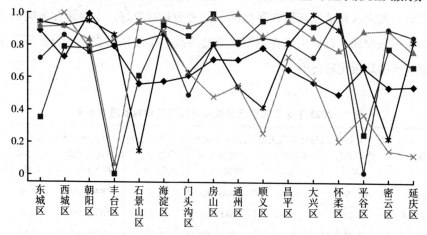

图6　2023年北京市各区公共安全服务各指标的标准化得分

三　公共服务绩效综合得分与评价

按照指标权重及标准化后的得分，通过算术加权平均的方式可以计算出 2023 年北京市各区公共服务绩效各维度的得分以及综合评价得分，具体结果如表 8 所示。

表 8　2023 年北京市各区公共服务绩效各维度得分和综合评价得分结果

单位：分

区域	基础教育评价得分	社会保障评价得分	医疗卫生评价得分	公共文化评价得分	环境保护评价得分	公共安全评价得分	综合评价得分
东城区	0.778	0.591	0.785	0.336	0.751	0.728	0.703
西城区	0.638	0.584	0.803	0.649	0.739	0.884	0.703
朝阳区	0.697	0.624	0.544	0.501	0.748	0.808	0.668
丰台区	0.732	0.499	0.509	0.131	0.745	0.526	0.594
石景山区	0.701	0.629	0.576	0.347	0.776	0.721	0.662
海淀区	0.613	0.505	0.448	0.617	0.804	0.890	0.638
门头沟区	0.752	0.640	0.420	0.053	0.817	0.686	0.637
房山区	0.666	0.457	0.380	0.112	0.764	0.796	0.578
通州区	0.669	0.436	0.308	0.133	0.654	0.739	0.534
顺义区	0.680	0.491	0.333	0.101	0.792	0.685	0.575
昌平区	0.723	0.496	0.308	0.050	0.855	0.854	0.611
大兴区	0.685	0.425	0.339	0.101	0.712	0.781	0.557
怀柔区	0.826	0.563	0.456	0.182	0.891	0.758	0.681
平谷区	0.825	0.592	0.459	0.140	0.875	0.353	0.640
密云区	0.742	0.641	0.540	0.090	0.886	0.606	0.664
延庆区	0.781	0.518	0.488	0.166	0.894	0.610	0.651

从综合得分看，2023 年度，东城区和西城区以 0.703 分的综合得分并列第一。丰台区的综合得分为 0.594 分，排在城六区的最后一位。生态涵养区因人均资源相对丰富，其综合得分都在 0.6 分以上，整体处于第二梯队。除昌平区外，通州区和平原新城的综合得分都在 0.6 分以下，整体排在全市末位。其中，通州区的综合得分仅 0.534 分，为全市最后一名。

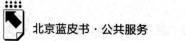

分维度看，十六区在基础教育、社会保障、环境保护和公共安全维度的差距相对较小，在医疗卫生和公共文化维度的差距相对较大。

基础教育维度的得分介于0.60~0.85分。即从生均教育资源的数量水平看，各区的差距不大。怀柔区在校生较少，生均资源相对丰富，其得分达到0.826分，全市最高。海淀区和西城区的优质教育资源丰富，吸引力较强，反而造成数量上的拥挤，得分相对较低，分别为0.613分和0.638分。

社会保障维度的得分整体偏低，且各区差距不大，说明多个指标都有表现较为突出的区。密云区和门头沟区分别以0.641分和0.640分的得分排在全市前两位，石景山区和朝阳区次之，得分也都在0.6分以上，其他各区的得分在0.42~0.6分。

医疗卫生维度的得分比较分散，西城区和东城区仍为全市前两名，得分分别为0.803分和0.785分，其他各区得分都不到0.6分。通州区和平原新城的得分不到0.4分，处在全市最后。

公共文化维度的得分差距较大，城六区大部分区的得分较高，西城区和海淀区分别以0.649分和0.617分的得分排在前两位，朝阳区以0.501分的得分排在第三位。城六区外其他各区的得分不到0.2分。

环境保护维度的得分比较集中，且整体较高，基本介于0.7~0.9分。生态涵养区的得分较高，都超过了0.8分。通州区和平原新城的得分总体较低，其中通州区得分不及0.7分，排在全市最后一位。

公共安全维度的得分相对均匀，各分段数量基本相当。海淀区以0.890分排在第一。西城区、昌平区和朝阳区次之，得分都超过了0.8分。平谷区的得分最低，只有0.353分。

2023年度，十六区公共服务供给水平在六个维度上的表现如图7所示。

第一，东城区和西城区在六个维度的表现比较均衡。二者在基础教育、医疗卫生、环境保护和公共安全四个维度上得分较高，仅两个区的社会保障维度和东城区的公共文化维度得分略低。

第二，朝阳区、海淀区、丰台区石景山区在关键维度上表现较好，丰台区的短板比较突出。朝阳区在基础教育维度上的表现略差。海淀区在基础教

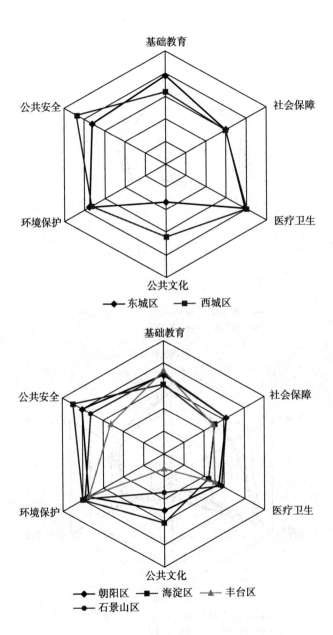

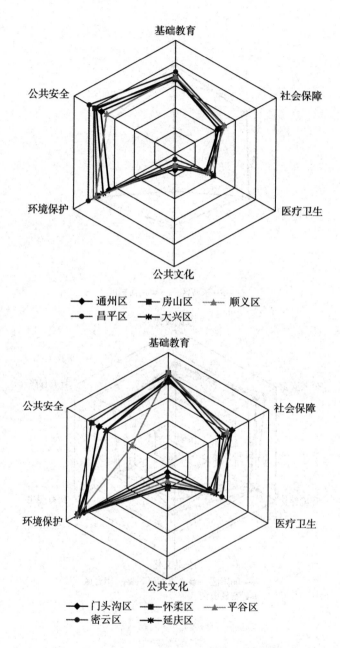

图7　2023年北京市各区公共服务分维度排名

育和医疗卫生维度的表现略差。石景山的最大短板是公共文化维度。丰台区在公共文化和公共安全维度的得分明显偏低，与城六区，甚至是其他各区相比都存在较大差距。

第三，通州区和平原新城的短板较多，且差距较大。五个区只在环境保护和公共安全维度表现尚可。昌平区和顺义区的环境保护维度接近中位数水平。昌平区、房山区和大兴区的公共安全维度接近或略好于中位数水平。五个区在其他四个维度上均有较大差距。特别是公共文化维度，得分相对偏低，且整体排在全市最后几位。

第四，生态涵养区的短板集中在公共文化维度。生态涵养区在环境保护维度的优势比较突出，但在公共文化、公共安全和医疗卫生维度上存在明显差距。特别是公共文化维度，五个区的相对得分较低。公共安全维度虽然得分与其他区差距不大，但整体排在全市最后几位。

参考文献

北京市社会科学院管理研究所"北京十六区公共服务绩效综合评价研究"课题组：《北京市十六区公共服务绩效综合评价》，载施昌奎主编《北京公共服务发展报告（2023~2024）》，社会科学文献出版社，2024。

科技、教育、文化篇

B.3
北京市进一步深化科技体制
改革策略研究*

毕 娟**

摘 要： 进一步深化科技体制改革意义重大，创新驱动发展理论、制度变迁理论以及国家创新系统理论可以为科技体制改革提供理论指导，从本报告理念、目标、路径、措施、绩效五个层面构建分析框架，发现北京科技体制改革在坚持"四个面向"理念的同时聚焦区域科技发展问题，以推动国际科技创新中心建设为核心目标，系统谋划科技体制改革战略路径并构建了具有立法保障的制度体系，细化政策措施并取得成效。面对国内外形势及自身发展需求，下一步需从完善组织模式、优化资源配置方式、推进科技成果转化、形成开放创新格局、营造有利环境等方面采取系统改革措施。

关键词： 创新驱动 科技体制改革 北京

* 基金项目：本报告是北京市社会科学院一般课题"北京人工智能发展的政府治理路径研究"（KY2025C0335）阶段性成果。

** 毕娟，北京市社会科学院管理研究所副所长，副研究员，主要研究方向为公共服务、科技政策与管理、数字经济与治理、政府绩效管理。

一 进一步深化科技体制改革的重大意义

当前，新一轮科技革命和产业变革突飞猛进，创新活动的组织方式、实践载体、制度安排、政策保障等面临深刻变革。① 需要通过体制机制改革和优化制度保障体系来支撑科技发展和参与科技国际竞争。党的二十届三中全会通过的《中共中央关于进一步全面深化改革、推进中国式现代化的决定》提出深化科技体制改革，并进行全面系统的部署。2025 年 1 月 14 日，全国科技工作会议第二次全体会议提出，全面启动新一轮科技体制改革，着力提升体系化科技创新能力，有力支撑高质量发展、保障高水平安全。② 2024 年9 月，北京市发布《中共北京市委贯彻〈中共中央关于进一步全面深化改革、推进中国式现代化的决定〉的实施意见》，对于深化科技体制改革细化了落实措施。北京市深化科技体制改革既是国家战略要求，也是自身发展所需，通过制度创新激活创新潜能，巩固提升北京国际科技创新中心地位，引领中国参与国际科技竞争新格局。

（一）应对科技革命和产业变革浪潮把握历史主动的必然选择

随着全球新一轮科技革命的快速演进，加快产业变革浪潮，人工智能等前沿领域竞争日趋激烈。北京作为全国科技创新中心，深化科技体制改革是抢占技术制高点、提升国际竞争力的关键举措。通过破除体制机制障碍、优化创新资源配置，能够加快关键核心技术攻关，推动创新链、产业链、资金链深度融合，在全球化变局中掌握发展主动权。此举既是顺应全球科技发展趋势的战略布局，也是破解"卡脖子"难题、防范技术脱钩风险的必然路径。

---

① 黄坤明：《构建支持全面创新体制机制》，《人民日报》2024 年 7 月 31 日。
② 《全国科技工作会议第二次全体会议召开全面启动新一轮科技体制改革》，《人民日报》2025 年 1 月 14 日。

（二）加快发展具有北京特色的新质生产力的重要保障

北京拥有丰富的科教资源和高水平人才优势，但传统科研管理模式与市场导向的产业转化机制仍有错位。深化科技体制改革，可通过赋予科研机构更大自主权、完善科技成果转化激励机制、强化企业创新主体地位，充分释放高校、科研院所和企业的协同效能。聚焦新一代信息技术、生物医药、绿色能源等新质生产力领域，北京能够培育一批具有全球影响力的科技领军企业，形成"基础研究—技术突破—产业应用"的良性循环，为形成新质生产力、促进高质量发展注入新动能。

（三）建设科技北京打造国际科技创新中心的现实要求

北京作为全国科技创新中心，承担着国家科技体制改革先行先试任务（如2015年全面创新改革试验区、中关村先行先试改革等）。北京建设国际科技创新中心是重要国家战略，需通过改革解决创新生态短板。深化科技体制改革能够推动创新要素跨境流动，吸引国际顶尖人才和机构，构建开放包容的创新生态。同时，优化科技评价体系，完善知识产权保护，强化大科学设施共享，可提升创新效率与国际合作水平。对标硅谷、东京等全球创新高地，以改革破除行政壁垒、激发市场活力，打造全球创新网络核心节点，为实现高水平科技自立自强提供示范样板。

二 科技体制改革相关理论探讨

科技体制是一个系统概念，包括组织和管理科技活动的组织体系、运行机制、发展战略、制度体系等内容。[1] 科技体制改革理论探讨与实践也多从组织层、战略层、制度层以及微观、中观、宏观等多层面展开。[2] 通过相关理论分析可以帮助探讨科技体制改革路径的分析框架。

---

[1] 方新主编《中国科技创新与可持续发展》，科学出版社，2007。

[2] 庄芹芹、王颖、韩龙艳：《面向科技自立自强的中国科技体制改革逻辑与实践突破》，《中国软科学》2024年第9期。

（一）相关理论基础

科技体制改革是对科技创新中所涉及的组织机构、规制、规范等进行改变和革新，以适应科技创新和经济社会的发展需求。我国自 1978 年起探索试点科技体制改革，1985 年起全面展开，近年来科技体制改革更加全面、不断深化，主要围绕科技与经济的关系、科技创新能力、市场主体及创新主体活力激发、科技成果转化应用等目标和路径展开。总体来看，为科技体制改革提供理论指导和逻辑思路的主要理论包括创新驱动发展理论、制度变迁理论以及国家创新系统理论。

1. 创新驱动发展理论

随着我国经济增长动力由要素驱动、投资驱动转为创新驱动，创新成为经济增长的主要动力。2016 年国家印发《国家创新驱动发展战略纲要》，提出创新驱动发展战略是实现中国式现代化的必要路径。新熊彼特增长理论为创新驱动发展体系建设提供了新的视角和理论指导，创新驱动发展需确立企业的创新主体地位，将知识作为核心资源促进知识的流动传播和衍生发展，重视基础研究与应用研究的平衡，强调系统内各个主体之间的互动，重视宏观制度的作用。[1] 有学者认为创新驱动发展是通过知识、技术等要素的引入突破资源要素的瓶颈，是为了对各类创新资源整合与盘活，是传统经济发展动力的优化与升级。[2]

2. 制度变迁理论

学者多从制度经济学视角分析科技体制改革的动力机制等问题。制度经济学中，制度变迁理论（Institutional Change Theory）为科技体制改革提供了重要的理论框架，其核心在于解释制度如何形成、演变及影响社会行为。结合道格拉斯·诺斯（Douglass North）等人的经典理论，科技体制改革可

---

[1] 柳卸林、高雨辰、丁雪辰：《寻找创新驱动发展的新理论思维——基于新熊彼特增长理论的思考》，《管理世界》2017 年第 12 期。

[2] 王海燕、郑秀梅：《创新驱动发展的理论基础、内涵与评价》，《中国软科学》2017 年第 1 期。

被视为一种"制度变迁"过程，需通过调整规则、激励结构和组织模式来优化创新生态，其核心在于通过制度重构释放创新主体的活力，最终实现科技治理体系的现代化。

3. 国家创新系统理论

作为解释国家科技创新的基本理论，创新系统既是理论框架又是分析工具，还是一整套关于创新的制度安排。[1] Freeman 提出国家创新系统概念，国家创新系统是由公共部门和私有部门组成的制度网络，目的是创造、改进、扩散新知识和新技术。[2] 从覆盖范围角度来看，创新系统分为国家创新系统、区域创新系统、产业创新系统、企业创新系统等。其中，区域创新系统是国家创新系统的子系统，是中观层面的由技术创新相关行为主体、主体之间的联系、运行机制和制度组成的网络系统。具有系统性、经济性、区域性、开放性等特征。[3]

（二）科技体制改革策略分析的逻辑框架

科技体制改革的理念是科技体制改革的价值导向和出发点。根据创新驱动发展理论，科技体制改革应以科技发展过程中的问题以及其服务于经济社会发展的现实需求作为起点。科技体制改革的核心目标是提升国家创新能力和竞争力，提升创新驱动能力，推动经济社会高质量发展。而改革目标兼具问题导向和时代性特征，对于国家和特定区域、特定时期而言，科技体制改革的目标还存在动态调整的特性。科技体制改革的战略路径是解决实际问题的有效方法或方案，以及实现改革目标的具体过程和步骤。根据制度变迁理论、创新系统理论，科技体制改革路径不一定是单线程的，往往是多线程、多角度方案的系统集成。政策措施是在落实科技体制改革理念、实现科技体

---

① 孙玉涛、刘凤朝、曹聪：《中国科技体制改革的逻辑：一个制度理论的框架》，《科学学研究》2022 年第 1 期。

② Freeman C.，*Technologey Policy and Economic Performance：Lessons from Japan*，Lomdon：Pinter Publiser，1987.

③ 吴贵生、魏守华、徐建国：《区域科技论》，清华大学出版社，2007。

制改革目标要求下，沿循战略路径所采取的具体政策及措施，是科技体制改革得以实现的现实载体；是一个系统化的制度体系，包括规划、法规、政策、措施等不同层次的内容，政策措施体系处于动态调整、不断优化的过程。改革绩效是科技体制改革成绩、效果的综合体现，既包括科技体制改革本身的效率性和效益性，对现实问题的回应和解决程度，也包括科技创新总体实力提升的效果等内容。改革的理念、目标、路径和措施落实情况与改革绩效紧密关联，前者决定改革的成绩和效果，而改革绩效也能反过来督促检视改革的情况，督促改革及时纠偏、调优。科技体制改革策略分析逻辑框架如图 1 所示。

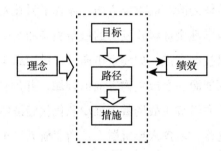

图 1　科技体制改革策略分析逻辑框架

三　北京市科技体制改革进展及形势分析

北京科技体制改革经历了 1978~1984 年的探索阶段、1985~1991 年的结构调整阶段、1992~1998 年的改革优化阶段、1999~2006 年的系统建设阶段，① 又经历了 2007~2011 年科技管理模式改革推动创新型城市建设阶段、2012~2019 年全面创新改革推动全国科技创新中心建设阶段、② 2019~2024

---

① 毕娟：《新时期科技体制改革的方向与北京实践》，载施昌奎主编《北京公共服务发展报告（2013~2014）》，社会科学文献出版社，2014。

② 北京市科学技术委员会主编《北京科技 70 年（1949—2019）》，北京科学技术出版社，2020。

年深化科技体制改革加快推进国际科技创新中心建设阶段，以及2024年至今的进一步全面深化改革阶段。总体来看，北京市科技体制改革取得了较为显著的进展和成效，但同时也面临一些改革深水区和新形势下的新问题和改革难点。

（一）北京市科技体制改革的进展

1. 坚持"四个面向"理念，同时聚焦区域科技发展问题

北京市科技发展和科技体制改革始终牢记"国之大者"，坚持"四个面向"，① 并将之作为科技体制的改革指导思想和发展理念。"四个面向"是新时代科技创新和科技体制改革的重要方向，体现了科技发展的全局性、战略性和人民性。北京市瞄准全球科技发展的最新趋势和尖端领域，统筹谋划积极布局，抢占未来科技制高点，如北京市通过建设国家实验室、全国重点实验室等平台，布局新能源、合成生物等前沿领域，并加快6G实验室和创新产业集聚区建设。面向经济主战场着力推动现代化经济体系建设，重点推动数字经济标杆城市建设，聚焦人形机器人、商业航天等未来产业。面向国家重大需求，重点支撑服务保障国家重大战略任务、创新型国家建设等。面向人民生命健康，在生物医药、环境保护等领域谋划改革举措。同时，结合自身区域发展的问题与需求，有的放矢地开展科技体制改革工作，提升科技体系的工作效率和效能。例如，近年来围绕区域科技发展所面临的创新主体激励、创新资源整合利用、创新机制优化、科技成果转化等改革的痛点和难点集中发力进行改革。

2. 明确改革目标，着力建设国际科技创新中心

北京市科技体制改革坚持国家战略性、时代性、区域性的目标导向，在国家战略层面，推动科技创新成为国家发展的核心驱动力，提升自主创新能力，服务于创新驱动发展战略，服务于高水平科技自立自强。在数字化、智

---

① 2020年9月11日，中共中央总书记、国家主席、中央军委主席习近平在京主持召开科学家座谈会并发表重要讲话，提出"面向世界科技前沿、面向经济主战场、面向国家重大需求、面向人民生命健康，不断向科学技术广度和深度进军"。

能化时代，科技体制改革的目标在于激发创新活力，适应时代需求，促进以科技与数字经济为核心的现代化经济体系紧密结合，切实推动新时代首都高质量发展。在区域层面，推动国际科技创新中心建设是国家赋予北京现阶段的战略任务。2014年2月，习近平总书记视察北京首次提出科技创新中心的定位要求，2016年的《国家创新驱动发展战略纲要》提出推动北京、上海等优势地区建成具有全球影响力的科技创新中心，2020年"十四五"规划纲要指出布局建设综合性国家科学中心和区域性创新高地，支持北京、上海、粤港澳大湾区形成国际科技创新中心。打造具有全球影响力的国际科技创新中心，辐射带动京津冀协同发展，形成区域创新高地，也是北京当前科技体制改革区域层面的核心目标。

3. 以问题为导向，系统谋划科技体制改革战略路径

1985年中央启动科技体制改革，其根本目的就是加快科技与经济的结合，发挥科技在经济发展中的支撑作用。回顾40年来的科技体制改革进程，这一改革主线依然没有改变，也成为改革的必经之路。随着时代的变革，发展方式、生活方式、思维方式、政府治理方式也随之变化，[①] 直面科技发展中的问题，持续深化科技体制改革，需要促进科技与经济深度融合，不断探索处理好政府与市场的关系，坚持科技创新与制度创新"双轮驱动"，构建系统化制度体系，这已经成为科技体制改革所需坚持的必然战略路径。以上四个方面共同构成北京市现阶段科技体制改革所坚持的改革路径。其中，构建系统化制度体系是核心实践路径。北京市科技体制改革注重法治原则，以立法为核心，以中关村先行先试为抓手，部市联动系统制定和推进落实系列改革政策。《北京国际科技创新中心建设条例》于2024年3月1日正式施行，为科技体制改革提供立法保障。同时动态优化政策体系，如2024年发布《中关村世界领先科技园区建设方案（2024—2027年）》《关于推动中关村加快建设世界领先科技园区的若干政策措施》，引导技术、人才、资本、空间等园区发展要素一体化、国际化、市场化、生态化高效配置。中关

---

① 方新：《中国科技体制改革——三十年的变与不变》，《科学学研究》2012年第10期。

村新一轮先行先试改革深入推进，24项中关村先行先试改革措施全面落地，部市出台50余项配套政策。2024年2月发布《北京市科技创新国际化提升行动计划（2024—2027年）》，加快建设具有全球竞争力的开放创新生态。同时在知识产权、科技服务业、未来产业等多领域制定改革和支持政策，丰富政策体系。

4.关键领域突破，不断创新优化改革措施

近年来，在"四个面向"改革理念的指导下，瞄准建设国际科技创新中心的核心目标，北京市沿循上述四大改革路径，进一步细化改革措施，构建改革政策措施体系，推动改革落地见效。

（1）改革组织模式，提升科研组织效率

一是政府组织机构的改革。2021年，北京市科委、中关村管委会合署办公，之后开展了事业单位改革，推动了组织体系重塑，提升了科技资源统筹能力。[1] 2022年8月，北京市成立了"北京市科技战略决策咨询委员会"，由相关部门和战略科学家、行业领军人才等组成，对于研判国内外科技创新发展规律、把握科技发展方向、提供战略决策支撑具有重要意义。[2] 此外，成立由市科委、中关村管委会主要领导牵头的研发促进工作小组，[3] 推动企业扩大研发投入。

二是研发机构的改革。近年来，北京打破了传统科研机构管理模式，面向创新前沿，创新性地采取"五新机制"布局建设了北京量子院、北京脑科学与类脑研究所、北京智源人工智能研究院等一批世界一流的新型研发机构。在管理运行模式、财政经费支持方式、绩效评价机制、知识产权归属及

---

① 《持续深化科技体制改革　助力北京国际科技创新中心建设》，《北京日报》2022年12月28日。
② 《北京市科技战略决策咨询委员会第一次全体委员会议召开　陈吉宁出席并讲话》，《北京日报》2022年8月13日。
③ 《2025岁末年初话创新⑤｜发挥决策参考作用，数据赋能国际科技创新中心建设》，https://kw.beijing.gov.cn/ztzl/gdzt/smnchcx/index.html，2025年1月16日。

科技成果转化机制、固定资产管理方式等方面采取创新方式。① 新型研发机构的建设有助于构建政产学研金用一体的协同创新体系，促进新兴科学技术与经济的有机融合。

三是改革科研组织模式。在关键核心技术攻关和基础研究方面采取新型举国体制，加强战略谋划和统筹布局。实施关键核心技术攻坚战行动计划，集中部署集成电路、高端科学仪器、智能制造、人工智能等 9 个重大专项攻坚行动。同时，赋予科学家更大的经费使用自主权。在基础研究和重大创新成果产出方面，改革自然科学基金组织模式，实行"包干制+负面清单"管理。② 开展关键核心技术攻关"揭榜挂帅"、重大高风险研发项目"赛马制"等科技项目组织模式。③

（2）创新配置方式，提升资源配置效率

一是强化国家战略科技力量。建设国家战略科技力量既是北京的重要任务，也是其自身不可或缺的科技资源源泉。近年来，北京市加快建设重大科技基础设施集群，高标准建设和运行在京国家实验室，服务全国重点实验室高质量发展，发挥好高水平研究型大学和国家科研机构创新功能。

二是创新研发资金投入模式。一方面，优化财政科技投入的引导和公共服务支撑作用。北京新设立了人工智能、信息产业、医药健康等产业领域的 8 支政府投资基金，发挥财政资金对科技创新和高精尖产业的引导支持作用。④

---

① 《北京深化科技体制改革：原创科研成果涌现，科技成果转化加速》，《新京报》2024 年 7 月 11 日。

② 《北京国际科技创新中心建设亮成绩单　北京科技创新多维度步入全球前列》，《北京日报》2024 年 10 月 5 日。

③ 根据《北京市科技计划项目（课题）管理办法》（京科资发〔2023〕43 号），揭榜挂帅是指为解决目标明确、应用亟需、最终用户明确的跨部门、跨区域、跨领域的产业发展关键核心技术难题制定发布"榜单"，不论资历、不设门槛，组织社会力量揭榜攻关。赛马制是指针对战略意义重大但研发风险高，或时限要求紧迫的重大攻关任务，可面向不同技术路线同时支持多支研发团队平行攻关，后分阶段开展节点考核，根据节点绩效动态调整任务目标，根据"里程碑"考核结果给予后续资金支持。

④ 《关于开展新设市级政府投资基金储备项目常态化征集的通知》，北京市科学技术委员会、中关村科技园区管理委员会网站，https://kw.beijing.gov.cn/zwgk/zcwj/202409/t20240918_3894431.html，2024 年 9 月 18 日。

北京出台完善财政科研项目和经费管理、实施科研项目经费"包干制"，简化科研项目预算编制，下放科研项目预算调整权，加大绩效支出激励力度等政策。另一方面，激发企业等市场主体的研发投入积极性。探索和建立"市—区—企业"自然科学联合基金机制，以企业需求为导向设置科研项目。试点企业投入基础研究可享受100%研发费用加计扣除政策，激励企业开展基础研究。① 引导建设服务国家战略的资本市场，建设北京证券交易所，重点服务创新型中小企业。2024 年，中国人民银行设立科技创新和技术改造再贷款，北京市首批科技创新贷款也于 2024 年 10 月发放，多维度为企业创新提供资金支持。

三是创新人才激励模式。持续推进高水平人才高地建设，实施科技新星计划、杰青项目、启研计划等，支持青年科研人才发展。改革职称评价制度，推行"代表作"评审，弱化论文数量考核，赋予科研机构职称评审权。2024 年新增金融科技专业职称，服务于科技发展需求。优化人才引用政策，2024 年提出实行外国人工作许可和工作类居留许可并联审批。2024 年发布首个《北京市国际职业资格认可目录（1.0 版）》，推行职称国际互认，助推构建更加开放包容、便捷高效、充满活力的人才发展生态。②

（3）抓科技成果转化关键环节，促进科技与经济结合

北京市不断推动成果转化，深化科技创新的关键环节和领域改革，推出一批创新政策，激发创新和成果转化活力。例如，完善科技成果评价机制，开展职务科技成果转化管理改革，鼓励高校设立技术转移办公室，通过设立职称等方式促进技术经理人等科技成果转化专业人才发展。以"先使用后付费"方式，打通科技成果转化"最后一公里"。发布《科技成果转化常见问题工作手册（2024 年版）》，聚焦科技成果转化的政策和实践操作问题提出专业指导。

（4）营造开放创新环境，提升科技创新国际化水平

在建设国际科技创新中心过程中注重以国际视野谋划，以高水平对外开

---

① 《北京国际科技创新中心建设亮成绩单 北京科技创新多维度步入全球前列》，《北京日报》2024 年 10 月 5 日。
② 《2024 服贸会 | 北京职业资格国际双向互认实现突破》，新华社，2024 年 9 月 15 日。

放推动国际化发展。以中关村论坛为平台，主动加强国际交流与合作，打造类海外环境吸引国际人才，以两区建设为契机完善国际人才引用政策。2024年12月，北京市科学技术委员会、中关村科技园区管理委员会印发《"一带一路"科技创新北京行动计划（2025—2027年）》深化与共建"一带一路"国家科技创新合作。加强京津冀协同创新，协同布局产业链、创新链，推动京津冀国家技术创新中心建设等。

5. 科技体制改革绩效不断显现

通过不断深化科技体制改革，北京市改革成效不断显现。一方面，科技体制改革的战略路径清晰，政策措施与改革理念和战略目标相契合，形成了有助于科技事业发展的制度体系。例如，不断落实《国际科技创新中心建设条例》，中关村示范区先试先行政策全面落地。50余项先试先行改革的配套在成果权益、收益分配等方面建立了较为完备的制度保障，并结合区域发展现状与需求动态制定和调整改革政策措施。另一方面，改革效果较为显著。北京国际科技创新中心综合实力不断提升，有力支撑数字经济高质量发展。根据《国际科技创新中心指数2024》，2024年北京排第三位，并连续3年保持第三位，科学中心和创新高地两个维度均居第二位。① 连续8年居《自然指数—科研城市》榜首。世界知识产权组织发布的《2024全球创新指数》显示，2024年北京排第三位，较上年上升1位。统筹科技与教育、人才一体化发展，资源整合能力和效果不断提升。例如，支持在京国家实验室承担国家科技重大专项，推动怀柔综合性国家科学中心29个科技设施投入科研，建成昌平南口全国重点实验室基地一期。率先实施医师科学家培养计划等。技术出口与人才政策开放度增强，吸引国际顶尖科研机构与企业合作。在京长期工作的外籍人才约有2.2万人，具有硕士和博士学位的外籍人才占比超40%。② 2024年，北京地区认定登记技术合同102910项，成交额9153.3亿元，

---

① 清华大学产业发展与环境治理研究中心和自然科研智讯：《国际科技创新中心指数2024》，2024年12月。

② 《谱写科技强国建设的"北京篇章"——北京国际科技创新中心建设纪实》，北京国际科技创新中心微信公众号，2024年11月19日。

增长7.2%。北京流向河北、天津两地的技术合同成交额达843.7亿元，同比增长12.7%，三地协同创新和产业协作持续深化，雄安新区中关村科技园累计入驻企业130家。① 北京市科技体制改革分析框架如图2所示。

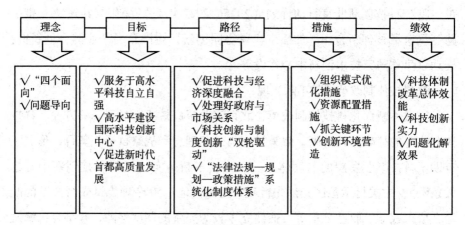

图2 北京市科技体制改革分析框架

（二）北京科技体制改革面临的形势分析

科技体制改革一直是国家及北京市的重要改革任务之一。当前，科技创新和产业变革不断加速，所面临的新形势也呼唤更加匹配的科技体制机制。同时，北京科技发展中还存在一些问题和阻力，需要通过体制机制改革探索突破发展路径。

1. 新技术与产业发展变革带来的挑战

当今时代，数字技术突飞猛进，推动科技创新呈现交叉融合态势。如人工智能、大数据、量子信息、先进通信、半导体等战略性数字技术，与先进制造、生物医药、能源环保、健康医疗、先进材料、交通物流等具体产业领域融合形成交叉技术创新，部分技术创新领域向新体系不断演变。随着数字技术的发展，科研范式也在不断演变，已经由经验科学、理论科学、计算科

---

① 北京技术市场管理办公室北京技术市场监测数据，https://kw.beijing.gov.cn/zwgk/sjfb/jsscsj/tjjb/202501/t20250124_3998760.html，2025年1月24日。

学、数据科学演变为人工智能范式（AI for Science），对于传统的科研管理方式和科研组织模式提出新的要求。科技创新与产业创新结合更加紧密，新业态、新模式加速涌现，前瞻性战略布局的需求日益凸显。同时，创新生态系统向数智创新生态系统演变，创新生态系统中的创新主体、创新资源、创新环境和产业体系层面分别呈现相应的数智化特征。数智赋能政府、企业、高校院所以及社会服务机构等开展数智化转型，以适应数字技术创新的趋势，新型研发机构突破了原有的创新机构边界及组织模式产生了更高的创新效能；创新资源从原始的知识、技术、资金、人才等演变为智慧数据、智能技术、数字化人才、高精尖设备等新型要素；创新环境则体现为现实环境与虚拟环境并存的趋势；产业体系通过数智赋能加速了体系重构和生态优化，产生了成本节约、规模经济、精准匹配、效率提升等效应。这些都要求科技体制机制动态改革优化，形成更符合时代发展需求的制度体系。

2. 科技发展中面临的问题和改革需求

当前，北京建设国际科技创新中心和北京科技发展中关键核心技术突破仍有不足，高质量科技供给需要持续加强，科技成果转化应用还不顺畅①等问题依然存在。例如，在国产人工智能芯片技术方面，我国距离国际领先水平还存在一定差距。国产芯片算力水平、算力成本、满足需求的供应能力等方面仍待突破发展。科技成果落地转化的实际效果还有待进一步提升，科技成果转化人才及专业服务体系的构建仍有短板，仍需进一步搭建科技成果供应与产业技术需求对接的通道，提升高技术成果在区域内的转化效率和比重。此外，人工智能大模型快速发展的同时，行业落地效果还有不足，人工智能技术在医疗、教育等行业的应用还缺少有效的监管机制。

四　北京市进一步深化科技体制改革的对策建议

北京市科技体制改革需在中央统一战略部署下，更加强调地方特色，不

---

① 北京市《2025年政府工作报告》。

断探索改革"深水区、无人区",围绕基本形成国际科技创新中心和首都率先基本实现社会主义现代化战略目标,以科技体制改革全力推动北京国际科技创新中心建设向更高水平迈进。①

(一)坚持"四个面向"统筹推进科技体制改革

北京市科技体制改革需坚持"四个面向"理念,服务于国家高水平科技自立自强。以降低创新交易成本、提升制度效率为原则,统筹推进科技创新与制度创新,注重政策互补性,避免单点突破失效,同时强调改革举措的动态性,通过试点反馈优化制度设计,包容审慎容忍阶段性试错。

(二)以问题为导向系统谋划改革路径及政策措施

未来,北京市科技体制改革需在中央的统一部署下,以区域科技发展问题和改革需求为依据,落实区域改革发展战略,探索形成符合自身发展需求的科技体制改革路径,创新和设置更具地方特色的创新措施。

1.完善科技组织模式

从多层面系统优化科技组织模式。优化相关管理部门职责,提高行政效率,有效促进科技与产业结合。推进科研事业单位改革,引入企业管理方法,提高科研事业单位的管理活性与创新活力。健全新型举国体制,优化重大科技创新组织机制。以有组织的科研持续强化基础研究,统筹强化关键核心技术攻关。② 优化制度设计,促进产学研融合、科技与经济深度融合。支持新型研发机构创新发展,搭建更加符合创新和市场需求的科创平台。深化"三城一区"联动发展。

2.优化科技资源配置方式

统筹推进教育科技人才体制机制一体化改革,促进科技与教育、人才良

---

① 《2025年北京市科技与经济和信息化工作会议召开》,https://www.ncsti.gov.cn/kjdt/xwjj/202501/t20250126_194273.html,2025年1月26日。

② 《中共北京市委贯彻〈中共中央关于进一步全面深化改革、推进中国式现代化的决定〉的实施意见》,2024年8月30日中国共产党北京市第十三届委员会第五次全体会议通过。

性循环发展。强化国家战略科技力量服务支撑，同时以国家战略科技力量引领协同攻关助力国际科技创新中心建设。改进科技计划管理，优化科技创新资源配置方式。强化企业科技创新主体地位，企业主导推动科技创新和产业创新深度融合。完善科技评价和科研人员激励机制，深化科研院所成果转化、收入分配机制改革。推动数据要素市场化改革，加强科技与数据要素整合协同。完善政策措施构建财政科技经费、科技金融等科技创新资金支撑体系，例如加快中关村科创金融改革试验区建设等。

3. 持续推进科技成果转化

以供需对接为核心，不断深化科技成果转化机制改革。进一步推动科技成果产权制度改革，明确科研人员权益，在确保转化收益的基础上提高创新和转化积极性。培育和发展技术要素市场，关注科技成果转化全链条，培育和发展科技成果转化专业人才、专业服务机构，完善相关规制体系、交易规则，打通科技成果转化"最后一公里"。

4. 促进形成开放创新格局

全球化背景下，科技体制改革需深入推动制度创新与改革，加快融入开放创新生态以及全球创新网络，构建国际一流开放的创新体系。提升国际创新要素的配置能力，加强国际科技合作，参与国际规则制定并吸引国际组织与顶尖实验室落地。加强区域合作，深化落实京津冀协同发展战略，强化科技创新协同的制度体系，提升科技对区域发展的引领作用。部市联动加快建设世界领先科技园区，优化园区发展机制与发展环境，提升园区发展质量。

5. 营造有利于科技发展的环境

通过体制机制改革，引导全社会形成积极的创新文化和创新意识，营造尊重创新、宽容失败的宽松科研环境。探索建立科技创新"监管沙箱"制度，构建包容审慎的监管机制。以制度促进科研诚信建设，引导科研人员保持良好学风，秉持科研伦理、学术规范和科学严谨的治学态度。

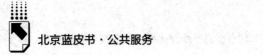

参考文献

张来武：《论创新驱动发展》，《中国软科学》2013 年第 1 期。

朱效民：《科技体制改革的"体"与"用"——兼谈科技体制改革的一点思路》，《自然辩证法研究》2012 年第 7 期。

方新：《中国科技体制改革——三十年的变与不变》，《科学学研究》2012 年第 10 期。

B.4
科技创新与产业创新融合
助力北京国际科技创新中心建设

董丽丽*

摘　要： 北京作为国家科技创新战略的重要承载地，其建设国际科技创新中心不仅对北京市自身的高质量发展至关重要，而且对于促进京津冀地区的协同创新、强化国家科技自主创新能力具有深远影响。本报告全面回顾了 2024 年北京国际科技创新中心建设所取得的进展，在此基础上，深入剖析了当前北京国际科技创新中心建设中存在的挑战和北京在国际科技创新中心建设中的相关做法与成功经验，在此基础上，提出从完善体制机制、促进产业链协同、发挥企业创新主体作用、深化国际合作等方面持续推进北京国际科技创新中心建设工作。

关键词： 国际科技创新中心　科技创新　产业创新　北京

国际科技创新中心建设是习近平总书记亲自倡议并领导实施的一项国家战略，旨在强化我国在全球科技竞争中的自主创新能力。历经近十年的努力，北京已完成《北京加强全国科技创新中心建设总体方案》所设定的阶段性目标，积累了五个方面的"北京经验"，这为实现 2030 年将北京建设成为全球原始创新的策源地和开放创新的核心区域奠定了坚实基础。本报告对 2024 年北京国际科技创新中心建设取得的进展进行了回顾，同时，系统总结了北京现有做法和成功经验，在此基础上提出对策建议。

---

* 董丽丽，北京市社会科学院管理所助理研究员，主要研究方向为科技政策。

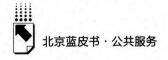

一 北京国际科技创新中心建设最新进展

2024 年，北京 R&D 经费投入强度在 6% 以上，其中基础研究经费占比高达 16%，已达国际先进水平，同时获得了 58 项国家科学技术奖，占全国总数近三成。此外，北京的国家高新技术企业、国家级专精特新"小巨人"企业和独角兽企业的数目在全国居首位。

（一）研发成果取得重大突破，科技创新成果量质齐升

北京市统计局 2025 年 1 月发布的数据显示，北京国际科技创新中心建设取得显著成效，在研发成果上实现了质与量的双重突破。2024 年 1～11 月，全市专利授权量达到了 18.4 万件，同比增长 2.7%，其中发明授权量为 11.2 万件，增幅高达 12%；每万人发明专利拥有量增至 301.1 件，同比上升了 15.9%。技术市场同样保持了稳健的增长态势，前三个季度，全市共认定登记了 65072 项技术合同，成交额达到 6006.2 亿元人民币，比上年同期增长了 7.7%。值得注意的是，中关村示范区规模以上重点企业在新产品销售收入方面表现尤为抢眼，截至 2024 年 11 月底，该数值累计达到了 5844.3 亿元，较上年同期增加了 16.2%，同时，2024 年中关村发布了一批重大科研成果，这些成果涵盖了多个科技领域，包括人工智能、量子计算、光学晶体、能源、开源处理器、农业科技、脑机接口以及重大科技基础设施等，展示了中关村在科技创新方面的显著成就（见表 1）。此外，一批具有前瞻性的科研项目在北京落地生根，如氢内燃机、朱雀三号火箭等，标志着北京在关键技术领域取得了实质性进展，并且这些项目呈现了明显的绿色化、高端化和智能化发展趋势。

表 1 2024 年中关村论坛年会重大成果发布

重大科技成果	发布单位
全模拟光电智能计算芯片	科技部、国家自然科学基金委、清华大学

重大科技成果	发布单位
人工智能取得系列成果	科技部新一代人工智能发展研究中心、中国信息通信研究院、北京市科学技术委员会、中关村科技园区管理委员会
转角氮化硼光学晶体原创理论与材料	教育部、北京大学
量子云算力集群	北京量子信息科学研究院、中国科学院物理研究所、清华大学
300兆瓦级F级重型燃气轮机完成总装	国务院国资委、国家电力投资集团有限公司
第三代"香山"RISC-V开源高性能处理器核	中国科学院计算技术研究所、北京开源芯片研究院
农作物耐盐碱机制解析及应用	中国科学院遗传与发育生物学研究所
"北脑二号"智能脑机系统	北京脑科学与类脑研究所、北京芯智达神经技术有限公司
重大科技基础设施取得系列国际领先成果	国家发展改革委、科技部、国家自然科学基金委、中国科学院国家天文台、中国科学院高能物理研究所、中国科学院合肥物质科学研究院

资料来源：北京发布微博平台。

（二）科技创新能力稳步增强，主要平台建设与企业创新活力齐头并进

科技创新平台的建设是衡量一个地区创新能力的重要指标之一。根据北京市统计局数据，中关村示范区内规上企业2024年1~11月总收入7.6万亿元，同比增长3.6%，技术收入占比近1/3，较上年同期提高2.7个百分点，收入结构优化。大中型重点企业研发支出同比增长6.8%，电子制造和新能源汽车制造业研发投入分别达509.4亿元和2624.7亿元，增幅分别为13.9%和5.8%。2024年11月发布的"中关村指数2024"显示，2023年，创新引领指数为478.0，较上年提升72.2（见图1），在五个指数中增长最快。"三城一区"作为北京科技创新核心区域，固定资产投资额同比增长8.2%，比上年同期高5.1个百分点，彰显政策对投资的促进作用。成果转化服务平台建设成果显著，2023年北京市登记技术转移机构174家，多单

位建设产业开发研究院与成果转移转化平台，推动概念验证平台、标杆孵化器等建设，布局共性技术平台，各区也依产业需求建设特色科技成果转化基础设施。

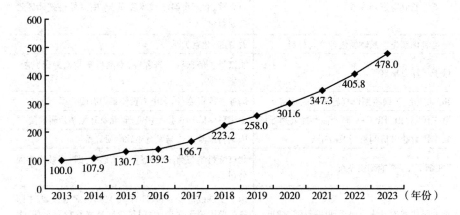

图1 中关村创新引领指数变化趋势

资料来源：北京方迪经济发展研究院。

（三）创新创业生态持续优化，京津冀协同发展持续纵深推进

创新创业生态的持续优化，为北京国际科技创新中心建设营造了良好环境。政府为支持国际科技创新中心发展，持续加大财政扶持力度。2024年1~11月，地方财政在科技领域的经费支出达457.4亿元，同比增长5.9%，增速比上年同期快3.1个百分点。这部分资金主要用于推动"三城一区"协同发展，保障在京国家实验室顺利运作与体系化发展。另外，科技金融体系作用日益凸显。截至目前，已设立8支聚焦高精尖产业细分领域的政府产业引导基金。尤其在2024年11月启动的京津冀投融资服务机制中，三地17只基金签署合作协议，向35家企业共投资30亿元。天津滨海—中关村科技园、京津中关村科技城新增注册企业分别超800家、300家。京津冀城乡居民人均可支配收入比也呈现逐年靠近的趋势（见图2）。

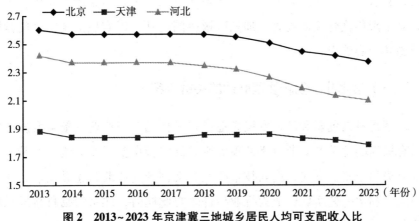

图2　2013～2023年京津冀三地城乡居民人均可支配收入比

资料来源：北京市统计局。

（四）全球影响力进一步提升，多项国际排名彰显北京实力

近年来，得益于一系列高效政策的推动，北京在全球科技创新领域的地位显著增强。根据《自然指数—科研城市》，北京连续8年荣登全球科研城市榜首。在高被引科学家排行榜中，北京连续两年居榜首。在《全球百强科技创新集群》榜单中，2024年北京位居全球第三，较2023年上升了一个位次，进一步巩固了其作为世界顶级创新枢纽的地位。在《国际科技创新中心指数》排行中，北京连续三年位居全球第三。这些成就巩固了北京作为国际科技创新中心的地位，证明北京的全球竞争力正在不断增强。

二　科技创新与产业创新融合发展是推进北京国际科技创新中心建设的关键路径

科技创新与产业创新的深度融合不仅是我国创新驱动发展战略的核心要求，也是构建现代化产业体系、发展新质生产力的关键要素。北京市通过强化企业主导的产学研合作，提升了科技创新能力，促进了高精尖产业发展，助力经济高质量增长。旧金山、纽约、东京等三大湾区的成功经验表明，有效的产学研融合能显著提升地区创新能力，引领产业发展。现阶段，北京聚焦优化资源配置，加强区域协同创新，以实现更高水平的国际科技创新中心建设目标。

（一）强化北京创新要素联动的关键路径

北京是科技创新和产业发展高地，在科技创新与产业创新融合发展方面具有极高的适配性。北京坐拥顶尖科研机构和众多"双一流"高校，科研成果极为丰富。同时，高新技术产业和文创产业在北京蓬勃发展，尤其是中关村和798艺术区已成为行业标杆。与此同时，北京面临科技成果转化难题，科技成果"沉睡"与产业缺乏核心技术的现象并存。融合科技创新与产业创新，能有效打通成果转化堵点，通过产业需求引导科研，提升科技成果转化质量与效率。例如，北京高校和科研机构与生物医药企业合作，将科研成果转化为产品，推动了产业快速发展，助力了北京建设国际科技创新中心。

（二）释放北京辐射带动效应的引擎

提升科技成果转化效率是增强北京辐射带动作用的关键，为此，北京市通过一系列政策措施积极促进科技创新与产业创新融合发展，取得显著成果。2023年，北京市已形成万亿级产业集群2个，千亿级产业集群8个。[1]2024年前三季度，北京市规模以上工业中，战略性新兴产业增长14%，新能源汽车、集成电路、智能手机等产品的产量保持两位数以上增长。[2]2014~2023年，北京对津冀的投资额占三地互投总额比重上升了20%，流向津冀的技术合同成交额接近750亿元。[3] 这些数据充分表明，科技创新与

---

[1] 《北京国际科技创新中心建设亮成绩单　北京科技创新多维度步入全球前列》，《北京日报》2024年2月29日。
[2] 《前三季度战略性新兴产业增长14%新质生产力拉动北京经济增长》，《北京日报》2024年11月28日。
[3] 《北京发挥产业协同发展辐射带动作用，京津冀产业走廊初具形态》，《北京日报》2024年7月13日。

产业创新的深度融合，不仅提升了北京自身的经济实力和创新能力，也为周边地区的发展提供了强大的辐射带动作用。

（三）提升北京国际科技创新枢纽地位的助推器

科技创新与产业创新的融合，是提升其国际科技创新枢纽地位的关键举措。北京正从创新要素"物理集聚"向"化学融合"转变，着力打造具有全球影响力的创新策源地。通过科技创新引领产业创新，打造具有全球影响力的合成生物制造产业创新策源地。通过建立科技合作网络、构建场景驱动创新体系和培育开放创新平台等措施，北京促进科技创新与产业创新融合，着力打造国际科技创新枢纽地位。在信息技术领域，北京拥有众多顶尖互联网企业，其研发的人工智能技术、搜索引擎技术等处于国际前沿水平。生物医药产业同样成绩斐然，北京的科研机构与企业紧密合作，在基因疗法、创新药物研发上成果丰硕。科技创新与产业创新融合，使北京在国际科技竞争中不断抢占高地，吸引全球创新资源汇聚，稳固并提升了其国际科技创新枢纽地位。

三　北京现有做法与成功经验

在建设国际科技创新中心的进程中，北京已形成独具特色的实践体系，但仍面临创新要素协同效能不足、区域创新梯度差异显著等结构性挑战。数据显示，2023年北京技术交易额中跨区域流动占比仅35%，京津冀联合研发项目占比不足20%。为此，北京通过构建"基础研究—转化应用—产业升级"三阶递进机制，着力破解创新链与产业链衔接梗阻，其创新实践对全球城市创新发展具有重要参考价值。

（一）原始创新策源体系构建

面对新质生产力发展的时代命题，北京创新性构建"三位一体"基础研究推进机制。在战略布局维度，聚焦AI芯片架构革命与集成电路材料突破；在政策供给维度，率先实施企业研发支出税前全额抵扣政策，推动规上企业研发强度显著提升；在机制创新维度，创设"需求牵引—联合攻关—动态评估"的市域科研基金管理模式，使项目成果转化周期缩短近一半。同时，北京市自然科学基金项目采用"包干制+负面清单"管理模式，赋予科学家更多经费自主权。此外，北京市积极探索建立"市—区—企业"自然科学联合基金机制，将企业技术需求转化为科学问题，实现了产学研的深度融合。

（二）知识价值转化机制创新

为推动科技成果高效转化为现实生产力，北京多管齐下，在政策、资本与平台建设上全面发力，形成首都科技成果转化体系，主要呈现"三维驱动"特征。在制度层面，通过《科技成果转化条例》建立职务发明"三权分立"机制，科研人员收益权占比显著提升。在载体层面，构建"概念验证中心—中试基地—产业化园区"三级转化通道，技术合同落地率稳步提升。在资本层面，设立规模300亿元的科创接力基金，重点支持硬科技项目跨过"死亡之谷"。生数科技成功发布视频大模型Vidu，成为继OpenAI发布Sora大模型后，全球第二个、国内首个优质视频大模型。

（三）未来产业生态培育实践

北京紧密围绕国家战略需求与北京市重点发展领域，大力推动技术突破与引领，产出众多标志性产品，有力带动战略性新兴产业和未来产业发展。在人工智能、数字经济、机器人、新能源、智能网联汽车等各行业领域，科技创新的引领作用日益凸显，与产业创新的融合也愈发紧密。以合成生物制造领域为例，为抢占未来技术高地，北京近期出台了产业创新发展行动计划与若干措施，全方位推进底层技术突破、产业基础构建与区域生态发展。在高效菌株构建、基因编辑等关键环节强化攻关。目前，北京合成生物制造企业数量位居全国之首。商业航天领域同样成果显著。北京着力攻克"星""箭"关键核心技术，优化"南箭北星"产业布局。在"箭"领域，可重复使用火箭、液氧甲烷发动机系统等技术已达国际领先水平。在"星"领域，低成本整星研制、卫星信号传输等技术也走在国际前列。

四　进一步促进北京国际科技创新中心建设对策建议

北京市在建设国际科技创新中心方面取得了显著成果，但仍需进一步完善体制机制、深化产业链协同发展、发挥企业创新主体作用以及加强国际合作。北京将更好地发挥其作为全国科技创新中心的核心作用，为国家科技自立自强和高质量发展提供有力支撑。

（一）完善全链条体制机制，助力产学研深度融合

优化体制机制衔接。将科技创新与产业创新视为一个有机系统，明确以两者融合发展为统一目标，打通体制机制的卡点与堵点，实现系统内体制机制的衔接与整合。培育科技领军企业。建立培育科技领军企业与专精特新中小企业发展机制，鼓励中小企业与民企创新，支持其参与重大科技项目，促进创新资源向企业汇聚。完善科技成果转化机制。以正确导向发挥评价指挥棒作用，鼓励产业关键技术原始创新，建设验证平台，加大政府采购自主创新产品力度，打通成果转化"最后一公里"。深化人才发展体制改革。创新科技项目立项与管理，通过"揭榜挂帅"等制度选拔人才，打通人才交流与流动渠道，完善海外人才引进保障机制。

（二）促进产业链协同发展，推动产业间多维度合作

新一代信息技术应用。引导人工智能创新主体参与全球治理，推动形成通用治理框架与标准。推动通信企业为共建"一带一路"国家提供 5G 方案，开展 6G 前瞻研究。聚焦民生、政务等领域，开展数字科技合作，支持企业开展深度合作，推广区块链等信息安全技术，海外投建智慧工厂，开源人工智能大模型。医药健康产业创新合作。鼓励围绕生物医药、生命科学等领域联合研发与产业合作，开展新型药物研发与国际临床研究。先进制造与

新能源领域创新应用。强化通用人形机器人技术应用，参与商业航天等领域国际合作与规则制定，拓展运载火箭等国际市场，深化"数字地球"合作，推动低空技术企业针对特定区域需求研发应用，探索氢能产业布局。

（三）发挥企业创新主体作用，实现创新链与产业链深度嵌合

强化企业在科研课题申请中的参与。借鉴德国"中小企业创新计划"和深圳等地区的经验，鼓励企业参与课题的出题与资助，建立新型科研成果共享机制，激发企业创新活力，提升科研成果转化效率，畅通企业资助通道与申请通道。发挥龙头企业引领作用。由龙头企业联合高校成立"前沿技术研究院"，依托科研机构与产业园区，组建创新联合体，聚焦细分领域开展"链式创新"，形成完整的创新链条，全面提升产业创新能力与竞争力，推动经济高质量发展。

（四）深化"一带一路"科技创新国际合作，提升全球影响力

共建联合研究平台。支持在共建"一带一路"国家打造"一带一路"联合实验室，尤其在精准医疗、合成生物制造等前沿领域加强合作，吸引共建国家优秀外籍科研人员参与科研。加强科技园区合作。鼓励在海外共建科技园区，实现产业链与创新链融合，推动中关村分园等与共建国家的科技园区建立合作，缔结"姊妹园"。优化海外服务平台。支持创新主体在共建国家设立服务代表处等平台，助力企业开拓海外市场。加快合作基地建设。鼓励各类创新主体申报北京市国际科技合作基地，支持其与共建国家开展联合研发等活动。打造创新活动平台。提升中关村论坛等活动在共建国家的影响力，举办各类国际活动，促进国际合作。

参考文献

《中关村论坛年会集中发布 19 项重大科技成果》，《北京日报》2024 年 4 月 30 日。

北京市统计局：《2024 年 1~11 月中关村示范区规模（限额）以上重点企业情况》，https：//tjj. beijing. gov. cn/zxfbu/202412/t20241231_3977382. html，2024 年 12 月 31 日。

北京方迪经济发展研究院：《"中关村指数 2024"显示中关村创新发展向新向优》，http：//www. fdyjy. org/news/news/7592，2025 年 1 月 23 日。

北京市统计局：《京津冀协同发展持续纵深推进》，https：//tjj. beijing. gov. cn/zxfbu/202501/t20250117_3992121. html，2025 年 1 月 18 日。

清华大学产业发展与环境治理研究中心、Intelligence N R："Global Innovation Hubs Index 2024"，https：//www. nature. com/articles/d42473-024-00457-w. pdf，2024 年 12 月 18 日。

B.5
新时代北京市基础教育
扩优提质的行动与进展

董竹娟 黄晓玲*

摘 要: 新时代北京市基础教育扩优提质,牢牢把握教育的政治属性、人民属性、战略属性,坚持立德树人,坚持基点定位,推进"大减法、小加法、多渠道、新载体"综合改革,以优化学位供给提升办学条件、强化学生素养培养、提升教育质量、不断增强人民群众教育的获得感和满意度为重点,在资源配置与布局优化、思政引领与育人方式变革、有组织的强师体系建设、数智赋能教育新质生产力、协同攻坚构建教育新生态等方面统筹推进、精准发力,努力构建优质均衡的基本公共教育服务体系。

关键词: 基础教育 扩优提质 北京市

为加快推进教育强国建设,夯实基础教育基点作用,落实中共中央办公厅、国务院办公厅印发的《关于构建优质均衡的基本公共教育服务体系的意见》和教育部等三部委印发的《关于实施新时代基础教育扩优提质行动计划的意见》的要求,北京市出台了《北京市新时代基础教育扩优提质行动计划实施方案》,牢牢把握教育的政治属性、人民属性、战略属性,坚持立德树人、坚持基点定位,推进"大减法、小加法、多渠道、新载体"综合改革,以优化学位供给提升办学条件、强化学生素养培养提升教育质量、

---

* 董竹娟,博士,北京教育科学研究院副研究员,主要研究方向为教育政策、思想政治教育;黄晓玲,博士,北京教育科学研究院研究员,主要研究方向为基础教育课程改革、学校课程建设。

不断增强人民群众教育的获得感和满意度为重点，在资源配置与布局优化、思政引领与育人方式变革、有组织的强师体系建设、数智赋能教育新质生产力、协同攻坚构建教育新生态等方面统筹推进、精准发力，努力构建优质均衡的基本公共教育服务体系。

一 多措并举，推动优质教育资源均衡发展

显著扩增基础教育优质资源是扩优提质的首要任务。北京市初步建立适应首都发展和学龄人口变化趋势的中小学幼儿园学位供给调整机制，不断健全优质教育资源扩充机制，加快形成学前教育优质普惠、义务教育优质均衡、普通高中优质特色、特殊教育优质融合发展的新格局。

（一）多渠道增加各学段学位资源供给

受出生人口增长周期和"全面二孩"政策影响，当前中小学适龄人口规模快速扩大。北京市提出"到2025年，全市新建、改扩建和接收居住区教育配套中小学150所左右，完成后将新增学位16万个左右"。[①]"十四五"以来，市委、市政府连续实施"民生实事工程"，2023年完成"新增2万个中小学学位"实事任务，新建、改扩建学校35所，新增学位3.8万个;[②]2024年在全市范围内补充基础教育学位3.9万个。[③]一是优化学前教育资源合理布局。通过三期"学前教育行动计划"实施，增加公办学位供给，落实教育设施专项规划，新增小区配套园建成公办园，有序推动社区办园点转型提升等措施，在解决"入园难""入园贵"问题上取得重要突破。2024

---

① 北京市教育委员会等六部门印发《关于进一步加强全市中小学学位建设的工作方案》。

② 《北京市扎实推进义务教育优质均衡发展》，http://www. moe. gov. cn/jyb_xwfb/s6192/s222/moe_1732/202404/t20240424_1127239.html，2024年4月24日。

③ 《2024年教育、医疗民生领域成绩单亮眼　新建中小学贴心设置家长等候区》，《北京日报》2024年12月25日。

年全市普惠性幼儿园覆盖率已达93%，提前完成"十四五"任务目标。① 二是推进义务教育优质学校挖潜扩容。通过充分利用现有校舍资源和空间、改扩建教学楼、建设新校区、利用学校周边资源等方式，统筹实现适应学龄人口波动变化的学位供给。三是扩大优质普通高中教育资源。通过新建和改扩建优质普通高中、加强跨区域协同合作、修订普通高中学校设施设备条件标准、发展综合高中等措施，增加优质教育资源供给。2024年全市共新增11所普通高中参加中招统一招生，其中公办学校8所。四是推进特殊教育优质融合发展。落实三期"国家特殊教育提升行动计划"，以"适宜融合"为目标，推进五级特殊教育资源中心建设，残疾儿童少年义务教育入学率实现99%以上，率先在全市范围深入推进十五年一贯制特殊教育学校建设。

（二）多路径扩大优质教育资源覆盖面

为缩小城乡之间、区域之间、学校之间教育差距，北京市加大市级统筹力度，通过集团化办学育人载体、城乡学校共同体建设、新优质学校建设等路径，持续扩大优质教育资源覆盖范围。一是持续拓展集团化办学育人新载体。从2015年起，将集团化办学列入市政府折子工程和市政府工作报告重点工作，截至2024年3月，全市集团化办学已覆盖75%的中小学。② 从区域看，截至2024年9月，朝阳区已组建21个中小学教育集团，覆盖全部公办中小学，实现优质资源100%全覆盖。③ 截至2024年12月，海淀区中小学教育集团数量已达43个，覆盖150余所中小学，全区中小学生实现全部在集团校、优质学校、特色学校就读，推动集团化办学走向培优提质阶段。④ 丰台区"强基工程"提出"每个街镇都有优质学校，让群众就近上好学"的目标，明确"学区+集群+集团"和"区域教育共同体+社会参与治

① 《2024年教育、医疗民生领域成绩单亮眼》，https://www.beijing.gov.cn/ywdt/gzdt/202412/t20241225_3973006.html，2024年12月25日。
② 王攀：《促进新优质学校成长的"北京模式"》，《中国基础教育》2024年第10期。
③ 《北京朝阳聚焦优质均衡建设教育强区》，http://www.bjchy.gov.cn/dynamic/zwhd/4028805a9221ae570192220b48e3015e.html，2024年9月24日。
④ 杜荣贞：《北京海淀：集团化办学的探索与思考》，《人民教育》2024年第1期。

理"的改革路径，提升资源共建共享水平。① 二是"手拉手"结对建设城乡共同体。全市统筹365对义务教育学校开展"手拉手"结对活动，② 包括探索校际学生学伴关系、学生交流访问和联合培养，干部教师交流轮岗、跟岗学习培训等，促进课程、活动、师资、教研、管理等教育要素和优质资源有序流动共享。目前全市已基本建立全覆盖式的市区校城乡一体化机制，搭建城乡学校间的共建共享平台，并聚焦师生实际获得开展多要素教育交流活动。调查显示，教师与学生对于"手拉手"活动的满意度较高，并表示从中真正有所获得。③三是以新优质学校为抓手打造新增长点。新优质学校是学校发展新范式，北京市把建设新优质学校置于新时代首都高水平教育现代化大局中来定位和思考，以"六新"促进新优质学校发展。④ 一是树立"新理念"，把握新优质学校时代内涵；二是谋划"新思路"，描绘北京教育新地图；三是搭建"新载体"，形成发展新场域；四是培育"新动能"，改革人才培养模式；五是建立"新机制"，激活优质教育要素流动；六是塑造"新优势"，实现数字赋能发展。各区结合区情将新举措落地落细。如西城区新优质学校建设着力"六个一"策略，将胡同里、百姓家门口、规模较小、基础相对薄弱的19所中小学，打造成"教育有特色、发展有品质、校园有颜值、办学有风格"的"小而精""小而美"学校。⑤

① 《学区+集群+集团：每个街镇都有优质学校》，https：//www. beijing. gov. cn/ywdt/gqrd/ 202309/t20230913_3258689. html，2023年9月13日。

② 北京市教育委员会：《北京市统筹主城区与乡镇义务教育学校"手拉手"结对帮扶工作方案》。

③ 《北京市城乡义务教育学校"手拉手"暨农村教育发展交流研讨会在北京市第十三中学举行》，北京教育融媒体中心客户端，2024年12月4日。

④ 王攀：《促进新优质学校成长的"北京模式"》，《中国基础教育》2024年第10期。

⑤ "六个一"策略，即一位区级班子成员引领一所学校，一个好团队带动一所学校，一批优秀人才支撑一所学校，一种特色文化彰显一所学校，一组优质资源赋能一所学校，一位设计大师点亮一所学校。《北京西城：坚持义务教育扩优提质 办好老百姓家门口的学校丨关注》，https：//view. inews. qq. com/k/20231126A02AYN00? no－redirect＝1&web_channel＝ wap&open App＝false，2023年11月26日。

二 育人为本，实现学生培养质量稳步跃升

落实立德树人根本任务，开展素质教育，促进学生全面健康成长，是新时代基础教育扩优提质的根本之义。北京市通过构建大思政工作体系、推进有组织的课程教学改革、探索全学段全链条人才培养，以"课间一刻钟"撬动形成新型育人关系等举措，全面提升学生培养质量。

（一）构建大思政育人新格局，增强教育思政引领力

北京市以"健全机制、丰富供给、激发活力、强化示范、建强队伍、优化评价"为关键举措，[①] 构建纵向大中小学各学段有效贯通，横向课内课外、线上线下、学校家庭社会等育人资源有机协同的大思政育人新格局。本年度重点在以下方面着力。一是着力建设沉浸式思政课实践教学基地。聚焦"大思政课"的实践性、针对性和吸引力，实践教学基地分为"理想信念""爱国主义""文化场馆""科技创新""生态文明""乡村振兴""基层党建"7类，上线 800 余个覆盖大中小学全学段的数字教案和教学视频。二是高标准建设大思政课综合改革试验区。西城区、朝阳区、海淀区、通州区和怀柔区获批建设"大中小学思想政治教育一体化改革创新试验区"，围绕大中小学思政课、心理健康教育、学科育人、网络育人、实践育人一体化开展实践探索。相继启动思政教育一体化区域创新示范联合体建设，通过成立大中小学思政育人共同体，开发示范性教学案例，开设系列公开课等举措，探索思政育人新方法、新路径。三是成立专家指导委员会发挥咨询和指导作用。专家指导委员会聚焦"大思政课"建设和大中小学思想政治教育一体化建设中面临的新现象、新问题、新挑战，围绕教材一体化建设、教师一体化培训、教学一体化互动等核心主题凝练理论成果、总结经验做法，开展咨询、研判、评估、培训、督导和指导等相关工作。

---

① 中共北京市教育工作委员会、北京市教育委员会：《关于推进北京市大中小学思想政治教育一体化建设的指导意见（试行）》。

（二）持续深化课程教学改革，推动育人方式变革

聚焦育人重点领域和关键环节，以课程为核心载体，转变育人方式，开辟新载体、新赛道。一是发布《北京市深化基础教育课程教学改革实施方案》。推进"课程创新引领""教学改革深化""学生素养提升""教学评价改进""专业支撑保障""数字化赋能"六大行动，着力发展学生核心素养，构建高质量基础教育课程体系。二是开展全学段全链条人才培养实验。按照"优化布局、课程为先、回归培养"的思路，推进"1+3"培养实验优化调整。2024 年"1+3"培养实验扩大到 82 所学校，培养计划增至 6000 多人，覆盖全市 18 个区，实现初高中学段的一体化培养。启动"普通高中教育集团课程创新实验"，以高质量育人为基点，以课程创新为核心，聚焦集团课程实施方案、集团特色课程体系、集团教学方式变革、集团学生成长立交桥、集团教师专业发展共同体、集团优质资源共建共享、集团育人治理机制等核心内容，推进集团内课程、教学、师资、教研等优质教育要素流动重组，建设以集团为主体的连续培养、贯通培养新载体、新平台。三是以"课间一刻钟"撬动形成新型育人关系。积极响应国家"课上课下、校内校外、线上线下一体化育人"战略部署，从2024 年秋季学期起，全市义务教育学校对课间安排统筹优化，原则上落实 15 分钟课间时长，有效牵引学校课程安排、教学管理、条件保障、文化建设、师资调配等整体性变革，打造"空间、机制、资源、文化、技术""五位一体"的育人场域。四是推进青少年学生读书行动。以"有组织的阅读"为统领，推动中小学"书香燕京"阅读指导品牌项目转型升级，全面启动"阅见未来"学生阅读素养提升活动，打造"云享阅读"学生线上阅读分享平台，发布北京市中小学生阅读指数体系，发出北京市青少年阅读促进联盟倡议，全市有组织阅读的影响力不断扩大、感召力不断增强。

三　夯实根基，探索新时代铸魂强师新路径

教师是立教之本、兴教之源。探索有组织的强师体系是扩优提质的核心内容和重要保障。北京市通过高质量党建引领、实施新时代强师计划、发布教师基本功指南、推进名师名校长工程等，一体推动教师思想政治、师德师风、育人本领整体提升，充分发挥教师队伍建设支撑首都基础教育现代化的战略支点作用。

（一）弘扬教育家精神，涵育教书育人"大先生"

教育家精神为新时代教师的人格修养与精神成长提供了更为明确、更深层次的榜样示范和内在动力，北京市推动教育家精神铸魂强师，全方位融入立德树人全过程。一是坚持高质量党建引领。2018 年率先启动中小学校党组织领导的校长负责制试点工作，2022 年率先出台建立中小学校党组织领导的校长负责制"1+5"实施方案，① 将党的建设和教育发展同谋划、同部署、同推进、同考核，已基本建立党组织全面领导中小学校工作的组织体系、制度体系和工作机制，高质量党建引领、高质量发展的态势逐步形成。二是实施新时代强师计划。② 2023 年开展暑期基础教育系统干部教师全员实训，覆盖近 19 万名中小学、幼儿园教师，提升教师教书育人能力。2024 年启动"教师队伍建设年"活动，通过实施"教师思想政治引领、师德师风固本强基、育人能力提升、优秀教师典型引路、教师关爱支持"五大行动，开展课程实施能力提升等九大类 32 个专项的培训工作，探索新时代教师队伍建设的新路径、新方法。三是发布教师基本功指南。聚焦"素养功、课

---

① "1+5"实施方案中的"1"指《北京市关于建立中小学校党组织领导的校长负责制的实施方案（试行）》，"5"指《北京市中小学校党组织会议讨论决定事项清单示范文本（试行）》《北京市中小学校党组织书记和校长职责示范文本（试行）》《北京市中小学校党组织会议和校长办公会议议事规则示范文本（试行）》《北京市中小学校章程党组织建设内容示范文本（试行）》《北京市中小学校党建工作要点提示》。
② 中共北京市委教育工作委员会等十部门：《北京市新时代基础教育强师计划实施方案》。

程功、学生功、教学功、评价功、数字功"六个维度，为教师课程建设、教学实践和专业发展提供专业引领。按照"展训结合、关注过程、突出培训"的思路开展教师基本功培训与展示活动，构建系统、科学的教师专业水平提升和成果展示框架。四是推进名师名校长工程。实施"教育家"校长教师涵养项目、北京市卓越校长教师培养计划、新时代名师名校长发展工程等重点培养项目，培养高素质、专业化、创新型教师队伍。

（二）强化教研专业引领，助推教师素养整体提升

教研在深化课程教学改革、支持育人方式变革、指导教学实践、促进教师专业发展、服务教育决策等方面发挥专业支撑作用，北京市推进教研在价值取向、功能定位、研究领域、重点内容、方式方法、组织机构六个方面实现变革，建设纵向联动、横向协同、专业高效、支撑有力的新时代首都基础教育高质量教研体系。[①] 一是组建教研共同体。形成学科工作室、区域教研基地、学区工作站、学校工作坊四个层面，以及市区校、区域间、区校、学校间、集团内等不同形态的共同体。健全以教育行政部门为主导，以市、区、校三级教研为主体，以中小学校为基地，相关部门协同配合的工作机制。二是着力推进"全域教研"。围绕新时代首都基础教育改革重点工作，以汇报展示、调研访谈、课堂观察、同课异构、评课议课、示范教研、主题培训等方式开展全领域教学研究，推动先进课改理念、优质教研资源要素畅通流动，实现以高质量教研促进高质量发展的目标。三是转变教研工作方式。加强对教学基本问题、关键环节的研究，增强教研的针对性和实效性；推动市、区教研重心下移，深入学校、课堂、教师、学生之中，切实解决教育教学实际问题；加强市区校的协同与联动，支持区校探索实现核心素养培养的教育教学模式。四是加强教研员专项培训。开展市、区两级教科研人员课程领导力培训，提升课程育人的理论和实践素养；开展中小学科学教育专

---

① 《北京市教育委员会印发〈关于进一步加强新时代基础教育教研工作的实施意见〉的通知》。

题系列培训，提升科学教师专业素养和创新人才培养使命感。海淀区探索形成"全要素整合、全方位覆盖、多主体协同、多领域服务"的一体化教研支持体系；① 房山区持续实施"金种子"工程教研员研修，不断夯实教研员专业根基。

四　数智引领，激发高质量智慧育人新动能

以教育数字化开辟发展新赛道、塑造发展新优势，是基础教育扩优提质的重要增长极。北京市全面统筹人工智能与教育教学深度融合，持续提升教师数字素养，探索 AI 赋能基础教育扩优提质的应用路径和策略，以及政府、学校、企业等各方协同发力的运行机制，夯实"教育+AI"的条件保障。

（一）加快推进人工智能与教育教学深度融合

北京市主动适应数字化、智能化、终身化、融合化教育发展趋势，深刻认识"技术创新"与"教育教学"的关系，深化人工智能在基础教育领域的应用。一是优化升级智慧教育平台。打造教育公共服务平台——"京学通"，面向教师、学生及家长实现义务教育入学、考试招生、政策查询、学生学习、教师培训、体质健康查询、家校互动等教育信息服务"一网通办"。完善"空中课堂"全学段全学科数字课程体系，建立全市基本教案、课例、教学模式资源共享平台，构建基于互联网的教育教学新载体。二是点面结合推进智慧育人实践。研究探索数字环境下的教育改革和人才培养路径，深度挖掘数据驱动的精准化教育教学，实现数据赋能和育人导向有机结合。围绕"以智助教、助学、助评、助研、助管"启动智慧校园示范校遴选，2023 年有 41 所大中小学入选，2024 年有 62 所入选，到 2025 年智慧校园达标率达 85%，一批具有北京特色、亮点突出的数字教育应用场景落地。

---

① 皮国萃：《以高质量党建引领教研高质量发展——北京市海淀区教师进修学校的探索》，《中小学校长》2024 年第 11 期。

三是规划人工智能应用图景。发布《北京市教育领域人工智能应用工作方案》和《北京市教育领域人工智能应用指南》，明确做好人工智能赋能教育发展的具体任务、创新路径和操作指引。计划到 2025 年，打造 100 所人工智能应用场景标杆学校；到 2027 年，通过实施综合性、标杆性重大工程，着力打造北京市"人工智能+教育"示范应用基地，产生数个符合中国教育特点、在技术创新上居于国际前列的人工智能教育行业大模型。[①]

（二）提升教师数字素养，夯实智慧型专业基础

人工智能加速教育理念、内容、技术、方法、模式创新，提升教师数字素养势在必行。北京市将数字素养作为新时代教师基本功，建立面向全市基础教育主要领导和教师的数字素养提升机制。一是创设常态化数字学习与研究空间。建立师生数字阅读空间，开展师生共读以及读书分享活动；打造"双师课堂"等新型教学、教研场景，提供深度互动教研虚拟空间。如海淀区"一体化联合教研"实现线上分组学习、同屏书写、分析数据，跨校跨区域跨学段共享优质资源，助力教师集群式成长。怀柔区第三小学开发适合学生在线学习的"三槐 e 课堂"教育云平台，探索出 3A 共研、1A 带研、2A 融合三种"双师"教研模式，发挥学科整合优势，实现优秀师资共享。[②]二是开展"人工智能+"专项培训。北京市启动"人工智能赋能教育教学能力提升"基础教育干部教师全员专项实训，围绕智能技术赋能教学设计、作业设计、试题命制、综合实践设计等育人环节，形成市区校三级联动机制，提升教师主动应用人工智能技术优化教育教学的意识和能力。东城区作为首批国家级智慧教育示范区，[③] 通过建立人工智能教育研究联合体，加强教研机构—高校—政府—中小学—企业合作，开展区域教师数字素养模型构

① 《北京市教育委员会等四部门关于印发〈北京市教育领域人工智能应用工作方案〉的通知》。

② 《怀柔两所学校荣获 2023 年北京市智慧校园示范校》，https：//www. bjhr. gov. cn/ywdt/hrkx/202310/t20231017_3280622. html，2023 年 10 月 17 日。

③ 周林、周磊：《以项目建设提升教师智能教育素养》，《中国教育报》2024 年 8 月 3 日，第 3 版。

建、体系创生、实践探索、效果检验等研究，创新教研新形态。三是将教师数字素养纳入评价体系。自 2023 年教育部发布《教师数字素养》教育行业标准以来，北京市健全教师数字素养培训、考评机制。提出学校管理团队要具有学校信息化规划、实施、评估及优化发展能力，依据学校规模及办学需要培养和发展学校信息化人员队伍，提升教师数字化意识、数字技术知识与技能、数字化应用、数字社会责任等方面的能力。[①]

五 综合攻坚，构建开放协同的发展新生态

基础教育扩优提质是区域协调、要素联动的改革实践，要强化系统性、整体性、协同性的宏观实践遵循。[②]北京市持续深化教育领域综合改革，在"深化"和"综合"上下功夫，围绕质量评价、考试招生、创新人才培养、协同育人等开展综合改革攻坚行动，加快建设开放协同的教育生态。

（一）以评价改革和创新人才培养撬动体系优化

北京市紧抓基础教育高质量发展生命线，以中考改革作为评价改革切入点，促进学生连续培养、贯通培养。一是以评价改革牵引教与学方式转变。2023 年推进中考改革，改革考试方式，调整计分方式；启动中考改革"质量月"，引导教育教学方式改革。同步谋划招生制度改革，通过"1+3"培养实验、中职自主招生、登记入学、特色招生等多样化升学渠道，关注学生成长的连续性与系统性，扩大高中教育集团、教育联盟和学区等新载体的作用，向内激发释放基础教育十二年育人新活力，向外缓解家长小升初和中考升学焦虑。二是探索青少年拔尖创新人才培养模式。2023 年成立北京市青少年创新学院，命名首批 18 家青少年拔尖创新人才培养基地，推动建立市区校三级有组织的青少年拔尖创新人才培养体系。2024 年朝阳区、东城区、

---

① 《北京市中小学智慧校园建设规范（试行）》。
② 柳海民、满莹：《多维协同促进基础教育扩优提质》，《光明日报》2024 年 7 月 9 日，第 15 版。

海淀区、西城区、通州区、房山区、怀柔区、门头沟区、丰台区、密云区、大兴区、顺义区、昌平区、经开区、燕山区 15 个区相继成立创新学院区域分院。各区基地学校以课程、师资队伍建设为抓手，构建突破校际、学段、学区界限的更大时空的创新人才培养体系。高中阶段突出以特色课程建设为抓手，推动横向分类与纵向贯通的课程连续体建设，探索高校与高中协同的拔尖创新人才衔接贯通培养模式。组织中小学"数学节""科学节"，推动高校和中学联合组织夏（冬）令营，构建"两节两营"发现培养体系，支持不同潜能学生全面、个性发展。

（二）点面结合、多方联动，建设协同育人"教联体"

通过设立教育教学改革实验区、实验校或教育集团，建设家校社协同育人"教联体"，支持重点领域和关键环节的综合攻坚。一是打造改革项目和示范引领平台。一方面，聚焦育人核心领域及其治理机制、育人新渠道新载体形成，推动区域和学校创新实践模式。包括建设普通高中新课程新教材实施、义务教育综合改革、科学教育、人工智能、拔尖创新人才培养等实验区和实验校，带动区域整体改革，构建育人新生态。另一方面，搭建示范引领平台，通过多主体、多样态的教育教学成果凝练和推广，形成深化改革整体态势。2023 年基础教育课程教学改革暨教研工作会、2024 年基础教育课程教学改革成果交流展示活动，呈现一大批干部教师实训优秀成果、基础教育课程建设优秀成果、普通高中特色课程、基础教育精品课，以及作业设计、课堂教学设计、实验教学说课、综合素质评价、立德树人实践、艺术素养提升课程资源开发、心理健康教育等优秀案例。首都基础教育综合改革的成效，正从校园、课堂的实际发生体现在教师、学生的实际获得中。二是建设"教联体"推动家校社协同育人。北京市把构建家校社协同育人体系作为建设高质量教育体系的重要抓手，立足办实事，通过联责任、联资源、联空间，凝聚育人合力，推动形成政府统筹、部门协作、学校主导、家庭尽责、社会参与的协同育人工作机制。相继出台推进家庭教育五年规划、加强馆校合作等相关政策文件，推进家庭教育地方立法。截至 2024 年 5 月，已建立

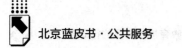

家校社共育咨询室120个，形成学有良教、家有良方、社有良策的融合发展模式。① 2024年成立首都家校社协同育人指导中心，吸纳、统筹、推介首都优质资源，探索彰显首都特色、首善标准的家校社协同育人品牌。充分依托社会大课堂资源优势，推进学校教育、家庭教育、社会教育的有机融合，因地制宜建设"环学校教育圈"，为学生提供更为广阔而连续的学习与实践平台。

　　新时代基础教育扩优提质行动是一项可持续发展的系统工程，需要准确把握每个阶段的历史方位和基本问题，分清不同阶段的工作重心和有机联系。面对扩优提质的持续性要求和综合性任务，北京市牢牢把握高质量发展生命线，深化基础教育系统供给侧结构性改革，探索绿色低碳减量发展范式，从"要素性地解决资源问题"向"结构性地解决体系问题"转变。② 把促进人的全面发展作为衡量新时代教育质量的重要标准，深化教育领域综合改革，不断创新育人方式与培养模式，为每一位受教育者提供适合的教育和人生出彩的机会。

---

① 《以"教联体"为抓手健全学校家庭社会协同育人机制》，《光明网》2024年5月31日。
② 李奕：《构建新型协同教育供给体系　深化教育供给侧结构性改革》，《中国基础教育》2023年第5期。

B.6
2024年北京公共文化服务现状、问题与对策研究

景俊美　杜伟*

摘　要： 不断提升公共文化服务质量和体系建设，是推进北京全国文化中心建设的重要力量。2024年，北京公共文化服务持续向好，主要表现在三个方面，一是公共文化服务政策持续发力，文化新质生产力势头强劲；二是文化服务和供给不断优化，高端与融合发展趋势鲜明；三是公共文化服务品牌不断增多，服务质量和效能稳步提升。不过，发展过程中也存在一定的问题，如体制机制存在短板，运营效率有待提升；参与型、体验式、多样化文化服务不足，特色公共文化服务仍需增强；监督与评估系统待完善，人才队伍和人才激励存短板等。本报告在系统梳理2024年北京公共文化服务现状与问题的基础上，提出以"人"为导向，抓住新质生产力发展机遇提升服务效能，鼓励社会组织积极参与；以"改革"为抓手，强化特色服务，在高质量发展中共建共享；以"服务"为宗旨，有效完善监督与评估体系，不断激励人才释放活力。

关键词： 公共文化服务　服务效能　服务质量　新质生产力　北京

　　北京作为首都，既是全国政治中心又是文化中心，还是国际交往中心和科技创新中心，蕴含着丰富的文化资源和多元的文化要素。2024年是实现

---

* 景俊美，艺术学博士、哲学博士后，北京市社会科学院文化所副所长，副研究员，主要研究方向为民族艺术与文化产业研究；杜伟，北京石刻艺术博物馆副研究馆员，主要研究方向为博物馆社会教育、科普讲解。

"十四五"规划任务的关键一年，也是关键技术突破和应用年。公共文化服务是建设社会主义文化强国的重要内容，也是促进广大人民群众精神生活共同富裕的主要抓手。2024年，北京在迎来中华人民共和国中国成立75周年的时间节点上，以常住人口超过2189万人的超大型城市体量，正经历着公共文化服务供给逻辑的深层变革，展现出从政策优势到文化设施建设、从服务内容到服务形式、从服务体量到服务精准度都在不断攀升的良好局面。

一　北京公共文化服务现状

北京的公共文化服务是全国文化中心建设的重要组成部分，其发展水平不仅关乎城市文化形象，更影响首都乃至国家文化软实力的提升。2024年，北京公共文化服务一直在首善理念的指引下，保持着历年来文化基础设施雄厚、政策发力及时、文化活动丰富等特点，并根据时代发展的新动向和新趋势，链接新质生产力，强化服务的高端化、智能化和融合化，服务成效显著，服务的针对性和精细度日趋提高，广大市民乃至全国人民正在享受文化发展带来的成果以及文化对美好生活的激活。

（一）公共文化服务政策持续发力，文化新质生产力势头强劲

在《北京市公共文化服务保障条例》《北京市基本公共服务实施标准（2023年版）》等系列政策的持续发力下，北京公共文化设施网络密集，体系日趋完善，品牌特色突出。以西城区为例，目前已形成7个区级馆、[①] 15个街道综合文化中心、263个社区综合文化室以及29家各类博物馆、57家"悦读湾"在内的服务圈，便利性、独特性和创新性凸显。[②] 东城区"故宫以东"共创计划持续发力，不仅有效升级了各类文旅消费产品，形成了消费矩阵，而且很好地链接了新质生产力，推动了文旅产业提质增效。2024

---

① 西城区7个区级馆具体包括1个文化馆、2个图书馆和4个博物馆。
② 《公共文化服务绘就幸福西城新画卷》，https://www.beijing.gov.cn/ywdt/gqrd/202412/t20251227_3975478.html，2024年12月27日。

年 4 月，北京市又印发了《2024 年北京市全面优化营商环境工作要点》，旨在将"北京服务"打造成新时代首都形象"金名片"。在提升公共文化服务水平方面，在远郊区重点打造了"公交+旅游"模式；在文博服务领域，试点推行首都博物馆等 20 家博物馆服务水平的优化，重点完善了博物馆的文创、寄存、餐饮等与时俱进的配套服务。在政策的有效引导下，不断聚焦发展文化服务的新质生产力，在制度、人才、平台和数据方面，不断扩大开放，持续优化共享。2024 年，北京市的公园总数达 1100 个。其中，2/3 的公园实现了无障碍融通，① 体现了数字化的引领性。

（二）文化服务和供给不断优化，高端与融合发展趋势鲜明

2024 年，北京市公共文化服务供给能力不断提升，供给机制得到持续优化。党的二十届三中全会指出，要优化文化服务和文化产品供给机制，② 北京各区文化供给特色突出。以经开区为例，持续增强公共文化服务的实效性、精准性和参与度，以高质量公共文化服务回报社会大众对公共文化的新需求，2024 年 230 场高水平文化供给惠及亦城超 50 万人次。③ 平谷区在"硬""软""深"三个维度不断发力，公共文化服务网络逐步健全，公共文化服务供给日益丰富，公共文化服务触角不断延伸，"阅读+""非遗+""特色资源+"等系列活动异彩纷呈，不仅针对地域特色完善了公共文化服务的供给，而且提升了公共文化服务的文化内涵。朝阳区公共文化突出品牌建设和创新意识，文化供给强调品质化、多样化和个性化，在持续完善公共文化服务体系的同时，相继规划建设 13 个特色产业园区、56 个功能性服务平台，④ 公共文化服务的新场景、新模式、新体验不断涌现。仅 2024 亮马

---

① 《2025 年北京市计划举办市民系列文化活动 1.6 万场，开展各类阅读活动 3 万场》，https：//news. qq. com/rain/a/20250115A000JQ00，2025 年 1 月 15 日。
② 《中国共产党第二十届中央委员会第三次全体会议公报》。
③ 《全年 230 余场！高水平文化供给惠及亦城超 50 万人次》，https：//baijiahao. baidu. com/s？id＝1820488243756268400&wfr＝spider&for＝pc，2025 年 1 月 6 日。
④ 《北京朝阳 2024 年全面发展显成效　民生福祉再提升》，https：//baijiahao. baidu. com/s？id＝1821550612392050975&wfr＝spider&for＝pc，2025 年 1 月 18 日。

河风情水岸国际艺术季上，就有来自30个国家的3.1万余名艺术家呈现了200余场精彩演出，吸引了62.6万余人次观众观看，[①] 文化品牌的辐射力和影响力突出，普通市民则可以在"家门口"享受到高端化、强参与性和智能性的文化供给。

（三）公共文化服务品牌不断增多，服务质量和效能稳步提升

北京市2024年度公共文化服务品牌建设成效显著，服务质量和服务精准度不断攀升。已形成"大戏看北京""北京大视听""阅读北京""歌唱北京""舞动北京""艺韵北京""戏聚北京""影像北京""动漫北京"等系列首都品牌文化活动。"大戏看北京"2024展演季在总结前两届丰富经验的基础上创新升级再出发（见表1），自9月3日起，在为期三个月时间里汇聚国内外113部精品剧目演出580余场，吸引观众超22万人次。[②] 2024年12月，中国群众文化学会公布的"2024中国群众文化品牌典型案例"名单中，北京有多个项目入选，如北京城市图书馆入选"美好文化空间类"，北京市文化馆服务宣传月"四级联动五大品牌"入选"文化融入美好生活类"等。[③] 公共文化服务品牌与活动频次、水平和质量相辅相成。2024年，北京全市不同层级公共文化设施和空间共举办系列惠民文化活动17845场，举办戏曲、话剧、音乐会等各类演艺活动4万场。[④] 截至2024年底，北京市四级公共图书馆（室）已超6100家、备案博物馆226家、市属文化馆18家、A级及以上旅游景区217个，较好地提

---

① 《北京朝阳推进构建大旅游格局》，https：//baijiahao. baidu. com/s？id＝182074763979 6505075&wfr＝spider&for＝pc，2025年1月9日。

② 《北京二〇二四年演艺市场成绩亮眼》，https：//baijiahao. baidu. com/s？id＝1821729922 413839284&wfr＝spider&for＝pc，2025年1月20日。

③ 《中国群众文化学会关于公布2024中国群众文化品牌典型案例名单火热出炉》，https：// mp. weixin. qq. com/s？＿＿biz＝MzIxMTE2MzE3Ng＝＝&mid＝2650168966&idx＝1&sn＝ b26be4d04e950853769dd06a0a6354ef&chksm＝8e34d6148a96ff299a9a411af3522b9fe5793192553bd54 ce61038902dd71657c6054e2bb425&scene＝27，2024年12月23日。

④ 《北京市文化和旅游局承担2024年市政府工作报告重点任务和重要民生实事项目》， https：//whlyj. beijing. gov. cn/zfxxgkpt/zdgk/ghjh/202501/P020250110360340874147. pdf， 2025年1月10日。

升了北京公共文化设施的数量与质量，并为首都公共文化服务高质量发展提供了强有力的支撑。

表1 历届"大戏看北京"品牌文化活动情况一览

届别	举办时间	主要内容	备注
第一届	2022年11月5日至2023年3月12日	35部剧目139场线下演出	首届主题为"文艺展新姿，精品献人民"
第二届	2023年9月11日至11月4日	六大主题单元：大剧场展演、小剧场展演、精品演出进高校、北京国际电影节秋季展映、戏剧沙龙、云剧场，共展演上百部作品	首次成为北京文化论坛配套活动之一，其中大剧场展演单元有30部作品
第三届	2024年9月3日至12月12日	五大主题单元：大剧场展演、演艺新空间展演、精品演出进高校、戏剧影像展映、戏剧沙龙，共推出113部作品580余场演出	包括大剧场展演单元的50部剧目，13个演艺新空间里的27部展演剧目和六场主题鲜明的戏剧沙龙

二 北京公共文化服务存在的问题与不足

北京市公共文化服务已取得了显而易见的成效，但发展过程中还存在一定的问题，比如区域发展不平衡、城乡差距较大、供需不对称、社会化参与程度不高等。本报告更加聚焦根本性的问题和可以解决的问题，进而使研究更具针对性和可操作性。

（一）体制机制存在短板，运营效率有待提升

体制机制问题是制约北京市公共文化服务发展的关键因素。目前比较突出的问题有三个方面。一是公共文化服务管理体制有短板。存在职责划分不够清晰的问题。以"演艺之都"建设为例，2023年，北京着力打造"演艺之都"被写入政府工作报告，这对很多文化人来说是前所未

有的鼓舞。但是在具体执行层面，存在一些跨区域的问题难以协调和解决，导致"演艺之都"的市场运营力不足。目前，各大国有院团基本上都存在"入不敷出"的现象，与国际上的院团相比短板十分突出。二是社会参与机制不完善。鼓励社会力量参与公共文化服务体系建设已有规定并有共识，但是相应的政策保障和健全的市场力量不足。三是协调机制不健全。公共文化设施建设、服务供给一般涉及多个部门，但各部门之间的协调配合有困难，工作中存在推诿和效率低的问题。如文化的知识产权保护是一个需要各部门协调的问题，但文化从业者可能不甚了解法律问题，从事法律问题的人又对文化属性了解不透，如果不能很好地协调解决该问题，可能会进入"有问题不知道到哪里问，有政策不知道怎么落实"的尴尬境地。

（二）参与型、体验式、多样化文化服务不足，特色公共文化服务仍需增强

公共文化服务体系是一个复杂而独特的生态系统，涵盖了丰富的服务内容和服务层次。目前，北京市在公共文化服务领域比较注重标准化和均等化，在优质化和多样化领域着力不够。比如，政府公开的数据和案例主要体现在举办了多少场活动，博物馆、美术馆、文化馆和街道的综合文化中心数量有多少，但对受众信息的收集、反馈、分析和研判却不充分，纵向和横向对比也未深入分析。以中国群众文化学会公布的"2024 中国群众文化品牌典型案例名单"为例，北京的宣传报道是《「喜报」北京市多个项目入选2024 中国群众文化品牌典型案例名单》[1]，上海的宣传报道是《90 个 2024年中国群众文化品牌典型案例揭晓，上海市 13 个项目榜上有名》[2]，事实上北京的入选情况不甚乐观，包括两项全国性学会类项目在内共计 7 项，在全

---

[1] 《「喜报」北京市多个项目入选 2024 中国群众文化品牌典型案例名单》，https：//baijiahao. baidu. com/s？ id=18193020325226140608&wfr=spider&for=pc，2024 年 12 月 24 日。
[2] 《90 个 2024 年中国群众文化品牌典型案例揭晓，上海市 13 个项目榜上有名》，https：//export. shobserver. com/baijiahao/html/833102. html，2024 年 12 月 23 日。

国居第五位，不及浙江、上海、广东、江苏等（见表2）。尽管这一活动不代表公共文化服务的全部，但它折射了北京在深耕细节上存在不足。

表2 "2024中国群众文化品牌典型案例"各省（区、市）情况

单位：个

省（区、市）	入选数量	入选项目名
浙江	13	深圳镇文化大院 浙江海宁"艺起潮城" 天台县"文旅+"沉浸体验 嘉兴秀洲"三馆"公共文化共同体建设 宁波"趣文化馆" 浙江省文化馆"艺术自习室"提名案例（10个） 嵊州"村越" 浙闽赣皖四省边界民间艺术节 浙江"盲盒音乐会" 萧山"文化管家" 兰溪"小候鸟 新未来"文化专巴 秀洲农民画对外传播实践 杭城·狮城——群文交流展演十七年
上海	13	长三角"文采会" 上海徐家汇书院"丈量书院导览服务" 上海奉贤"贤美文化"艺术新空间 上海浦东"望江驿"文化客厅 上海虹口"和平书院" 虹口"国潮四季"非遗品牌活动 浦东文化团队12小时大直播 上海"市民艺术夜校" 嘉定"我嘉"公共文化服务品牌体系 长三角阿卡贝拉音乐大赛 上海苏州河艺术品牌建设 中国上海国际艺术节"艺术天空" 豫园灯会海外展
广东	8	"童声·同心·同梦"粤港澳大湾区青少年合唱展演 东莞鸿福桥市集 深圳福田"星罗棋布"计划 广州文化馆"沉浸式茶文化空间" 深圳合唱季 东莞"全国文化主理人大会" 佛山图书馆斩获多项国际大奖 白鹅潭大湾区艺术中心

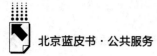

续表

省(区、市)	入选数量	入选项目名
江苏	8	苏州金鸡湖龙船市 南京大学"六朝意·学脉缘·师生情"文化之旅 扬州中国大运河博物馆 南京新街口商圈艺术空间 江苏文化馆"带着大家看展览" 苏州青年艺术圆梦计划 南通伶工学社 海内外京剧梅派票友展演
北京	7	北京城市图书馆 中国宋庆龄青少年科技文化交流中心 北京西城"悦读湾" 北京"寺锦·回龙观城市会客厅" 北京文化馆服务宣传月 门头沟盘活工业遗存　打造文化小院 CIOFF推动群众文化国际交流
四川	6	四川"MAOin天府"熊猫文创集市 三星堆古蜀文化遗址博物馆 马村"村史馆" 绵竹年画村 成都"地瓜社区" 蜀锦蜀绣品牌国际推广活动
河北	5	"唐山宴"文旅商融合 全国鼓王大会 京东大鼓书会 "我们的节日":河北非遗大会 秦皇岛"遇见艺术"
云南	5	出发趣云南 丽江古城文化院落 昆明"云端图书馆" 西双版纳傣历新年节民族民间文化大游演 中老越三国丢包狂欢节
陕西	4	陕西宝鸡"文心匠集" 陕西渭南"全民学艺　人人有艺" 安康版画:镌刻时代　赋美生活 陕西文化馆打造"三秦文化"对外交流会客厅

续表

省（区、市）	入选数量	入选项目名
山东	3	山东淄博"嵌入式"群众文化服务 济南图书馆闭馆音阅秀 济南"YEAH 归人"泉民夜校
重庆	2	中国群众文化学会舞蹈委员会"舞动"系列 重庆"艺起乡约"文化志愿服务
河南	2	河南鹤壁戏曲"村超" 郑州金水文化合作社
湖北	2	夜上黄鹤楼 "钟鸣楚天元宵夜"主题灯会
湖南	2	湖南株洲"街头艺术站" 怀化有戏
宁夏	2	"大河上下·声声不息"沿黄九省（区）民歌会 青铜峡"走·黄河岸边吼秦腔"票友大赛
内蒙古	2	内蒙古"那达慕村晚" 赤峰·南宁"民族融合文化走读活动"（与广西共享）
甘肃	1	石节子艺术村落
安徽	1	安徽老年文化艺术节
福建	1	"唱响"福州全民爱乐季
海南	1	三亚流动美术馆
辽宁	1	辽宁戏曲动漫进校园
新疆	1	吐鲁番巴扎舞台"秀"出活力

（三）监督与评估系统待完善，人才队伍和人才激励存短板

公共文化服务利用的是公共资源，监督与评估必须及时跟上。北京市公共文化服务还缺乏成体系、有实效的监督，不利于服务的优化提升和持续改进。一是资金使用的监督有缺位。一些社区的文化采购存在高价低质的问题，采购内容存在与公众需求相错位的情况。二是服务质量缺乏有效监督。对一些公共服务只有数量的要求，没有质量的规定，这就需要专业人士或第三方评估及时跟进，事实上多数公共服务缺乏这一监督。在评估方面，一是

评估体系不完善，指标设置不够合理，存在侧重数量和参与人数，而对服务质量、满意度和影响力缺乏有效评估。二是评估结果运用不及时。即使有评估流程，但评估中指出的问题未能在后续工作中及时改进，导致很多活动流于形式，服务的内容空洞、质量不高。三是公众参与的渠道不多。公共文化服务人才需求一般是复合型人才，既要有专业能力也要有人文情怀。北京是人才的重要集聚地，但对人才的激励机制不突出，面临着人才流失的风险，也不利于文化事业的发展。同时，随着时代的发展，数智化建设需求巨大，很多部门只是购买了高昂的设备，却因为缺乏专业人才只能够"束之高阁"，人才的培训、流动和共享不畅，公众的参与感、体验感不佳。当前，博物馆文创十分火热，文创的收益分配和工作边界尚未明确，不利于公共文化服务的可触性和特色化，也不利于激发从业人员的积极性。

三 北京公共文化服务建设的对策建议

解决公共文化服务发展过程中存在的问题，提升整体效能和质量，需要从多方面入手才能持续发挥公共文化的功能和作用。

（一）以"人"为导向，抓住新质生产力发展机遇提升服务效能，鼓励社会组织积极参与

以"人"为导向，就是以满足人民群众的获得感、幸福感和满足感为基本出发点和根本落脚点，在促进人的全面发展中提升社会文明程度和国家文化软实力。同时，与时俱进吸纳一切有利于文化发展的技术要素、制度要素和人才要素，为公共文化服务事业注入源源不断的活力。具体可从三个方面着手。一是精准对接文化需求。通过体制机制的完善，畅通受众反馈渠道，深入了解不同群体、不同区域、不同年龄段受众的需求与期望，通过问卷调查、实地调研和大数据分析等方式，收集广大民众对各类文化活动、文化产品和文化服务的实际需求，进而有针对性地提供精准的产品和有效的服务。二是有效吸纳技术革命的最新成果。新质生产力的提出，是技术革命实

现突破的结果，也是产业深度转型升级的需要。其特点是创新，关键在质优，本质是先进生产力，① 为公共文化服务的效能提升提供了根本动力。在AI深度改变社会生活的当下，公共文化服务必须及时跟进技术服务，以效率化、智能化和安全化发展为导向，在实现公共文化服务的公平和均等的同时，让技术有效驱动自身的高质量发展。三是积极鼓励社会组织的有效参与，特别是在政策支持上要明确，如税收减免、财政补贴、场地提供、荣誉激励等。

（二）以"改革"为抓手，强化特色服务，在高质量发展中共建共享

深化改革是释放发展活力的关键之举，也是提升民生福祉的重要保障。北京市公共文化服务的改革重点在三个领域。一是管理体制的改革。打破管理上条块分割的模式，整合文化、科技、教育、属地（街道或社区）等多部门的单一管理，构建管理的协同机制或协调机制，避免管理真空或资源重复投入。同时，通过制定政策法规明确政府、社会组织、企业、志愿者、普通市民等不同身份的角色与定位，促使政府的"办""管"思维向"服"的思维转变。二是公众参与机制的改革。拓宽公众参与公共文化服务的多渠道、多路径和多平台，建立即时、短期和长期相结合的意见反馈机制和有效参与的决策机制。及时搭建意见征集平台，短期定时开展居民（观众）座谈会，长期收集受众意见并形成再反馈机制。整体上可与数字建设相结合，鼓励群众及时提需求、提要求，提升服务的针对性和有效性。三是数智技术的改革。利用信息技术的变革，顺应时代发展，及时健全公共文化服务模式、提升服务细节，可开发集在线观看、阅读、展览展示、体验、培训、反馈等于一体的综合性文化 App 或微信小程序，利用新媒体、社交媒体提升公众获得文化资源的便利性。由于远郊区居民居住的分散性，更加需要线上线下相结合，尤其要开放直播、录播、学术数据库等公共文化资源，真正实现北京各层面、各领域公共文化服务的共建、共享和共发展。

---

① 《加快发展新质生产力 扎实推进高质量发展》，《人民日报》2024 年 2 月 2 日。

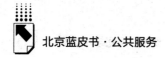

（三）以"服务"为宗旨，有效完善监督与评估体系，不断激励人才释放活力

公共文化服务的关键在"服务"。当前，北京的社会发展已进入高质量发展阶段，广大人民群众对公共文化的需求也呈现明显的变化，比如需求日渐分众化、多样化、特色化和个性化。因此，公共文化服务的工作重点理应从简单的"有无"领域转变到"好坏"层面。学者的已有研究表明，公共文化服务存在不同的层面与维度，基本公共文化服务做到"保基本、兜底线"，非基本公共文化服务做到"补空缺、走市场"。① 故而服务是最终的目的，但服务的方式却可以灵活多变，特别是在非基本公共文化服务层面。北京的备案博物馆已达 226 家，但没有一家的文创可以与故宫文创相媲美，人才激励不畅是重要原因。建议建立健全人才激励机制，对在工作中表现突出的人才或人才团体，通过不同形式及时激励，进而真正激发人才干事创业的积极性。创新公共文化服务人才培养模式，与在京高校或专业培训机构合作，开展定制化人才培养项目。不断完善公共文化服务的招投标流程和绩效评价体系，建立由相关领域专家、公众代表及法务、财务等组成的第三方评审团，对服务项目、产品等的执行过程和效果进行跟踪评价，确保公共文化服务的产品、活动、项目真正符合广大人民群众的需要。

参考文献

耿达、戴颖桢：《公共文化空间：公共文化服务高质量发展的理论范式与实践逻辑》，《图书馆》2025 年第 3 期。

任福兵、孔德进：《精神生活共同富裕视域下公共文化服务高质量发展的审视与实践进路》，《西南民族大学学报》（人文社会科学版）2024 年第 12 期。

---

① 宋长善、刘润楠、栾开印：《推进普惠性非基本公共文化服务的现实困境与纾解路径》，《天水行政学院学报》2024 年第 5 期。

社会保障篇 ⟫

B.7
北京市新就业形态劳动者
权益保障的数字化管理建设*

李嘉美**

摘　要： 随着数字经济浪潮席卷全球，平台经济、共享经济、循环经济等应运而生，新经济形态的产生必然改变与之对应的劳动关系。解构传统就业形态，取而代之的是劳动空间广泛、劳动时间自由、更多自我能动性和大平台化管理的新就业模式产生。北京市面对新就业形态下灵活化的雇佣关系、劳动者的社会保障不足、缺乏与之相匹配的劳动监管机制等问题，通过数字化管理建设，搭建数字管理平台，力争最大限度地保护劳动者的各项权益，保障新就业形态劳动者合法权益受侵犯时的维权功能。

关键词： 新就业形态　劳动者权益　数字化管理

　*　基金项目：本报告是国家社会科学基金"新时代健全新就业形态社会保障体系研究"（23BJL047）阶段性成果。

　**　李嘉美，博士，北京市社会科学院研究员，北京市习近平新时代中国特色社会主义思想研究中心特约研究员，主要研究方向为公共管理、数字经济。

党的二十大报告提出，"加强灵活就业和新就业形态劳动者权益保障"。维护好新就业形态劳动者的基本权益，为他们创造更为良好的从业环境、更有前景的发展环境，是推动实现更加充分更高质量就业的内在要求，也是全社会的共同期待。北京市 2024 年 8 月 30 日召开的中国共产党北京市第十三届委员会第五次全体会议通过的《中共北京市委贯彻〈中共中央关于进一步全面深化改革、推进中国式现代化的决定〉的实施意见》（以下简称《实施意见》）指出，要深入推进民生领域改革；要完善收入分配制度和就业促进机制。

当今大数据、云计算等新型数字技术广泛应用，促进了我国数字经济的繁荣发展，其中依托互联网平台就业的新就业形态劳动者数量大幅增加。新就业形态的劳动者们依托移动互联网平台，寻找并发现大量就业渠道与机会，通过接单等方式，从平台获得工作并获取劳动报酬。新就业形态的产生，与经济范式的转变密切相关。在《德意志意识形态》中，马克思、恩格斯阐述了生产力和生产关系这两者之间的辩证关系，即生产力的变化和发展制约着生产关系的变化和发展；而生产关系的变化和发展也会对生产力的发展产生影响。[①] 随着新时代新技术的迅猛发展，平台经济、共享经济、循环经济等应运而生，新经济形态的产生必然改变与之对应的劳动关系。解构传统就业形态，取而代之的是劳动空间广泛、劳动时间自由、更多自我能动性和大平台化管理模式的新就业形态。

中华全国总工会调查数据显示，目前全国职工总数为 4.02 亿人，其中新就业形态劳动者达 8400 万人，占职工总数的 21%。相关预测显示，到 2030 年，我国预计将有近 4.5 亿人实现数字经济就业。据全国新就业形态劳动者工会工作推进会信息，2021 年以来，北京市已累计发展新就业形态劳动者会员 35.58 万人。如何保障新就业形态下劳动者面临的新情况、新问题，切实保障好新就业形态下的劳动者权益，正是当前急需解决的问题。因此，面对体量巨大、蓬勃发展的新就业形态，北京市需要制定相关政策，为

---

① 马克思、恩格斯：《德意志意识形态》，人民出版社，2003。

新就业形态的劳动者们提供更加清晰、稳定的发展空间和权益保障。其中，运用数字化管理的方式并推进数字化管理在新就业形态领域的建设，对持续、系统、完整保障新就业形态劳动者权益可以起到非常重要的作用。

一 数字化管理对保障新就业形态
劳动者权益的必要性

随着数字经济浪潮席卷全球，劳动者权益保障面临新的挑战，传统的权益保障管理方式，越来越不适应新就业形态和多样性劳动关系的需求。所以，采用数字化模式进行管理，已成为时代必然的选择。

（一）数字化管理是适应和应对新就业形态的迫切需要

在当今时代，数字技术的迅猛发展，催生了多种新就业形态，比如外卖配送员、网约车司机、家庭维修服务人员等。针对新就业形态灵活化就业方式、自主化工作安排、多重化主体身份、平台化组织方式等新特征，传统的劳动关系认定和管理方式难以对这些新型劳动者进行有效管理，导致劳动者的权益保障存在盲区。而通过数字化管理，可以实现对新就业形态劳动者身份、工作时长、工作地点等信息的有效识别与流动管理，能更加直观地了解新就业形态劳动者在个别任务上花费的具体时间、工作模式等，通过追踪数据，可以客观地得出结论，完善日后的相关流程，确保劳动者的合法权益得到保障。

数字化管理意味着平台商家将建立起一个资源和信息共享的数据池，通过对数据的汇总、分析、比较，实现信息和数据的快速传递。使得以前传统方式管理的信息不透明、数据来源较难公开等短板得以弥补，便捷平台商家将劳动相关数据汇总，大大简化平台内部流程，增强平台的生产力。充分利用数字化管理手段的优势，为企业的持续发展和提升高效竞争力提供有力的支持。

（二）数字化管理是高效保障劳动关系的催化剂

首先，数字化管理有利于提高劳动关系的管理效率，确保平台发布相关政策的及时性和运营的高效性。数字化技术的迅猛发展，变革了生产经营方式，也打破了各层级信息壁垒，甚至打破了各职能部门之间的屏障。通过大数据来整合资源、驱动决策、削减成本、控制时长等，将大大提高平台的运营效益。其次，数字化管理有利于保障新就业形态劳动者快速熟悉规则流程、内容和操作标准，增强相关制度的实施效果，加强政策、法规的宣传和解读力度等，提高新就业形态劳动者工作效率，缩短熟悉业务所需的时间，提高生产效率。当生产力显著提高时，企业利润将会增大，同时促进经济的快速发展。最后，数字化管理有利于高效保障劳动者权益。例如，用人单位推行电子劳动合同等数字化管理。电子劳动合同的应用范围突破了地域的限制，通过这种数字化手段，当企业与分布各地的劳动者订立合同时，既能极大地简化劳动用工流程、降低用人单位管理成本，又能通过这种高效率的管理模式，在第一时间最快捷地启动对新就业形态下劳动者权益的有效保障。

（三）数字化管理可以增强管理的精准性

数字化管理可以更好地根据新就业形态的发展特点与实际需求，及时灵活地调整，确保管理的有效性和精准性。数字化管理是"有记忆"的管理，通过大数据资源整合、规划、设计，运用可追踪、可检索、可比较分析等途径，针对不同类型新业态、新模式的发展需求，制定差异化、个性化的支持举措，确保相关政策法规的有效性和精准性。平台商家通过数字化管理，可以整合生产、财务、人力等各项资源，实现平台信息的实时共享与协同管理，提高平台的运营效率。例如，通过大数据技术运用，为新就业形态的劳动者提供更加全面和深入的市场、客户、产品等相关资料，在对海量数据的收集和分析中，准确地预测和制定更为科学的营销与售后服务，提升客户满意度和忠诚度。还通过对供应链各环节数据的实时监控、分析，优化流程、降低成本，提高营销的应急速度与灵活反应。特别是人工智能技术的应用，将进一步提升企业的决策精准性。物联网技术的不断更新迭代，推动平台经济更加精准地对新就业形态进行管理和过程监管。[①] 同时，针对一些企业故意设置的隐蔽性问题，可以通过数字化管理，加强相关政府、行业管理部门监管力度，使监管部门可以实时获取企业用工信息，及时发现并依法纠正违反劳动者权益保障的用工行为等，提高监管效率，切实保障劳动者权益。

二 北京新就业形态劳动者权益面临的问题

（一）确认劳动关系的复杂度加剧

灵活化的雇佣关系是新就业形态发展中最突出的特点，同时也是容易引发问题的风险点。在新就业形态下，劳动者与平台间的关系复杂，传统的劳动关系认定标准在此难以适用，这就导致了新就业形态劳动者在维权时面临诸多困难。雇佣关系的灵活性并非仅给予了劳动者自由，也在一定程度上弱化了雇佣双方的稳定性。例如，据新华社报道数据，目前全国外卖骑手已超1000万人。从平台数据看，饿了么活跃骑手超过400万人，美团的骑手以年均近20%的增速攀升至745万人，这几年的骑手数量仍在持续快速增长中。截至2024年6月，北京市从事餐饮配送服务和外卖配餐服务的人员为1.7万人，同比增长49.7%。[②] 北京市这些快速增长的外卖骑手，通常都身兼多家平台的外卖员，这便于他们更灵活安排个人的劳动时间，根据市场需求情况，随时调整工作和劳动强度，还可以在多个平台之间自由切换角色。新型就业关系使得劳动者与平台间的用工关系打破了传统劳动关系的模式，雇佣双方的归属性不再唯一，从而在行业出现变化时，劳动者失业风险显著增加，并且，在劳动者保障权益受损时，确认劳动关系的复杂度也将加剧。

---

① 余少祥：《新就业形态的特征、挑战与对策建议》，《人民论坛·学术前沿》2023年第16期。

② 《民生直通车·外卖观察 | 超1000万！飞奔的外卖骑手》，https://news.cctv.com/2025/01/16/ARTIpXTaWK3uPAavQfziBEGk250116.shtml，2025年1月16日。

（二）享有社会保障的覆盖面不足

根据国际劳工组织于 2023 年和 2024 年发布的研究报告，全球范围内的新就业形态劳动者面临社会保障覆盖不足等问题。这些问题在北京市新就业形态群体中也普遍存在。劳动关系的模糊性，使许多劳动者无法获得应有的社会保障，导致他们在医疗、工伤、养老等方面缺乏基本的保障。据暨南大学经济与社会研究院和智联招聘联合发布的《2023 中国新型灵活就业报告》，传统就业职位的社会保障覆盖率远高于新就业形态劳动者的社会保障覆盖率。新就业形态劳动者的社保覆盖率在 2021 年第二季度之前基本保持在 35% 左右的水平，之后持续下降，与传统就业劳动者社保覆盖率的差距逐步扩大，整体来看，新就业形态职位提供的福利水平相对更低。在北京地区，灵活就业人员多以外地户籍为主，在调查走访的外地劳动者中，近一半的劳动者表示担心因未缴纳社保而产生后续的保障问题。以劳动者关注较多的工伤险为例，新就业形态劳动者因劳动强度大而面临较大的工伤风险，但现行《工伤保险条例》要求参保职工必须具有劳动关系且由雇主缴费，这就使得许多新就业形态劳动者因确认劳动关系困难，而得不到工伤保障。

（三）监管机制与维权渠道的滞后

2020~2024 年，全国法院共受理新就业形态民事纠纷案件 42 万件。北京市高级人民法院 2024 年工作报告中，将"强化灵活就业和新就业形态劳动者合法权益司法保障，在涉外卖骑手人身保险合同纠纷案中，依法认定外卖骑手实际投保人的法律地位，让每一名劳动者都得到法律保护"作为坚持司法为民，增进民生福祉，增强人民群众司法获得感的工作内容提出。由于缺乏健全的与新就业形态相匹配和适应的劳动监管机制，当新就业形态劳动者在遭遇权益侵害时，缺乏有效的维权途径，劳动纠纷加大，矛盾冲突增多。其中，亟待解决的就是当前新就业形态监管中缺乏统一的标准。由于平台商家具有跨地区、跨领域、多业态等的新特征，其监管部门呈现多主管部门、多监管领域等的新变化。这些监管部门之间职责交叉、权责缺位等问题亟须理顺。否则，缺乏统一的标准，容易滋生矛盾，影响监管效能。例如，北京市协作者社会工作发展中心的调查显示，65.67%的全职骑手每日工作超过8个小时，且超过37%的人每月几乎没有休息时间。即使如此，他们的收入也难以稳定，尤其在淡季或平台规则变更时，收入骤减的情况屡见不鲜。此外，部分平台存在分成比例频繁调整的现象，有的平台抽成比例高达30%，而有的平台仅为10%，这导致劳动者的实际收入与付出不匹配。由于缺乏监管与维权渠道，类似的问题往往会使矛盾升级。

三 北京新就业形态劳动者权益保障数字化管理建设路径

人力资源和社会保障部、国家发展和改革委员会、全国总工会等多部门于2021年7月16日发布《关于维护新就业形态劳动者劳动保障权益的指导意见》。随着当今数字经济突飞猛进的发展，如何在大力发展新业态、新模式的同时，更有效、更全面地加强新就业形态劳动者的权益保障，是刻不容缓的问题。特别是作为全球数字化标杆城市的北京市，在保障新就业形态劳动者权益方面更要率先探索新路径，通过数字化管理，加强保障平台劳动者的各项权益，为新就业形态在北京市健康有序发展保驾护航。

（一）建立北京市数字化劳动关系登记审核平台

北京市在数字化建设方面一直领先全国，取得了显著成就。北京市建立了多个基础数字化数据库，为各领域的发展提供了有力支撑。北京市的这些大数据平台、公共数据开放平台等基础数据库的建设旨在提升跨区域、跨层级的数据支撑能力，促进数据资源的共享与应用。针对新就业形态劳动者复杂的用工关系，借助北京市平台经济的大数据优势，构建新就业形态劳动者信息采集系统、工作情况登记系统、劳动关系审核系统等数字化平台，通过数字化手段建立劳动者档案、劳动雇佣关系信息等，确定完善新就业形态从业人员与平台之间的用工关系，可以最大程度地保护劳动者的各项权益。

2020 年 11 月，北京市率先发布《关于推进电子劳动合同相关工作的实施意见》，将在我国延续使用了 30 多年的纸质劳动合同，以电子化的全新面貌展现出来。而今，随着新就业形态的快速发展，在电子劳动合同的基础上，如果建立北京市数字化劳动关系登记审核平台，通过构建数字化、信息化管理流程，通过健全数据资料库等多种情形下的劳动关系电子档案，明确相关的责任、权利和义务，那么通过电子化有迹可循的流程，将保障北京市新就业形态劳动者们公平地享有工资报酬、用工安全、社会保险等各项权利。

（二）推行北京市工伤等各项保障的数字化管理平台

早在 2022 年 7 月，北京、上海、江苏、广东、海南、重庆、四川 7 省份，就已正式启动新就业形态劳动者职业伤害保障试点工作。试点城市选取在平台企业就业的劳动者们，如货运司机、快餐骑手、网约车司机等，在他们配送货物、送外卖上门、接送乘客时开展试点。通过创新职业伤害保障，实行按单缴费、由用工方缴费、劳动者个人不缴费等方式保障劳动者权益。从传统工伤保险的按月缴纳改为按单缴纳，使新就业形态劳动者的劳动保障迈上了一个新台阶，既适应了新就业形态工作灵活、选择自由等用工特点，又确保了这些劳动者在发生职业伤害时，能够及时获得医疗救治和经济补偿。随着新就业形态劳动者的不断增加，也应该增加职业伤害保障以外的其他对新就业形态劳动者有益的保障试点，并通过数字化手段管理，明确劳动者保障的参保途径、参保范围、理赔程序、获赔金额等。

例如，北京市可以推出新就业形态人员的专项社会保障计划，由平台企业为劳动者缴纳一定比例的社会保障费用，政府可以为这类平台企业提供税收优惠和财政补贴，通过数字化进行管理，实时记录劳动者的工作情况、健康数据等，在发生紧急情况时快速启动理赔流程，保障新就业形态劳动者的权益。同时，数字化的智能算法还可以根据劳动者的身体情况计算出个性化的工作模式，按医疗风险级别动态调整保费标准等，确保劳动者和用工方的公平合理性。

（三）打造北京市多部门协作治理的数字平台

北京市新就业形态劳动者权益保障工作的展开，需要政府、行业主管部门等多部门的配合。因此，如果北京市构建一个多部门共同参与、共同治理的新就业形态劳动者权益保障数字平台，在实现信息共享的同时，实施联动执法维权，就能一站式解决新就业形态劳动者遇到的权益保障问题。

数据共享是多部门协作的基础。建设新就业形态劳动者权益保障统一的数据共享平台，就是要打破"数据孤岛"，实现与劳动者权益保障相关部门数据的互联互通。建设包括政府有关部门、工会、法院、企业等多部门、多渠道参与的一体化数字平台。特别是在拓展了适合新就业形态劳动者特点的工资核算、保险缴纳、维权服务等多功能的保障体系后，通过新就业形态劳动者权益保障平台，一站式办理维权业务，既节省了时间成本，又提高了维权效率。在平台上整合劳动者的投诉、维权、仲裁、诉讼等信息，通过多部门的联动，及时处理劳动争议，保障新就业形态劳动者在权益被侵犯时，能够第一时间得到关注和解决，能够通过数字化记录的可追溯性，查找数据资料，维护新就业形态劳动者的合法权益。此外，北京市人力资源和社会保障局、北京市人民法院等部门，还可以通过数字平台，在网上公布、更新、解读有关新就业形态劳动法律法规、典型案例等，完善新就业形态劳动争议的解决路径，提高办理效率。

B.8
延迟退休对北京市城镇职工
养老金待遇的影响研究

郝佳 周葳*

摘 要： 2024年，我国"渐进式延迟法定退休年龄"的政策颁布，社会舆论对于"养老金待遇水平是否受到影响"出现了不少的担忧。本报告以北京市城镇职工为研究对象，通过构建养老金计算模型，分析延迟退休对养老金待遇的影响。通过数值模拟发现，延迟退休不仅不会降低北京市城镇职工的养老金待遇，反而会增加每月的养老金数额，充分体现了我国基本养老保险"长缴多得、多缴多得"的理念。

关键词： 延迟退休 城镇职工 养老金 北京

一 问题的提出

截至2023年底，北京市常住人口已达2185.8万人，其中65岁以上的老年人口达346.9万人，占比15.87%，老年人口抚养比达到21.98%，[①] 人口老龄化程度不断加深，社会养老压力不断加大。在这一背景下，"养老金够不够发"成为人民群众普遍关心的问题，如何保障基本养老保险基金的可持续发展成为重要的社会议题。为缓解养老金支付压力，国际普遍做法是延迟法定退休年龄，目前世界发达国家的退休年龄大多在65~67岁。中央

---

* 郝佳，管理学博士，中央财经大学保险学院社会保障系副教授，主要研究方向为社会保障理论与政策；周葳，中央财经大学硕士研究生，主要研究方向为社会保障理论与政策。
① 《北京市统计年鉴2024》。

有关职能部门对此改革的研究讨论已有十年以上，自"延迟退休"的话题在国内被提出后，我国学界对此的研究分析也较多。《中华人民共和国国民经济和社会发展第十四个五年规划和 2035 年远景目标纲要》以及党的二十大报告中都在强调要逐步延迟法定退休年龄，表明了我国政府积极应对人口老龄化的决心。2024 年 9 月，印发了《全国人民代表大会常务委员会关于实施渐进式延迟法定退休年龄的决定》，2024 年 12 月人力资源和社会保障部、中共中央组织部、财政部印发了《实施弹性退休制度暂行办法》。

本报告以北京市相关退休政策、养老金计算规则为研究基础，探究延迟退休对北京市城镇职工养老金待遇的影响。

二　实施原则

《关于实施渐进式延迟法定退休年龄的决定》自 2025 年 1 月 1 日起施行，坚持"小步调整、弹性实施、分类推进、统筹兼顾"的原则。

小步调整。我国计划将男性职工的法定退休年龄提高至 63 岁，女性职工提高至 55 岁和 58 岁，但这个过程并不是一步到位的，而是用 15 年的时间逐步过渡实现，减少对目前已经临近原法定退休年龄职工的生活和工作的影响。

弹性实施。在推迟了法定退休年龄的基础上，我国还允许职工选择继续延迟退休，延迟时间最长不超过三年。另外，在满足了最低缴费年限的基础之上，我国也允许选择弹性提前退休。这给予了职工在选择是否退休时极大的弹性时间范围，充分尊重职工个人意愿，满足不同劳动者的个性化需求。

分类推进。延迟法定退休年龄政策的制定注重区分不同性质的群体，例如男性职工和女性职工、原退休年龄 55 岁和 50 岁的女职工、一般工种和特殊工种。不同群体延迟退休年龄的节奏不一样，与原本的退休制度实现稳步衔接和过渡。

统筹推进。延迟退休政策的推行不仅仅体现为法定退休年龄的变化，还涉及多个配套制度、相关规定的改革，例如要逐步提高最低缴费年限。延迟

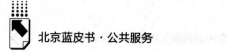

法定退休年龄政策对我国社会、企业、职工的影响是多维的，这是一项系统工程，需要全面谋划、协同推进。

三 模型构建

在职工基本养老保险制度中，存在"新人""中人""老人"三类参保群体，1998年7月1日以后参加工作的为"新人"，其基本养老金由基础养老金和个人账户养老金组成；1998年6月30日以前参加工作，2006年1月1日以后退休的为"中人"，其基本养老金包括基础养老金、个人账户养老金和过渡性养老金；2005年12月31日以前已经离退休的人员为"老人"，按照原国家和北京市规定的标准发基本养老金。"老人"的养老金待遇与城镇职工基本养老保险制度没有关系，故本报告不考虑"老人"的情况。对"中人"群体，其基础养老金和个人账户养老金的计算方式与"新人"一致，然而，过渡性养老金因涉及参保人工龄的不同而错综复杂，故本报告暂不研究。本研究聚焦于"新人"群体。

（一）假设前提

本研究首先提出五个假设。

假设一：参保人存活至平均预期寿命，不存在提前死亡的情况。

假设二：参保人从参加基本养老保险起，在北京市连续缴费，不存在断保、转移接续的情况。

假设三：不考虑退休人员基本养老金调整政策。

假设四：职工缴费工资基数的增长率始终与北京市上年度社会平均工资（简称社平工资）的增长率保持一致。

假设五：假定存在三类标准人，均在1999年1月1日参加工作并缴纳基本养老保险，其基本养老金由基础养老金和个人账户养老金组成。标准人A于1977年1月1日出生，时年22岁；标准人B于1974年1月1日出生，时年25岁；标准人C于1969年1月1日出生，时年30岁。

（二）测算模型

1. 基础养老金

基础养老金以参保职工退休时上一年本市在岗职工月平均工资与本人指数化月平均缴费工资的平均值为基数，按参保职工的全部缴费年限满一年发放1%，具体计算公式如下：

$$J = (C_{平} + C_{平} \times Z_{实指数}) \div 2 \times N_{实} \times 1\% \tag{1}$$

其中，J 为每月的基础养老金；$C_{平}$ 为参保职工退休前一年当地在岗职工月平均工资；$C_{平} \times Z_{实指数}$ 为本人指数化月平均缴费工资；$N_{实}$ 为实际缴费年限。$Z_{实指数}$ 为实际缴费工资指数，计算公式如下：

$$Z_{实指数} = \left(\frac{X_n}{C_{n-1}} + \frac{X_{n-1}}{C_{n-2}} + \ldots + \frac{X_2}{C_1} + \frac{X_1}{C_0} \right) \div N \tag{2}$$

X_n，$\cdots$，X_2，X_1 为职工退休当年至参保当年的相应年度本人平均月缴费工资基数。C_{n-1}，$\cdots$，C_1，C_0 为职工退休前一年至参保前一年的相应年度本市职工在岗月平均工资。N 为职工缴纳基本养老保险费的年限，在公式（2）中，$N=n$。

假设 $X_1 = Z \times C_0$，Z 表示缴费工资指数，根据假设四，假设职工缴费工资基数的年度增长率和在岗职工月平均工资年度增长率均为 a，则 $Z_{实指数} = Z$。

那么每月可领取的基础养老金为：

$$J = C_{平}(1 + Z_{实指数}) \div 2 \times N \times 1\% = C_0 (1 + a)^n \times \frac{1 + Z}{2} \times n\% \tag{3}$$

2. 个人账户养老金

除了由统筹基金支付的基础养老金外，劳动者退休后还可以从个人账户中领取养老金，每月可领取的数额为个人账户储存额除以计发月数。假设劳动者退休时个人账户储存额为 Y，计发月数为 M，个人账户养老金为 P，那么每个月所领取的个人账户养老金为 $P = Y/M$。

在2016年人社部统一个人账户记账利率之前，当年存入个人账户金额的记账利率参照活期存款利率计算，年度结余参照银行一年期存款利率计算；2016年之后，当年存入金额和年度结余均以国家规定的记账利率计算。假设 r 为个人账户记账利率，b 为个人账户缴费率。

个人账户累计储存额采用月积数法进行计算。

本年记账月积数 = $\sum$ [n 月份记账额 × (12−n+1)]，n 为本年各记账月份，且 $1 \leqslant n \leqslant 12$。

本年记账额利息 = 本年记账月积数 × 本年度记账利率 × 1/12。

至本年度末个人账户累计储存额 Y = 上年度末个人账户累计储存额 × (1+本年度记账利率) +本年记账额本金+本年记账额利息。

3. 基本养老金待遇总额

职工退休时可领取的基本养老金的每月标准为：

$$W = J + P = J + Y/M \tag{4}$$

（三）参数假设

1. 退休年龄、缴费年限

根据新公布的延迟退休政策，对于本研究设定的标准人 A，男性的法定退休年龄为63岁（2040年1月退休），女性为56岁10个月（2033年11月退休）和51岁1个月（2028年2月退休）；对于标准人 B，男性的法定退休年龄为62岁4个月（2036年5月退休），女性为56岁1个月（2030年2月退休）；对于标准人 C，男性的法定退休年龄为61岁1个月（2030年2月退休），女性在2024年已退休，不再计算。

同时考虑可以自愿选择弹性提前退休或延迟退休，且提前或延迟时间最长不超过3年，则在延迟退休政策实施前后，本研究设定的三类标准人的退休年龄对比如表1所示。

2. 实际缴费工资指数、职工年平均工资及其增长率

考虑职工的不同收入水平，本研究设定实际缴费工资指数 $Z_{实指数}$ = 3、1.5、1、0.8、0.6，分别代表每月缴费工资基数是上年度北京市职工年平均

表 1　政策实施前后标准人退休年龄对比

标准人	分类	原法定退休年龄	现法定退休年龄	现弹性退休年龄范围	弹性退休对应的缴费年限范围
标准人 A	男性职工	60 岁	63 岁	60~66 岁	38~44 年
	女性职工(1)	55 岁	56 岁 10 个月	55~59 岁 10 个月	33~37 年 10 个月
	女性职工(2)	50 岁	51 岁 1 个月	50~54 岁 1 个月	28~32 年 1 个月
标准人 B	男性职工	60 岁	62 岁 4 个月	60~65 岁 4 个月	35~40 年 4 个月
	女性职工	55 岁	56 岁 1 个月	55~59 岁 1 个月	30~34 年 1 个月
标准人 C	男性职工	60 岁	61 岁 1 个月	60~64 岁 1 个月	30~34 年 1 个月
	女性职工	55 岁	已退休	已退休	—

工资①的 300%、150%、100%、80%、60%的职工。1998 年北京市职工年平均工资为 12285 元，2023 年北京市职工年平均工资为 141133 元，由此可计算得出 1998~2023 年北京市职工年平均工资的年均增长率为 10.26%。但是考虑当前中国的经济发展情况，过去五年北京市的年均经济增长率约为 5.4%，职工年平均工资不会持续保持高增长率，假设社会工资增长率接近经济增长率，本研究分时间段对未来工资增长率进行假设取值，即 2024~2033 年 $a=5\%$，2034~2043 年 $a=4.5\%$。

表 2　1998~2043 年北京市职工年平均工资

单位：元

项目	1998 年	1999 年	2000 年	2001 年	2002 年	2003 年	2004 年
工资	12285	13778	15726	18092	20728	24045	28348
项目	2005 年	2006 年	2007 年	2008 年	2009 年	2010 年	2011 年
工资	32808	36097	39867	44715	48444	50415	56061
项目	2012 年	2013 年	2014 年	2015 年	2016 年	2017 年	2018 年
工资	62677	69521	77560	85038	92477	101599	94258

---

① 2019 年 7 月起，北京市职工年平均工资的计算口径调整为北京市全口径城镇单位就业人员平均工资。

续表

项目	2019 年	2020 年	2021 年	2022 年	2023 年	2024 年（预测）	2025 年（预测）
工资	106168	112886	127535	135567	141133	148189.65	155599.13

项目	2026 年（预测）	2027 年（预测）	2028 年（预测）	2029 年（预测）	2030 年（预测）	2031 年（预测）	2032 年（预测）
工资	163379.09	171548.04	180125.45	189131.72	198588.3	208517.72	218943.61

项目	2033 年（预测）	2034 年（预测）	2035 年（预测）	2036 年（预测）	2037 年（预测）	2038 年（预测）	2039 年（预测）
工资	229890.79	240235.87	251046.48	262343.58	274149.04	286485.74	299377.6

项目	2040 年（预测）	2041 年（预测）	2042 年（预测）	2043 年（预测）	—	—	—
工资	312849.59	326927.83	341639.58	357013.36	—	—	—

3. 缴费率、个人账户记账率

1998~2005 年，基本养老保险的个人账户一部分来源于个人缴费，另一部分来源于单位缴费，比例相加相当于职工月缴费基数的 11%，即这段时期内 $b=11\%$。后按照《国务院关于完善企业职工基本养老保险制度的决定》（国发〔2005〕38 号）的规定，我国企业职工养老保险的个人账户全部由个人缴费形成，个人缴费率统一为 8%，即 2006 年起 $b=8\%$。

1999~2015 年，职工养老保险个人账户参照每年银行存款利率计算利息，如表 3 所示。自 2016 年起个人账户记账利率全国统一，2016~2022 年分别为 8.31%、7.12%、8.29%、7.61%、6.04%、6.69% 和 6.12%，基本保持在 6% 以上的水平。但是记账利率并不等于基本养老保险基金的实际投资收益率。《全国社会保障基金理事会基本养老保险基金受托运营 2023 年度报告》显示，自 2016 年以来，地方养老基金年均投资收益率为 5.00%。考虑到未来个人账户记账利率不会持续高于实际投资收益率，有下调的可能性，所以本研究假设 2023 年以后个人账户记账率 $r=5\%$。

表 3　1999~2015 年银行存款利率

单位：%

年份	银行活期存款利率	银行一年期存款利率	年份	银行活期存款利率	银行一年期存款利率
1999	1.44	3.78	2008	0.72	4.14
2000	0.99	2.25	2009	0.36	2.25
2001	0.99	2.25	2010	0.36	2.75
2002	0.99	2.25	2011	0.50	3.50
2003	0.72	1.98	2012	0.50	3.50
2004	0.72	2.25	2013	0.35	3.00
2005	0.72	2.25	2014	0.35	3.00
2006	0.72	2.52	2015	0.35	2.75
2007	0.81	4.14	—	—	—

4. 个人账户养老金计发月数

2024 年 12 月由人力资源和社会保障部、中共中央组织部、财政部印发的《实施弹性退休制度暂行办法》并未对个人账户养老金计发月数作出调整，故本研究仍按原先的计发月数进行计算，如表 4 所示。

表 4　个人账户养老金计发月数

退休年龄（岁）	50	51	52	53	54	55	56	57	58	59	60	61	62	63	64	65	66
计发月数（月）	195	190	185	180	175	170	164	158	152	145	139	132	125	117	109	101	93

四　测算结果

将相关参数代入公式，可计算得出不同性别的标准人在弹性退休年龄范围内的每月可领取的基本养老金待遇水平，如表 5 至表 9 所示。

表5 标准人A男性职工可领取的每月基本养老金待遇

单位：元

退休年月	退休年龄	缴费年限	每月基本养老金待遇				
			Z=0.6	Z=0.8	Z=1	Z=1.5	Z=3
2037年1月	60	38	9462.62	11232.23	13001.85	17425.89	30698.00
2038年1月	61	39	10340.10	12301.82	14263.55	19167.86	33880.81
2039年1月	62	40	11309.46	13487.69	15665.92	21111.50	37448.24
2040年1月	63	41	12420.51	14855.89	17291.27	23379.72	41645.08
2041年1月	64	42	13671.16	16403.25	19135.35	25965.59	46456.30
2042年1月	65	43	15090.05	18167.57	21245.10	28938.93	52020.39
2043年1月	66	44	16715.23	20199.17	23683.12	32392.98	58522.56

表6 标准人A女性职工可领取的每月基本养老金待遇

单位：元

退休年份	退休年龄	缴费年限	每月基本养老金待遇				
			Z=0.6	Z=0.8	Z=1	Z=1.5	Z=3
2027年1月	50	28	3889.48	4550.61	5211.74	6864.57	11823.05
2028年1月	51	29	4263.92	4994.27	5724.61	7550.48	13028.10
2028年2月	51岁1个月	29.08	4280.81	5014.88	5748.95	7584.13	13089.67
2029年1月	52	30	4669.79	5475.87	6281.95	8297.13	14342.70
2030年1月	53	31	5109.84	5998.80	6887.76	9110.17	15777.38
2031年1月	54	32	5587.04	6566.77	7546.50	9995.82	17343.80
2031年2月	54岁1个月	32.08	5608.02	6592.54	7577.06	10038.36	17422.25
2032年1月	55	33	6104.70	7183.89	8263.08	10961.06	19055.00
2033年1月	56	34	6676.86	7868.58	9060.30	12039.60	20977.50
2033年11月	56岁10个月	34.83	6924.50	8173.53	9422.56	12545.13	21912.84
2034年1月	57	35	7300.63	8616.65	9932.67	13222.72	23092.86
2035年1月	58	36	7953.83	9403.92	10854.02	14479.26	25354.97
2036年1月	59	37	8682.65	10286.77	11890.88	15901.17	27932.05
2036年11月	59岁10个月	37.83	8996.74	10676.61	12356.48	16556.16	29155.20

表7   标准人B男性职工可领取的每月基本养老金待遇

单位：元

退休年月	退休年龄	缴费年限	每月基本养老待遇				
			Z=0.6	Z=0.8	Z=1	Z=1.5	Z=3
2034年1月	60	35	7565.33	8969.59	10373.84	13884.47	24416.37
2035年1月	61	36	8285.37	9845.97	11406.58	15308.11	27012.67
2036年1月	62	37	9081.08	10818.00	12554.93	16897.24	29924.18
2036年5月	62岁4个月	37.33	9217.99	10989.05	12760.10	17187.75	30470.67
2037年1月	63	42	10691.81	12725.41	14759.02	19843.02	35095.02
2038年1月	64	43	11748.97	14028.02	16307.06	22004.67	39097.51
2039年1月	65	44	12945.46	15509.87	18074.28	24485.30	43718.35
2039年5月	65岁4个月	44.33	13131.56	15744.86	18358.17	24891.44	44491.26

表8   标准人B女性职工可领取的每月基本养老金待遇

单位：元

退休年月	退休年龄	缴费年限n	每月基本养老金待遇				
			Z=0.6	Z=0.8	Z=1	Z=1.5	Z=3
2029年1月	55	30	4763.97	5601.43	6438.90	8532.57	14813.56
2030年1月	56	31	5227.02	6155.04	7083.06	9403.12	16363.29
2030年2月	56岁1个月	31.08	5247.44	6180.17	7112.90	9444.72	16440.19
2031年1月	57	32	5732.34	6760.51	7788.67	10359.09	18070.33
2032年1月	58	33	6284.38	7423.46	8562.55	11410.26	19953.41
2033年1月	59	34	6901.47	8168.06	9434.65	12601.13	22100.56
2033年2月	59岁1个月	34.08	6927.57	8200.43	9473.28	12655.43	22201.85

表9   标准人C男性职工可领取的每月基本养老金待遇

单位：元

退休年月	退休年龄	缴费年限	每月基本养老金待遇				
			Z=0.6	Z=0.8	Z=1	Z=1.5	Z=3
2029年1月	60	30	5023.00	5946.81	6870.62	9180.14	16108.72
2030年1月	61	31	5546.61	6581.16	7615.71	10202.09	17961.22

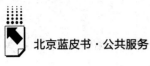

续表

退休年月	退休年龄	缴费年限	每月基本养老金待遇				
			$Z=0.6$	$Z=0.8$	$Z=1$	$Z=1.5$	$Z=3$
2030 年 2 月	61 岁 1 个月	31.08	5569.54	6609.63	7649.72	10249.95	18050.65
2031 年 1 月	62	32	6127.23	7287.03	8446.82	11346.31	20044.77
2032 年 1 月	63	33	6792.02	8100.32	9408.62	12679.38	22491.64
2033 年 1 月	64	34	7541.79	9021.83	10501.86	14201.93	25302.17
2033 年 2 月	64 岁 1 个月	34.08	7572.65	9060.54	10548.42	14268.14	25427.27

退休年龄越大，每月可领取基本养老金待遇越高。由结果可以发现，无论是男性职工还是女性职工，选择在现法定退休年龄退休和弹性提前退休可获得的养老金待遇都要低于选择延迟退休可获得的养老金待遇，且现法定退休年龄可获得的养老金待遇也要高于原法定退休年龄可获得的养老金待遇，女性职工间约 1.1 倍差距，男性职工间约 1.2～1.3 倍差距。在退休年龄相同的情况下，缴费年限越长，每月可领取基本养老金待遇越高。

缴费工资基数与养老金待遇水平呈现正相关。平均缴费工资指数 Z 代表着不同收入层次，Z 越大，表示收入水平越高。由数值模拟结果可知，工资收入水平的差异会显著影响退休后每月可领取的基本养老金待遇。在缴费年限相同的情况下，缴费工资基数越高，个人账户的缴费就越多，且随着我国基本养老保险基金投资运营机制的优化，个人账户储存额获得的投资收益就越多。同时，缴费工资基数也影响基础养老金待遇，缴费工资基数越高，实际缴费工资指数越高，在其他条件不变的情况下，基础养老金待遇就越高。

为衡量延迟退休期间职工少领取的养老金数额，本研究以男性职工为例，假设实际缴费工资指数均为 1，考察标准人 A、B、C 每延迟退休一年，少领取的养老金数额需多长时间可以弥补回来，结果如表 10、表 11、表 12所示。

表 10　标准人 A 男性职工延迟退休后，弥补少领取的养老金所需时间（Z=1）

退休年月	退休年龄	每月基本养老金待遇	每月养老金差值（以 60 岁为基准值）	每延迟退休一年,弥补少领取的养老金所需时间
2037 年 1 月	60	13001.85 元	—	—
2038 年 1 月	61	14263.55 元	1261.70 元	123.66 个月
2039 年 1 月	62	15665.92 元	2664.07 元	117.13 个月
2040 年 1 月	63	17291.27 元	4289.42 元	109.12 个月
2041 年 1 月	64	19135.35 元	6133.50 元	101.75 个月
2042 年 1 月	65	21245.10 元	8243.25 元	94.64 个月
2043 年 1 月	66	23683.12 元	10681.27 元	87.64 个月

表 11　标准人 B 男性职工延迟退休后，弥补少领取的养老金所需时间（Z=1）

退休年月	退休年龄	每月基本养老金待遇	每月养老金差值（以 60 岁为基准值）	每延迟退休一年,弥补少领取的养老金所需时间
2034 年 1 月	60	10373.84 元	—	—
2035 年 1 月	61	11406.58 元	1032.74 元	120.54 个月
2036 年 1 月	62	12554.93 元	2181.09 元	114.15 个月
2036 年 5 月	62 岁 4 个月	12760.10 元	2386.26 元	121.73 个月
2037 年 1 月	63	14759.02 元	4385.18 元	85.16 个月
2038 年 1 月	64	16307.06 元	5933.22 元	83.92 个月
2039 年 1 月	65	18074.28 元	7700.44 元	80.83 个月
2039 年 5 月	65 岁 4 个月	18358.17 元	7984.33 元	83.15 个月

表 12　标准人 C 男性职工延迟退休后，弥补少领取的养老金所需时间（Z=1）

退休年月	退休年龄	每月基本养老金待遇	每月养老金差值（以 60 岁为基准值）	每延迟退休一年,弥补少领取的养老金所需时间
2029 年 1 月	60	6870.62 元	—	—
2030 年 1 月	61	7615.71 元	745.09 元	110.65 个月
2030 年 2 月	61 岁 1 个月	7649.72 元	779.10 元	114.64 个月
2031 年 1 月	62	8446.82 元	1576.20 元	104.62 个月
2032 年 1 月	63	9408.62 元	2538.00 元	97.46 个月
2033 年 1 月	64	10501.86 元	3631.24 元	90.82 个月
2033 年 2 月	64 岁 1 个月	10548.42 元	3677.80 元	91.54 个月

对于标准人 A 男性职工，当实际缴费工资指数 Z＝1，现法定退休年龄 63 岁退休时每月可以领取 17291.27 元，比原法定退休年龄 60 岁每月多 4289.42 元，延迟退休三年期间职工少领取的养老金数额为 468066.60 元，弥补这一差值大约需要 109.12 个月（约 9 年）。① 对于标准人 B 男性职工，现法定退休年龄 62 岁 4 个月退休时每月可以领取 12760.10 元，比原法定退休年龄 60 岁每月多 2386.26 元，延迟退休 2 年 4 个月职工少领取的养老金数额为 290467.52 元，弥补这一差值大约需要 121.73 个月（约 10 年）。② 标准人 C 男性职工也类似。观察结果可以发现，随着退休年龄的提升，弥补参保人员少领取养老金所需的时间整体呈减少趋势。总体来说，职工在延迟退休后可以领取到的养老金总额并未出现下降，且由于在延迟退休期间仍有相对稳定的工资收入，职工的整体收入是增加的。

五　结论与对策建议

延迟退休政策的实施能够有效缓解北京市基本养老保险基金的支付压力，有助于增强我国基本养老保险制度的可持续性。本报告根据北京市相关退休政策、养老金计算规则，通过数值模拟发现，延迟退休政策并不会降低城镇职工的养老金待遇水平，相反还有助于提高职工的养老金待遇水平，充分体现了"长缴多得、多缴多得"的理念。

但是这一政策在公布之初仍然引起了较多的讨论。本报告认为，一方面是因为群众对于养老保险统筹账户的认知存在误区，认为延迟退休后自己从统筹账户中获得的养老金水平存在较大的不确定性；另一方面是因为群众认为个人账户目前处在"空账"运行的状态，名义虽为完全积累制，但实际仍是现收现付制，存在较大的运营风险。同时，此次延迟退休政策的规定虽

① 法定退休年龄延迟 3 年，标准人 A 少领取的养老金数额＝3×12×13001.85＝468066.60 元，弥补少领取的养老金所需时间＝468066.60÷4289.42≈109.12 个月。
② 法定退休年龄延迟 2 年 4 个月，标准人 B 少领取的养老金数额＝（2×12+4）×10373.84＝290467.52 元，弥补少领取的养老金所需时间＝290467.52÷2386.26＝121.73 个月。

已公布实施，但是与之配套的《实施弹性退休制度暂行办法》内容较为简单，没有较好地发挥养老保险的激励作用，尤其对个人账户计发月数没有进行调整，仍然沿用旧的规定，与不断增长的居民平均预期寿命可能不适配。

基于此，本报告提出以下对策建议。

第一，完善养老金计发办法。进一步明确延迟退休后养老金的计发规则，确保缴费年限增加和退休时间推迟能够显著提高养老金待遇，建立基础养老金与经济发展水平相适应的调整机制，让参保群体共享经济发展成果。可以针对缴费年限较长的职工适当增加计发比例，充分发挥养老金激励机制，鼓励职工长缴长得、多缴多得。另外，随着我国居民平均预期寿命的延长，个人账户养老金的计发月数也应该进行相应的调整。

第二，努力实现个人账户的保值增值，合理确定记账利率。个人账户记账利率的确定应当贴合基本养老保险基金的实际投资收益率，避免过高的记账利率造成个人账户养老金超支现象。同时还应当持续优化基本养老保险基金的投资运营机制，实现个人账户的保值增值。

第三，提高政策宣传力度。通过多种渠道，如政府网站、社交媒体、社区宣传等，加强对延迟退休政策的宣传，加深公众对政策的理解，提高群众的接受度，尤其需要明确解释延迟退休对个人养老金待遇的具体影响，以及弹性退休的选择方式。

第四，加快出台延迟退休相关的配套政策措施。延迟退休政策改革的涉及面很广，不仅涉及职工养老金待遇水平，还涉及老年人就业、家庭和社会分工等维度，需要尽快完善相应的配套政策措施，降低延迟退休对职工生活和工作的负面影响。

参考文献

薛惠元、张怡：《延迟退休会减少职工和居民的养老金财富吗》，《统计与信息论坛》2018 年第 4 期。

阳义南、曾燕、瞿婷婷：《推迟退休会减少职工个人的养老金财富吗》，《金融研究》2014 年第 1 期。

范维强、杨华磊：《延迟退休对个人养老金财富的影响研究》，《财经理论与实践》2021 年第 6 期。

苟兴朝：《延迟退休对社会养老保险金水平的影响研究——基于替代率视角》，《西北人口》2015 年第 5 期。

薛惠元、吴欣芸：《职工养老保险个人账户超支、基金压力与财政负担：2024～2050——基于代表性个体和基金整体的精算分析》，《保险研究》2024 年第 5 期。

B.9
北京市生活性服务业人员就业
与社会保障的性别差异研究[*]

闫萍 陈知知 郑璐颖[**]

摘　要： 本报告基于对北京市快递员、维修工、保安、餐饮服务人员、保洁和网约车司机六类生活性服务业从业群体的调查，关注其职业性别隔离、就业和社会保障的性别差异。首先，运用邓肯指数测度职业性别隔离程度，发现新业态服务业的性别隔离程度低于传统服务业，网约车经济的发展对削弱性别隔离发挥重要作用。其次，发现男性在工作收入及稳定性、就业身份和保险参与的待遇方面优于女性。最后，建议从激发新业态活力、完善法律法规、增强民生社会保障、削弱户籍桎梏等方面促进北京市生活性服务业性别平等。

关键词： 生活性服务业人员　职业性别隔离　性别差异

一　研究背景

随着我国全面建成小康社会目标的实现，民众对生活性服务的消费需求不断增长，餐饮、保洁、快递、维修、网约车、安保等行业成为满足居民便

---

* 基金项目：本报告为北京社科基金决策咨询项目"北京人口蓝皮书·北京人口发展研究报告（2024）"（23JCB034）的阶段性研究成果。

** 闫萍，博士，中共北京市委党校（北京行政学院）社会学教研部（北京市人口研究所）教授，主要研究方向为人口老龄化与人口发展；陈知知，中共北京市委党校（北京行政学院）硕士研究生，主要研究方向为人口发展；郑璐颖，中共北京市委党校（北京行政学院）硕士研究生，主要研究方向为人口发展。

利化生活需求的重要行业。《中华人民共和国国民经济和社会发展第十四个五年规划和 2035 年远景目标纲要》提出，加快生活性服务业品质化发展，以提升便利度和改善服务体验为导向，推动生活性服务业向高品质和多样化升级。《北京统计年鉴 2024》显示，2023 年北京市从事第三产业的常住人口比例达 81.7%，说明服务业已经成为北京市经济发展不可或缺的产业。从趋势看，近年来，北京市生活性服务业呈不断发展态势。以餐饮和邮政为例，2023 年、2024 年《北京市统计年鉴》数据显示，北京市餐饮业在岗职工年末人数由 2022 年的 127292 人上升至 2023 年的 150249 人，从业人数增长了 18.03%；邮政业务总量由 2022 年的 281.4 亿件上升至 2023 年的 324.3 亿件，业务总量增长了 15.25%。

性别平等是衡量社会进步的重要标志，男女平等是我国的一项基本国策。2012 年中国共产党第十八次全国代表大会中，首次将男女平等作为基本国策写入报告。2024 年 9 月，《中共中央　国务院关于实施就业优先战略促进高质量充分就业的意见》发布，提出要保障平等就业权利，消除地域、身份、性别、年龄等影响平等就业的不合理限制和就业歧视。然而，已有实证研究表明，男性和女性在工资收入[1]、劳动时长[2]、社会保险福利[3]、职业分布[4]、就业质量[5]等方面存在显著差异，女性更有可能居于弱势地位，但已有研究较少关注生活性服务业存在的性别差异问题。在此背景下，本报告利用对北京市 3000 名生活性服务业从业人员的调查数据，分析其在职业分布、就业与社会保障的性别差异问题，为促进生活性服务业性别平等提供政策启示。

① 罗楚亮、滕阳川、李利英：《行业结构、性别歧视与性别工资差距》，《管理世界》2019 年第 8 期。
② 张琪、吴传琦：《劳动时间的工资门槛效应研究——基于性别差异视角》，《统计与决策》2021 年第 14 期。
③ 蔡玉梅、黄博函、陈功：《教育水平对农民工工资和社会保险福利的影响——基于性别差异视角》，《统计与决策》2024 年第 2 期。
④ 《我国女性就业现状及行业与职业分布性别差异》，《人口与计划生育》2013 年第 5 期。
⑤ 彭正霞、陆根书：《大学毕业生就业质量的性别差异：基于多群组结构方程模型的分析》，《复旦教育论坛》2020 年第 1 期。

二 北京市生活性服务业职业性别隔离状况

（一）数据来源与样本特征

研究数据来自课题组于 2022 年 11~12 月对北京市"六类"生活性服务业人员（含快递员、维修工、保安、餐饮服务人员、保洁员和网约车司机）开展的问卷调查，其中每类职业样本为 500 人，共计得到 3000 个有效样本。

表 1 分析了北京市生活性服务业从业人员的总体面貌特征。在性别构成上，男性比例超过七成，高于女性比例。年龄方面，北京市生活性服务人员的平均年龄为 31.4 岁，呈现年轻化特征。婚姻方面，已婚者占比最高（57.3%）。受教育程度方面，样本中学历多为高中或中专（61.8%），其次是大学专科（28.3%）。户籍方面，农业户籍人口超过六成（64.9%）。

表 1　样本结构特征

单位：%

变　量	规模(人)	占比
性别		
男	2149	71.6
女	851	28.4
婚姻状况		
未婚	1206	40.2
已婚	1718	57.3
离婚或丧偶	57	1.9
同居	19	0.6
受教育程度		
未上过学	20	0.7
小学	55	1.8
初中	210	7.0
高中或中专	1855	61.8
大学专科	850	28.3
大学本科	10	0.3

续表

变　量	规模(人)	占比
户籍性质		
北京市农业户籍	911	30.4
外地农业户籍	1034	34.5
北京市非农业户籍	590	19.7
外地非农业户籍	465	15.5
年龄	3000	31.4 岁
总　计	3000	100.0

（二）测量指标

学界常用邓肯指数测量性别的职业分布，邓肯指数由邓肯（Ducan）在1955 年提出，其计算公式如下：

$$D = 1/2 \sum_{1}^{k} \left| \frac{W_i}{W} - \frac{M_i}{M} \right| \times 100 (0 \leqslant D \leqslant 100)$$

W_i/W 表示某一行业女性人数在女性总人数中的占比，M_i/M 表示某一行业男性人数在男性总人数中的占比，k 表示行业总数。D 等于 0 说明行业性别完全均衡，D 等于 100 则说明行业完全处于性别隔离状态，D 指数越大说明该行业的性别隔离程度越高。

（三）分职业性别隔离指数

首先，对北京市六类生活性服务业人员性别的职业分布频数进行分析，在全体女性劳动者中，人数占比前三的职业为保洁员、餐饮服务员和网约车司机，这可能与传统性别分工模式下女性往往承担着"服务者"角色有关，此外，网约车的发展为女性进入新业态提供了机会。在全体男性劳动者中，人数占比前三的职业为快递员、维修工和保安，可见，快递运输业对男性的吸纳力度较强，维修作为重体力劳动种类也具有较强的"男性特质"，从事安保则说明男性扮演着"守卫者"的社会角色（见表 2）。

表 2 北京市生活性服务业人员分性别职业分布情况

单位：人，%

	网约车司机	快递员	维修工	保安	餐饮服务员	保洁员	总计
女性人数	158	59	68	86	235	245	851
占女性劳动者的比例	18.57	6.93	7.99	10.11	27.61	28.79	—
男性人数	342	441	432	414	265	255	2149
占男性劳动者的比例	15.91	20.52	20.10	19.26	12.33	11.87	—

其次，应用邓肯指数测量北京市六类生活性服务业人员的职业性别隔离程度可知，职业性别隔离程度最低的职业为网约车司机，说明网约经济与数字劳动平台的发展降低了职业流动的性别门槛，女性和男性劳动者都具有较为平等的机会进入网约车行业。职业性别隔离程度最高的职业为保洁员，第二高的为餐饮服务员，这两个行业均具有明显的女性特质（见图1）。

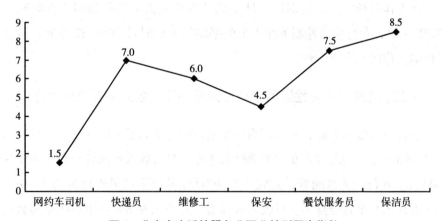

图 1 北京市生活性服务业职业性别隔离指数

最后，研究还对六类生活性服务业进行进一步分类，将快递员、网约车司机划分为新业态从业人员，即以信息化、数字化和平台化为特征的新经济业态、新产业模式催生的就业群体，[1] 将其余职业划分为传统服务业，并分

———————————
① 张海东、杨城晨：《社会生产体制变迁视角下的新职业群体：职业特征、形成原因与现实困境》，《江海学刊》2024 年第 4 期。

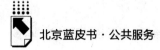

别计算性别隔离指数。结果显示,传统服务业从业人员、新业态从业人员的性别隔离指数分别为 26.5、8.5,这说明新业态的性别分配更均衡,而传统服务业的职业流动性较差且性别分布相对固定。

三 北京市生活性服务业人员就业的性别差异分析

本研究还从工作时长、工作收入、收入稳定性、就业身份四个维度考察北京市生活性服务业人员就业的性别差异。工作时长即上周工作小时数,工作收入即平均每月税后收入,收入稳定性即今年与上年工资相比的变化情况,就业身份即表示工作是否固定。

(一)北京市生活性服务业男性从业人员的工作时长高于女性

在工作时长方面,北京市男性生活性服务业人员的平均周工作时长为 59.95 小时,女性生活性服务业人员的平均周工作时长为 57.82 小时,可见男性的工作时长高于女性。

(二)北京市生活性服务业从业人员的工资收入呈现男性优势

在税后月收入方面,北京市男性生活性服务业人员月收入区间的众数为 6001~8000 元,而北京市女性生活性服务业人员月收入区间的众数为 4001~6000 元。从低收入区间看,月收入在 4000 元及以下的男性比重为 13.0%,低于女性 3.8 个百分点。从高收入区间看,月收入在 8001~10000 元的男性比重为 15.1%,较女性在同等收入区间的比重高 4.9 个百分点;10000 元以上区间月收入的男性比重也比女性高(见图 2)。

(三)北京市生活性服务业男性从业人员的收入稳定性高于女性

在收入稳定性方面,北京市男性生活性服务业人员较上年收入变化的比重从高到低排序为增多(37.6%)、减少(34.7%)和变化不大(27.7%),北京市女性生活性服务业人员较上年收入变化的比重从高到低排序为变化不大

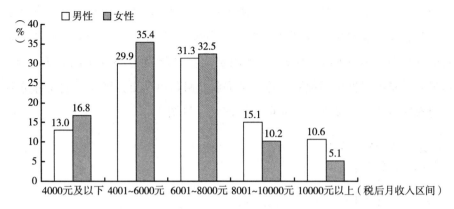

图2　北京市生活性服务业人员工资收入的性别差异

（38.0%）、减少（37.9%）和增多（24.1%）。女性年收入增多的比例低于男性13.5个百分点，女性年收入减少的比例高于男性3.2个百分点。这反映了要增强对生活性服务业女性从业者劳动报酬的权益保护（见图3）。

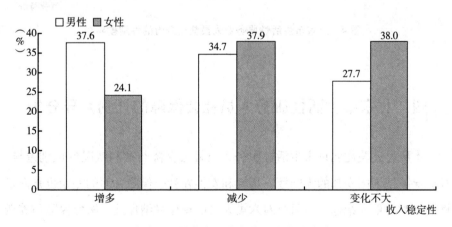

图3　北京市生活性服务业人员收入稳定性的性别差异

（四）北京市生活性服务业男性从业人员的就业身份稳定性略高于女性

在就业身份方面，无论是北京市生活性服务业人员的男性劳动者还是女性劳动者，就业身份总体稳定，有固定雇主的比例均为八成左右。但值得注意的是，无固定雇主（含零工、散工）的女性比例略低于男性，无固定雇主的女性劳动者比例为 10.5%，无固定雇主的男性劳动者比例为 11.0%。可见，北京市男性生活性服务业人员的就业身份可能更为脆弱，就业身份不固定意味着职业变动性和失业可能性较大（见图 4）。

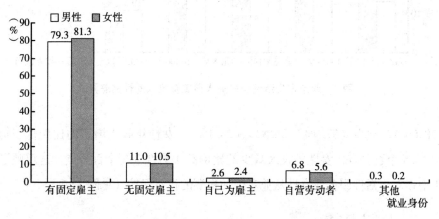

图 4 北京市生活性服务业人员就业身份的性别差异

四 北京市生活性服务人员社会保障的性别差异分析

本研究还关注北京市生活性服务人员社会保障与福利状况的性别差异。社会保障是治国安邦的大问题，男性和女性在社会保障方面的差距也是衡量性别平等的重要指标，本研究对六类人员的单位缴纳保险、医疗保险与养老保险的参与、参保的影响因素等方面开展性别差异分析。

（一）北京市生活性服务业男性从业人员单位缴纳保险的比例高于女性

在工作单位缴纳保险方面，北京市生活性服务业就业人员中，59.0%男性、56.4%女性的工作单位购买了"五险一金"；55.0%男性、49.7%女性的工作单位购买了"意外伤害险";19.0%男性、19.9%女性的工作单位未购买五险一金和意外伤害险,可知男性享受五险一金和意外伤害险的比例高于女性(见表3)。

表3 北京市生活性服务业人员单位缴纳保险的性别差异

单位:人,%

项目	保险购买人数与比例			
	男性人数	男性比例	女性人数	女性比例
五险一金	1249	59.0	473	56.4
意外伤害险	1165	55.0	417	49.7
以上保险均未购买	403	19.0	167	19.9

注:男性有效样本为2118人,31个缺失值为"无单位"人员;女性有效样本为839人,12个缺失值为"无单位"人员。

(二)北京市生活性服务业男性从业者获单位年终奖金的比例高于女性

在单位福利补贴方面,北京市生活性服务业从业人员中,男性享受单位提供的福利补贴前三项为年终奖金(20.2%)、餐补(19.6%)和交通补贴(19.0%);女性享受单位提供的福利补贴前三项为其他(24.0%)、餐补(23.2%)和交通补贴(15.9%)。男性与女性在年终奖金上的补贴差异最大,男性获得年终奖的比例比女性高5.7个百分点(见表4)。

表4 北京市生活性服务业人员单位福利补贴的性别差异

单位:人,%

项目	"选中"的人数与比例			
	男性人数	男性比例	女性人数	女性比例
餐补	415	19.6	195	23.2
住房补贴	365	17.2	127	15.1

项目	"选中"的人数与比例			
	男性人数	男性比例	女性人数	女性比例
交通补贴	402	19.0	133	15.9
年终奖金	427	20.2	122	14.5
实物发放	112	5.3	61	7.3
其他	397	18.7	201	24.0

注：男性有效样本为2118人，31个缺失值为"无单位"人员；女性有效样本为839人，12个缺失值为"无单位"人员。

（三）北京市生活性服务业男性从业者城镇职工医疗保险、公费医疗和商业医疗保险的参保率高于女性

在医疗保险参保方面，北京市生活性服务业从业人员中，女性在城乡居民基本医疗保险（77.4%）、新型农村合作医疗保险（24.4%）的参保率高于男性，但男性参与城镇职工医疗保险的比例（18.9%）高于女性（17.4%）。男性参与公费医疗的比例比女性高1.4个百分点，参与商业医疗保险的比例比女性高2.0个百分点。总体而言，北京市生活性服务业中，男性在城镇职工医疗保险、公费医疗和商业医疗保险的参保率高于女性（见表5）。

表5　北京市生活性服务业人员医疗保险参保的性别差异

单位：人，%

项目	保险购买人数与比例			
	男性人数	男性比例	女性人数	女性比例
城乡居民基本医疗保险	1540	71.7	659	77.4
城镇职工医疗保险	407	18.9	148	17.4
新型农村合作医疗保险	506	23.5	208	24.4
城镇居民基本医疗保险	709	33.0	281	33.0
公费医疗	59	2.7	11	1.3
商业医疗保险	354	16.5	123	14.5
未参加医疗保险	86	4.0	18	2.1

注：问卷中该题为多选题。

（四）北京市生活性服务业男性从业者农村社会养老保险、城镇职工养老保险和商业养老保险的参保率高于女性

在养老保险参保方面，北京市生活性服务业从业人员中，男性参与农村社会养老保险的比例为 26.5%，比女性高 1.1 个百分点；参与城镇职工养老保险的比例为 48.0%，比女性高 1.1 个百分点；参与商业养老保险的比例为 21.4%，比女性高 4.6 个百分点。综上所述，北京市生活性服务业男性从业者在农村社会养老保险、城镇职工养老保险和商业养老保险的参保率均高于女性（见表6）。

表6　北京市生活性服务业人员养老保险参保的性别差异

单位：人，%

项目	保险购买人数与比例			
	男性人数	男性比例	女性人数	女性比例
农村社会养老保险	569	26.5	216	25.4
城镇职工养老保险	1032	48.0	399	46.9
城镇居民养老保险	249	11.6	139	16.3
商业养老保险	460	21.4	143	16.8
未参加养老保险	346	16.1	118	13.9

注：问卷中该题为多选题；男性中选择"其他"类型保险的人数较少（仅为1人），故不做汇总分析。

（五）北京市生活性服务业女性从业者考虑收入、职业变动对社会保障项目参与的影响的比例高于男性

在养老保险参保方面，北京市生活性服务业从业人员中，影响男性和女性参保的首要因素均是收入。但在比例差异上，女性从业者对"收入能否足够承担社保金的缴费额"影响因素的关注高于男性从业者，选择该项的女性比例比男性从业者高 5.3 个百分点。女性从业者更关注职业流动对参加社会保障项目的影响，选择"离开现工作地方时，是否存在转移接续困难"因素的女性从业者比例较男性从业者高 0.9 个百分点，说明女性更易感知职业变动带来的不安全感（见表7）。

表7 北京市生活性服务业人员参保影响因素的性别差异

单位：人，%

项目	"选中"的人数与比例			
	男性人数	男性比例	女性人数	女性比例
对社保水平、待遇的信心	912	42.4	358	42.1
收入能否足够承担社保金的缴费额	1273	59.2	549	64.5
单位是否缴纳社会保险费	978	45.5	373	43.8
户籍制度的限制	563	26.2	184	21.6
离开现工作地方时，是否存在转移接续困难	412	19.2	171	20.1
其他	3	0.1	2	0.2

注：问卷中该题为多选题。

（六）外来北京市生活性服务业女性从业者的参保意愿高于男性

在参保意愿方面，问卷通过设问"如果本市出台不限户籍参加养老保险、医疗保险的政策，由个人每月最少缴费1500元，按北京本地户籍待遇看病、养老，您愿意参保吗？"考察外来生活性服务业劳动者的参保意愿。结果显示，在1034个非北京户籍的男性从业者中，有73.7%的男性愿意参保；在465个非北京户籍的女性从业者中，有78.1%比例的女性愿意参保（见表8）。由此可知，在排除户籍因素限制的情况下，即使考虑一定费用的参保成本，女性生活性服务业人员参加保险的意愿也高于男性，说明女性更关注户籍限制对参保行为的影响。

表8 外来北京市生活性服务业人员参保意愿的性别差异

单位：人，%

项目	"选中"的人数与比例			
	男性人数	男性比例	女性人数	女性比例
愿意	762	73.7	363	78.1
不愿意	272	26.3	102	21.9

注：男性和女性有效样本分别为1034人、465人，分别剔除北京户籍的男性与女性样本1115人、386人。

（七）外来北京市生活性服务业男性从业者更看重参保负担承受性、老家社保对参保意愿的影响，女性从业者则更关注北京户籍福利、参保费用和长期居留意愿对参保意愿的影响

表9展示了外来北京市生活性服务人员参保原因的性别差异。在愿意参保的原因中，认为参保"可以按北京本地户籍待遇看病、养老"的男性比例与女性比例分别为82.8%、87.3%；认为"个人负担的参保费用可以承受"的男性比例与女性比例分别为63.5%、60.1%。可见，女性比男性更看重北京户籍带来的福利影响，而男性则更关注参保负担的可承受性。

在不愿意参保的原因中，认为"个人负担的参保费用太高"的男性比例与女性比例分别为73.5%、78.4%；认为自己"不会长期留京"的男性比例与女性比例分别为41.9%、50.0%，说明北京市生活性服务业女性从业者的人口流动性可能较男性大；认为"在老家有社保"对在北京参保具有替代作用的男性与女性比例分别为31.3%、21.6%。由此可知，北京市生活性服务业从业人员中，女性更加关注参保费用、长期居留意愿对参保的影响，而男性更看中老家社保对北京参保的替代作用。

表9　外来北京市生活性服务业人员参保原因的性别差异

单位：人，%

项目	"选中"的人数与比例			
	男性人数	男性比例	女性人数	女性比例
愿意参保的原因				
可以按北京本地户籍待遇看病、养老	631	82.8	317	87.3
个人负担的参保费用可以承受	484	63.5	218	60.1
其他	1	0.1	0	0
不愿意参保的原因				
个人负担的参保费用太高	200	73.5	80	78.4
不会长期留京	114	41.9	51	50.0
在老家有社保	85	31.3	22	21.6
其他	3	1.1	1	1.0

注：问卷中该题为多选题；比例分别为各选项人数占男性愿意人数（762人）、男性不愿意参保人数（272人）、女性愿意人数（363人）、女性不愿意参保人数（102人）的比例。

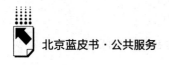

五　结论与建议

（一）研究结论

本研究基于北京市 3000 名生活性服务业从业人员的问卷调查数据，分析北京市生活性服务业人员在职业性别隔离、就业与社会保障方面的性别差异。主要得出以下结论。第一，在传统性别分工模式下，传统服务业的职业性别流动性较低，但网约车等新业态的兴起有利于削弱生活性服务业存在的性别隔离，促进性别平等。第二，男性在工作收入、收入稳定性和就业身份方面的待遇优于女性。第三，男性在享受单位缴纳保险、单位提供福利和部分保险参与方面优于女性。第四，女性在参保抉择时更易受到未来职业变动与居留地变更的影响，而男性则更关注参保成本、老家社保对在京参保的影响。

（二）促进北京市生活性服务业性别平等的对策建议

基于对北京市生活性服务业从业人员在职业性别隔离、就业与社会保障方面的性别差异分析，从激发新业态活力、完善法律法规、增强民生社会保障、削弱户籍桎梏四个方面，提出促进北京市生活性服务业性别平等的对策建议。

1. 编织"活力网"，发挥新业态对削弱职业性别隔离的作用

新业态的职业性别隔离程度明显低于传统服务业，在一定程度上以网约车为代表的新职业经济在促进性别平等、削弱性别隔离方面发挥重要作用。因此，应从激活数字经济与平台经济活力、培育新业态劳动群体的视角，找到促进生活性服务业性别平等的着力点。

以人工智能、云计算、大数据和互联网为基础的新一代数字技术是当下创新最活跃、应用最广泛、带动力最强的经济领域，有利于助推女性就业规模的扩大和层次结构的提升。[1] 应助推互联网科技与数字劳动平台的发展，

---

① 陈燕儿、肖卫宁：《数字经济与女性就业——红利还是鸿沟?》，《人口与社会》2025 年第 1 期。

为女性劳动者提供更丰富、更便捷的就业岗位，使女性实现从传统服务者向新型服务者的转变。应鼓励网约车司机、快递员、网络主播等新职业的发展，以促进女性劳动者的职业流动，为女性自由全面发展提供更多的可能性。

2. 密织"法律网"，增强法律监管对女性劳动权益的保护作用

由前文分析可知，女性从业者在工作收入、收入稳定性等方面处于相对弱势地位。因此，应从完善法律法规的角度，增强法律监管对女性各类劳动权益的保障。

2023 年 1 月，中华人民共和国第十三届全国人民代表大会常务委员会第三十七次会议通过的新修订的《中华人民共和国妇女权益保障法》正式实施，明确提出国家保障妇女的各项劳动权利和社会权利。党的二十大报告提出"坚持男女平等基本国策，保障妇女儿童合法权益"，为新时代妇女事业发展指明了方向。但有关女性职工劳动权益保护方面的政策落地十分困难。因此，要建立健全相关行业的法律法规和规章制度，明晰女性劳动者和用人单位的权利、义务和责任。另外，通过组织讲座、培训及座谈会等多种形式，对生活性服务业女性从业者开展法治宣传，广泛普及性别平等、妇女权益保护以及妇女职业发展等关键知识，提升她们的自我权益保障意识。

3. 细织"民生网"，聚焦改善女性劳动者社会保险参与的薄弱环节

研究发现，男性在享受单位缴纳保险与提供福利方面优于女性，且在部分种类医疗保险与养老保险的参保率高于女性。因此，应聚焦于改善女性劳动者社会保险参与的薄弱环节，促进性别平等。

通过编织、细织"民生网"，促进生活性服务业的性别平等。首先，要聚焦于识别、改善女性劳动者在社会保险参与的薄弱环节。例如，本研究发现，北京市生活性服务业女性从业者城镇职工医疗和养老保险、商业医疗和养老保险的参保率均低于男性，这说明城镇职工保险的普惠性有待加强。同时本研究也发现女性购买商业保险可能面临经济门槛或心理压力，由此应采取更具针对性的措施。其次，要强化基本社会保险对女性职工的兜底作用，如用人单位应依法为符合条件的职工缴纳五险一金，消除性别歧视。

4. 牢织"平等网"，削弱户籍桎梏对外来劳动者参保意愿与行为的影响

由分析结论可知，首先，在消除户籍限制的条件下，女性的参保意愿高于男性；其次，女性在面临参保决策时更看重本地户籍带来的福利效应，即拥有北京户籍可为看病、养老等提供更多便利。由此可知，户籍是影响外来劳动者参保意愿与行为的重要影响因素。因此，应促进区域协同发展与城乡平等，削弱户籍桎梏对外来劳动者参保意愿与行为的影响。

牢织区域协同、城乡均衡发展的"平等网"，一方面，要破除居民享受基本公共服务面临的制度障碍，即破除"本地人"与"外地人"二元结构造成的基本公共服务差距，推动养老、医疗、教育等基础公共服务在不同区域的协同发展，由此降低外来劳动者在本地参保抉择时对户籍的顾虑。另一方面，要加强对社会保险领域的监管，打击"同工不同保"的户籍歧视现象，切实提升外来劳动者的参保信心。

B.10
北京市养老模式发展研究：
从数字化到智能化

李江涛*

摘　要：　养老是全社会共同关注的话题。随着我国人口老龄化的加剧，养老越来越受到全社会的重视，已成为社会各界关注的话题，也是我国未来经济发展中需要重点解决的课题。北京市一直将完善和提升养老服务体系作为北京市养老服务的工作重点，并不断探索养老服务的各种创新模式。经过多年的努力，北京市已经形成了独特的"北京模式"。近年来，北京市在这一模式的基础上，重点关注养老技术的进步，通过从数字化到智能化的不断升级改造，使养老服务取得了长足进步。

关键词：　老龄化　数字化　智能化养老

一　研究背景

随着人口结构的变化，老龄化速度加快，中国已进入深度老龄化阶段，预计在未来三年内迈入超老龄化社会。截至2023年，中国65岁及以上的老年人口占比达到15.4%，而60岁及以上的老年人口接近3亿人，占总人口的21%。预计到2026年，65岁及以上人口占比将超过21.1%。[①] 与世界各国相比，中国的老龄化程度呈现加剧的趋势。中国的老龄化速度是日本的

---

* 李江涛，北京市社会科学院管理研究所副研究员，主要研究方向为系统管理、商业模式、理论经济学、养老服务。
① 《2023年民政事业发展统计公报》。

1.5 倍、美国的 3.3 倍以及欧洲的 3 倍，这表明中国的人口老龄化已进入一个非常关键的阶段。

北京市的人口老龄化问题凸显。2022 年，北京市的人口总量为 2184.3 万人，其中城镇人口为 1912.8 万人，城镇化率达到 87.6%。然而，人口自然增长率为-0.05%，出生率为 5.67‰，死亡率为 5.72‰，这是北京市首次出现人口负增长。此外，北京市的户籍人口总量为 1427.7 万人，出生率为 6.09‰，死亡率为 5.72‰。①

2023 年北京市的人口结构如下。从年龄分布来看，0~14 岁的常住人口为 262.5 万人，占全市常住人口的 12.0%；15~59 岁的常住人口为 1428.5 万人，占 65.4%；60 岁以上的常住人口为 494.8 万人，占 22.6%。从城乡结构来看，城镇人口为 1919.8 万人，城镇化率达到 87.8%。②

这些数据表明，北京市的人口结构呈现两个显著特点，一是人口总量逐步减少，呈现逐年下降的趋势，二是老龄化程度不断加重。这为北京市的养老服务提出了新的挑战和课题。

二 北京市养老公共服务政策措施分析

（一）初步构建养老服务的"北京模式"

近年来，北京市不断出台各种养老政策，旨在提升全市养老服务水平。其中，《关于完善北京市养老服务体系的实施意见》是在充分考虑北京市多元化养老需求的基础上，积极构建居家社区养老、机构养老和旅居养老三种养老形态，进一步补充和完善养老服务工作。北京市的三种养老形态相互衔接，构成了养老服务的"北京模式"。

第一，居家社区养老方面。特别关注 90%以上居家重度失能失智老人

---

① 《北京市 2022 年国民经济和社会发展统计公报》。
② 《北京市 2023 年国民经济和社会发展统计公报》。

的服务需求，"培育一类主体、构建两种模式、实现全覆盖"，在此指导下，积极推广新居家社区养老服务模式，全面推进区域养老服务综合体建设。同时，致力于构建并完善由政府引导的市场化运作、企业化运营的居家养老服务供给模式。在此方面，北京市自 2022 年开始探索养老服务综合体，在 16 个区进行广泛推广，通过政府推动、区级主抓、社区主管，建立起一套比较完善的社区养老服务综合体，对于提高北京市养老服务水平起到了重要作用。目前养老综合体做到了区域全覆盖，起到了北京市养老服务发展的新作用。

第二，机构养老方面。着力提升机构养老服务的质量和效率，强化公办机构的托底保障作用，为有需求并愿意入住养老机构的老年人群提供专业的照护服务。截至 2023 年，北京市入住养老机构的老年人有近 4.5 万人，其中"老老人"居多。① 北京的养老机构分布合理，养老服务可以得到有效监管。

第三，旅居养老方面。依托京津冀养老服务协同机制和精准养老服务合作机制，积极发展高性价比的异地康养和旅居养老，促进北京市形成适合北京老人群体的候鸟式养老服务模式。在这方面北京市开展京津冀全域养老合作，形成北京、河北和天津养老服务体系。在与海南的合作过程中，建立服务合同，形成服务合作模式，使老人能够"住得下、服务好"，达到养老的目的。

（二）探索形成1+N政策体系

北京市在落实完善服务体系的过程中，提出了 1+N 的配套政策体系，具体表现为以下几个方面。

第一，北京市印发了北京市居家养老服务网络工作方案。在社区三级养老服务网络中，致力于构建"最后一公里"养老服务体系。针对高龄及适龄老人的居家服务需求和问题。北京市出台并实施《北京市加快养老助餐服务发展的工作方案》，该方案通过搭建统一平台、组织服务网络、规范运

---

① 2024 年《北京市养老机构行业发展报告》。

行管理等，构建多元供给、北京特色的养老助餐服务体系，以确保老年人群在家门口就能吃上热乎可口的饭菜，这对解决老人的助餐问题起到了较好的作用。

第二，解决养老护理员的配置问题。在养老服务队伍建设方面，出台了《北京市加快推进养老服务人才队伍建设行动计划》，通过定向培养养老服务方面的人才，扩大全市养老服务人才规模。建立并完善养老服务职业发展体系，如招聘、培训、评价激励机制等，进一步拓展养老服务职业发展空间，增强养老护理员的社会认同。

第三，不断提升智能化养老服务水平。出台了《北京市综合为老服务平台建设工作方案》，优化养老服务门户网站，配套建设移动端小程序，实现养老服务"一网通查"、服务信息"一网展现"、政务服务"一网通办"、服务诉求"一网通答"的完整网络模式，促进北京市养老服务水平的提升。

第四，解决失智失能老年人家庭问题。针对"一人失智失能全家受累失衡"的现象，出台了《关于加强失能失智老年人照护服务支持的意见》，旨在提高对失能失智老年人的照护能力，减轻市民对相关问题的心理和生活负担，提升养老服务水平和适老水平。

第五，加强老年人的居家适老化改造。出台了《关于加快实施老年人居家适老化改造工程的指导意见》，重点针对城乡特困、低保、低收入的老年人的实际困境，鼓励并引导有需求的高龄失能老人，通过市场机制进行居家适老化改造，提高老人的生活水平，有效提高北京市养老的服务品质。

第六，到访服务。北京市建设首家区域养老服务中心——北京市海淀区紫竹院街道养老服务中心，解决养老服务过程中的一些技术问题，通过社区街道养老服务中心的建设为老年人提供智能化的服务。该养老服务中心是由北京康养集团打造的养老服务综合体，是全市第一家街道养老服务中心，2024年开业并起到了较好的作用。该养老服务中心有7个功能，包括养老服务的供需对接、调度监管、社区餐厅、老年学堂、康养娱乐、托管服务、居家服务等。

同时，北京市构造了区域养老服务主体，形成7个中心，分别是资源整合协调中心、全员照护服务中心、服务监控调度中心、智慧健康管理中心、膳食营养指导中心、老年终身教育中心、志愿服务动员中心。在这个过程中通过设置合理的社区餐厅解决老人的用餐问题。同时把餐位转换为学位，形成老年学堂，丰富老年人的生活。

北京市的养老服务通过数字化和智能化体现适老化的设计。北京市在托老的样板房间里设置了智能电器，居住的老年人可以发出语音指令，自如地控制灯光、窗帘。如果觉得不舒服，可以拿出遥控器调整床的高度，床头还安装了体征监测系统，一旦老人的呼吸心率等身体数据出现异常，可以通知护理人，由此社区老年人就可以得到科技服务。社区的老人餐由机器人制作配送，方便和服务老人。北京市不同的社区养老服务驿站设有托老服务区，在有效满足经济困难的失能、高龄、重度残疾、无人照顾等老年人的基本养老服务的基础上，为高龄失能的老年人提供中长期的照护、短期的托养居家照护等。

在此基础上，北京市的街道养老服务中心依托于北京市康养颐家的智慧养老服务平台，聚合优质的养老服务资源，为整个辖区提供精准化、品质化、情景化的居家养老服务。以统筹调度提供居家老人的照护助浴、助医助行、紧急呼叫等上门服务。这些措施促使北京市的养老服务达到了新的水平。

三 北京市数字化养老的发展现状

（一）北京市数字化养老的发展现状

第一，数字化养老平台建设。北京市已建成综合为老服务平台，通过升级养老服务网站、开发移动小程序、建设管理信息系统平台、无感监控系统和视频监控系统，打造了全面的数据库资源。这一平台为北京市老年人提供了数据化赋能服务，使老年人能够便捷地获取平台提供的各类服务内容。

第二，应用场景服务。北京市在智慧照护终端方面实现了基本覆盖，特别是在养老机构的失能老人照护服务中，引入了智能床垫、健康监测设备和智能家居系统。这些技术已广泛应用于养老服务中，例如在重点家庭中安装智能床垫和监控设备，显著提升了老年人的生活质量。

第三，产业发展与政策支持。北京市重点推动智慧健康养老产业的发展。目前，北京市智慧健康养老产业已步入快车道，在数字化发展方面取得了显著成绩。北京市《2025 年政府工作报告》提出，将在养老服务领域探索 AI 应用场景，计划新建 50 个养老服务中心，增加 3000 张家庭养护床位，并利用 AI 技术进行老年人口的健康监测和服务监管。这些措施将进一步提升北京市养老服务的水平，推动技术升级。

（二）北京市数字化养老面临的挑战

尽管北京市在数字化、智慧化养老方面取得了较大进展，但仍面临一些问题。首先是资金投入问题。智慧健康养老的研发和推广需要大量资金支持，但目前主要依赖政府购买服务。面向中低端群体的服务因资金不足而受到制约，而高端服务的市场仍在探索中。其次是数据安全问题。随着养老数字化进程的加快，老年人的个人信息和数据安全面临较大压力。需要构建完善的数据防护体系，确保老年人的健康和安全得到有效保障。最后是在养老产业模式上需要不断提高和探索。智慧健康养老是服务类型的养老，需要做资金探索、服务探索、盈利探索，因此需要众多的企业共同进行。

四　北京市养老服务智能化发展趋势

（一）智能化养老服务发展前景广阔

在技术的融合方面，北京市应利用 AI、大数据、物联网等手段，与养老产业深度融合，提供更加精准个性化的服务。北京市已经开始尝试构建养老小程序和开发家用机器人，对北京市的养老服务将起到极大的作用。

在养老服务模式创新方面，北京市目前实行的是社区嵌入式的数字化养老模式，新型的模式会加快养老服务的可及性、灵活性和服务的获得感，对促进北京市养老水平的提升将起到巨大的作用。在北京市老龄化发展趋势下，不仅要提供对老年人的生活服务，还需要通过智慧养老、数字化养老和智能养老，推动现代科技和养老服务的结合，为老年人提供全方位智能化的养老服务，提高老年人的生活质量。

（二）北京市养老服务发展方向

提高养老科技化水平，推动北京市养老服务工作的提升，是北京市养老服务未来的发展方向。

一是适老化改造。北京市一直在做适老化改造工作，这也是民政部提倡的工作。民政部2021年启动居家社区基本养老提升行动，锚定了居家养老的生活服务场景。先后提出了第一批、第二批居家养老行动，以居家养老上门服务、家庭适老化改造作为重点。内容包括家庭环境适老化改造、老年人对适老产品的认知、标准化产品的适老化交付以及提高独居老人的居家安全水平，解决老人居家的安全问题，并提高居民适老化水平。近年来适老化改造在北京市进行得如火如荼。

二是智能化改造。智能化改造是北京市着力打造的内容。利用科技的力量，特别是人工智能、大数据、物联网等前沿技术，为长者提供更精准、更人性化的服务，成为我国必须深入思考、坚决执行的问题。智能化改造正在北京如火如荼地进行，并且取得了较好的成绩。不仅有平台小程序，还有各种各样的助老工具进入家庭，对家庭的助浴、助养、助医起到了较好的作用。智能化改造需要专业的数字化平台，在数字化研发数据的管理保护和服务方面进行闭环管理。

三是数字化改造。数字化改造主要是通过数字化技术，有效为老年人提供高质量和高效率的服务，满足多方面需要，推动数字化康养高质量发展。北京在推动数字化改造方面设立了专项基金，通过专项基金推动数字化改造的发展。

（三）企业成为养老服务的重要主体

北京市也涌现出一批数字化改造领域的企业，在养老服务数字化改造过程中，形成了一套服务体系。通过激活养老在产业、硬件及软件算法方面的供应链，对企业提供服务，服务包括以下几个方面。第一是紧急呼救场景，通过 4G 通信和 Lot 通信产品打造极致化的性价比产品，解决呼叫问题。第二是睡眠健康场景，通过实时的生命体征个性化预警，捕捉健康信息。通过设备跟踪老人的服务，提高养老服务水平。第三是摔倒监测场景。通过引入视频化的监控和穿戴设备降低跌倒后的后续伤害，有效避免跌倒后的隐患。第四是交互陪伴场景。通过语音交互相伴，一键联动服务平台和家属缓解孤独。在此基础上，这类企业也生产了智能化的产品，如识别跌倒守护仪、呼呼睡管家、智慧健康守护仪、人体行为感知器等。

在这个过程中，有关企业也提出了发展数字化平台的基本思路。第一是智能化的平台思路。通过数据自主化迭代、算法方案升级，满足市场需求。根据行业要求设计算法自动化运行决策，构造以顾客为中心的服务平台，从被动到主动。在这个过程中，通过智能化解决方案，为用户提供更低门槛的服务产品。第二是通过数据加速迭代运营决策。在数字化过程中，通过数据分析解决健康过程中的健康发展问题。通过改造数字化系统，在信息化的基础上，实现服务流程的标准化，提升服务质量，提供运行保障。

总之，通过产品创新，推动技术赋能和技术引入，为老年人提供养老服务。通过提高技术水平，为养老企业提高营业收入，降低运营成本和风险，有效促进适老化的发展。

五　北京市东城区构建智慧养老案例分析

北京市东城区不断推动养老服务从数字化到智能化发展，探索形成了具有一定特点的智慧养老服务体系，主要包括以下四个方面。

第一，建立智慧养老信息平台。北京市东城区自 2018 年开始构建智慧养老信息平台，旨在实现居家养老服务的统一监管。2021 年，东城区开发了养老服务床位供给模式，实现了家庭照护床位的全流程监管。2023 年，东城区推出了养老小程序，整合街道养老服务资源，满足老年人多样化的需求。通过"互联网+AI"技术，东城区开展了"磁效守护"养老服务行动，安装智能安全终端和手机 App，为供需对接提供全流程闭环管理，取得了显著成效。

第二，推动市场化运营。在建立数字化服务体系的基础上，东城区积极探索市场化运营模式。以海运仓养老服务驿站为试点，引入社会资本投资，建设了 6 家街道养老服务中心，并引导 51 家社区养老服务驿站转型升级为市场化运营模式。辖区内的所有养老服务驿站由政府缴纳租金并代为运营，采用"以奖代补"的模式，解决了企业资金不足和运营资金短缺的问题，为养老服务的可持续发展提供了保障。

第三，强化服务保障体系。东城区通过强化区、街道、社区、家庭四级养老服务体系，构建了全方位的养老服务保障体系。以区级养老服务为总台、街道养老服务中心为枢纽、社区养老服务驿站为前沿，形成了家庭照护服务体系。截至 2024 年 9 月，东城区已建成 4931 张养老照护床位，为老年人提供应急呼叫设备支持。此外，成立了 220 支助老志愿服务队，提供了超过 4000 个小时的护士陪诊服务，并建立了 121 个助餐点，覆盖 163 个社区，满足老年人的日常需求。[①]

第四，深化协同发展。东城区通过深化京津冀协同发展，将养老服务与海南异地服务相结合，形成了跨区域的养老服务网络。同时，东城区成立了"首善东城·慈孝守护智慧养老慈善信托"项目，打造慈善金融养老长效服务体系。例如，东四街道的"星光聚力"慈善信托，为养老服务提供了有力的资金支持。

六　总结

当前，北京市已经通过养老服务形成了"北京模式"。主要特点是形成

---

① 《区民政局局长专访 | 东城区：守稳兜底保障 拓建"幸福之路"》，https://baijiahao.baidu.com/s?id=18099960364202726497&wfr=spider&for=pc，2024 年 9 月 12 日。

了三种养老形态，即居家社区养老、机构养老、旅居养老。形成了四级养老服务体系，即区、街道、社区、家庭养老服务体系。通过数字化养老、智慧化养老，形成北京市智慧平台养老服务体系。通过信托、金融，赋能助力养老机构的金融服务，为老年人提供养老服务。下一步北京市要引入机器人和智能化设备进入家庭，真正提高北京市养老助老水平。经过多年养老服务体系的构建，北京市已经形成了国内领先的养老服务体系和养老服务模式。

本报告对北京市养老服务提出两个方面的建议。第一，北京市要做好智能技术进入家庭的深度分析和探索。北京是数字化、智能化的首善之地，特别是在算力经济方面有诸多成果和资源。因此，北京市的养老服务要和数字化、人工智能、大数据结合起来，建成全市养老服务网，使老年人能够感受到服务有支撑、养老有满足、数据有管理，通过技术不断迭代升级，不断提升北京市养老服务的水平。第二，北京市要继续加大对养老服务的投入，包括资金投入、人力资源投入，加强养老服务相关人员的培训，不断完善养老服务北京模式和具有国内标杆性质的养老服务体系。

参考文献

梁宏姣：《生活方式跃迁：从数字技术嵌入到智慧养老适应的实践逻辑》，《哈尔滨工业大学学报》（社会科学版）2025年第1期。

林闽钢：《中国式养老的历史变迁与现代重构——基于"家国一体"视角的考察》，《浙江社会科学》2025年第1期。

黄石松：《加快补齐农村养老服务短板》，《人民论坛》2025年第1期。

任亮亮、贺雪峰：《迈向村社养老：农村老龄化问题应对模式比较与优化路径》，《云南民族大学学报》（哲学社会科学版）2025年第1期。

刘红升、赵雅欣：《家庭养老、社会养老与农村老年人幸福感——基于2018年中国家庭追踪调查数据》，《人口与发展》2024年第6期。

B.11
北京住房公积金赋能
住房保障高质量发展研究[*]

唐将伟^{**}

摘　要： 住房保障关乎民生福祉，是首都民生事业高质量发展的重要领域。住房公积金制度作为实现全体人民住有所居的互助共济机制，在推动住房保障高质量发展中扮演着十分重要的作用。本报告基于北京住房公积金政策实践，深入分析北京在公积金缴存、提取、贷款政策优化，强化公积金政策创新实践，贯彻落实租购并举政策，不断提升公积金服务效率等方面的成效。在此基础上，指出当前住房公积金赋能住房保障高质量发展中存在住房公积金利用效率有待提高、住房公积金对刚需家庭支持力度有待加强、住房公积金支持住房保障领域有待拓展等不足。从加强公积金制度顶层设计、扩大住房公积金覆盖范围、创新住房公积金服务模式、加大政策宣传力度等方面提出未来的优化策略，为加快实现"住有所居"社会发展目标提供一定的借鉴。

关键词： 住房公积金　住房保障　高质量发展

住房保障是关系人民群众安居乐业的重要民生工程，是首都民生事业高质量发展的重要领域。北京市作为国家的首都和超大城市，住房供求关系较为复杂，住房保障工作面临较大的政策和市场双重挑战。近年来，北京市不断深化住房公积金政策实践，以制度完善托举社会安居事业，赋能住房保障高质量发展，加快实现人民群众"住有所居"。2024年以来，北京住房公积

　＊　本报告感谢北京住房公积金管理中心给予的数据资料支持。
　＊＊　唐将伟，博士，北京市社会科学院副研究员，主要研究方向为公共服务与公共政策。

金归集、提取整体发展稳健，前三季度归集额、提取额同比实现双增长，贷款发放笔数和发放金额环比强势增加，在助力首都社会住房保障高质量发展中发挥重要作用。本报告结合北京市住房公积金实践最新政策和数据以及当前房地产市场供求关系新变化，结合北京市现实情况，分析北京住房公积金助力住房保障高质量的政策实践现状、取得的成效以及存在的问题，在此基础上提出未来北京住房公积金制度改革的重点领域和路径，以期为首都住房保障领域高质量发展提供一定的借鉴。

一 住房公积金赋能住房保障高质量发展的实践成效

2024 年以来，北京的公积金政策不断优化，适时结合房地产市场供求关系变化对公积金提取、公积金使用渠道、贯彻租购并举以及服务效率等方面进行政策实践优化，更好地发挥住房公积金的全社会互助共济效果，不断提升公积金在推动住房保障高质量发展中的政策实效。

（一）优化公积金缴存、提取、贷款政策

第一，从缴存基数调整方面来看，2024 年北京市住房公积金年度继续执行 5%～12% 的缴存比例政策，月缴存基数上限调整为 35283 元，较 2023 年增加 1392 元；月缴存基数下限为 2420 元，领取基本生活费职工的月缴存基数下限为 1694 元，[①] 公积金缴存基数和缴存限额保持整体基本稳定和小幅微调，有助于稳定公积金缴存单位和居民的基本预期，同时根据缴存单位和居民承受能力，适度提升公积金缴存自由度，这些都为住房公积金的互助共济资金池汇集、使用以及保障居民家庭住房需求提供了坚实的基础。

第二，从公积金提取范围来看，适时扩大公积金提取范围，加强政策多元化支持力度。2024 年以来，北京不断完善公积金提取政策，实时根据住房市场供需关系变化进行政策调整，明确对于涉及住房消费支出等 5 种情形

---

① 北京住房公积金管理中心内部调研数据。

的职工配偶，可以同时提取本人账户内的住房公积金，在提取额度和周期上以购房支出为提取限额，缴存人可以选择按月、季、半年、年自动将住房公积金转入个人银行账户。这些举措在畅通居民家庭公积金使用渠道、推动居民家庭实现住有所居等方面发挥着重要作用。

第三，从贷款政策优化方面来看，2024 年 6 月 26 日，北京市多部门印发《关于优化本市房地产市场平稳健康发展政策措施的通知》，对北京市住房公积金贷款政策进行调整，降低住房公积金个人住房贷款的首付款比例。同时，对于购买特定类型住房调高了相应的额度。其中，购买首套商品住房的居民家庭，最低首付款比例不低于 20%；购买二套商品住房的居民家庭，五环以内不低于 35%，五环以外不低于 30%。公积金每缴存一年可贷 10 万元，最高可贷 120 万元；已婚申请人以夫妻双方中缴存年限较长的一方计算贷款额度。贷款年限延长，借款申请人的贷款期限最长可计算到法定退休年龄后 5 年，原则上最高不得超过 65 周岁。在利率优惠方面，5 年以下（含 5 年）和 5 年以上首套个人住房公积金贷款利率分别为 2.35% 和 2.85%，二套房利率分别为 2.775% 和 3.325%。

从政策的实际效果来看，在公积金贷款发放方面，2024 年 1~10 月，北京住房公积金管理中心发放公积金贷款 6 万笔，金额达到 526 亿元。公积金贷款及撬动的商业银行贷款的发放额共计约 1100 亿元，占到市场贷款发放总额的 50% 左右。在公积金缴存方面，截至 2024 年 10 月底，北京住房公积金管理中心建立住房公积金单位已达 68 万家，缴存职工达到 1339 万人。北京公积金中心累计为 158 万家庭发放公积金贷款，总额高达 10018 亿元，[①] 充分发挥住房公积金在支撑全社会居民家庭住房需求方面的互助共济社会效益。

（二）强化公积金政策创新实践

住房公积金使用政策关系到社会效率和公平。北京市结合当前首都发展大计和超大城市住房特殊性，结合当前北京市住房领域的新情况新问题，进

---

① 北京住房公积金管理中心内部调研数据。

一步优化住房公积金政策支持方向，突出支持重点，深度赋能城市更新，突出服务首都战略定位。

一是住房公积金深度赋能城市更新。近年来，北京不断加快城市更新步伐，城市更新中的社区改造、老旧小区提质扩容都需要建立一定的资金投入使用机制。针对当前北京老旧小区占比较高现状，通过提升公积金老旧小区改造中的支持力度，在社区改造尤其是电梯加装、维修更新等资金需求方面，不断探索住房公积金管理中的维修基金使用方式创新，破解老旧小区居民急难愁盼的民生问题，助力社会安全稳定和提升家庭居住品质。

二是突出首都战略服务定位，针对北京市人才高地建设需求，对符合条件的高水平人才、疏解至雄安人员等群体，有针对性地加大提取政策支持力度。在疏解人员住房公积金缴存、提取、贷款全面实现"京雄同城化"。随单位从北京疏解到雄安新区的人员，住房公积金缴存基数上限按照北京标准执行；在雄安新区租购住房，能向北京住房公积金管理中心申请提取或办理贷款。

三是加强特殊群体支持，一是对京籍二孩及以上家庭购房，住房公积金可贷款额度上浮40万元，最高可达160万元。二是对购买二星级以上绿色建筑、装配式建筑或超低能耗建筑的，给予最高40万元贷款额度上浮支持。三是加快探索灵活就业形态群体和低收入群体公积金缴纳政策，逐步填补相关领域政策空白。从实际效果来看，住房公积金社会效益显著提升，在支持绿色建筑和多子女家庭方面，截至2024年10月末，北京住房公积金管理中心共受理建筑绿色类住房贷款6122笔，金额66.27亿元，平均贷款额108.26万元。自2024年10月1日起施行多子女家庭可贷额度上浮后，平均贷款额135.74万元，较上年同期上升近30万元。

（三）贯彻落实租购并举政策

2024年以来，北京市根据中共中央、国务院以及部委相关部门关于租购并举政策精神，不断发挥住房公积金政策对租赁群体实现住有所居中的支持作用。一是创新多层次提取形式，不断细化租房提取事项类型，采取定额提取、全额提取、高额提取等多种形式，精准对接青年人、新市民、多子女家庭、住房困难家庭的不同住房需求，有效满足不同层次住房群体的公积金提取需求，提升住房保障实际效果。二是完善细化不同人群公积金提取额度管理细则，目前，北京在无房租房定额提取方面每人每月提取额度为2000元，在一线城市人均租房定额提取额度中处于较高水平。租住商品房的，在北京市房屋租赁管理服务平台备案并提取租房发票的，按实际月租金额全额提取。实际租金超过月缴存额的，按月缴存额全额提取。多子女家庭租住本市公共租赁住房或经适保障性住房、建设部门认定的保障性租赁住房的，按实际月租金提取，不受月缴存额限制。

（四）不断提升公积金服务效率

住房公积金关系到每个家庭的住房切身利益，不断提升住房公积金的服务效率是政府的重要职责。2024年以来，北京住房公积金管理中心不断提高办事便利化水平，具体包括以下几方面。一是"精简材料"，对于能够调取身份证、户口本等电子证照的，无需提供相应材料；二手房贷款实现"零材料"申请。二是"减少跑动"，新增"网上申请、上门签约""委托代办、无须跑动""网点受理、当日办结"三种服务模式。三是"缩短时限"，组合贷款流程优化为"中心与银行同步审批"的并联模式，提高贷款审批时效。目前，北京公积金提取业务除全程所有规矩业务网点可通办外，还可以通过官网、App、小程序、支付宝等多个线上渠道办理所有提取事项，百分百支持全程网办。同时通过与规制、民政等多个部门数据互联，在提取材料上最大程度地简化购买流程。在购买北京市内新建住房、通过公积金贷款购房、无发票金额租房、提取公积金等多个事项，实现了零材料办理。

二　北京住房公积金赋能住房保障存在的不足

北京住房公积金在保障和改善居民住房水平方面开展了一系列政策实践

探索，但是依然存在一定的不足，特别是住房公积金利用效率有待提高，对刚需家庭贷款支持力度有待加强，住房保障支持领域有待进一步拓展。

（一）住房公积金利用效率有待提高

住房公积金利用效率对于支持居民家庭住房需求、助力政府住房保障职能实现具有重要意义。根据北京住房公积金 2023 年年度报告数据，截至 2023 年末，北京公积金缴存总额高达 26609.27 亿元，2024 年前三季度北京地区（含三个分中心）归集住房公积金 2459 亿元，提取 1940 亿元，同比分别增长 3.8% 和 2%（见图 1），公积金新开户单位 9711 家，2024 年 9 月，公积金实缴单位 41 万家，创近五年单月历史新高。[①]

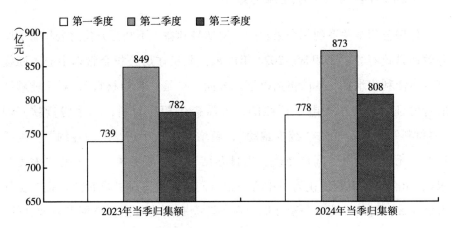

图 1　2023~2024 年住房公积金归集额

资料来源：北京住房公积金管理中心。

北京住房公积金缴存余额整体资金体量庞大，但是近年来随着房地产市场供需关系发生重要变化，住房投机需求相继转弱，住房消费积极性不高，公积金贷款增速有所放缓，从而导致北京住房公积金大量归集资金沉淀，资金利用效率不高。住房公积金利用效率不高一方面意味着其在支持全社会住

---

① 北京住房公积金管理中心内部调研数据。

房保障中的作用有所弱化，另一方面也带来大量的资金闲置，是一种社会资源的浪费，不利于住房公积金制度的长远可持续发展。

（二）住房公积金对刚需家庭支持力度有待加强

住房公积金作为住房保障的重要资金支持渠道和资金池，在推动全社会互助共济、实现住有所居方面发挥着基础性保障作用。尤其是对于刚需家庭而言，住房公积金是支持居民家庭购买住房和减轻家庭购房压力的重要渠道。但是，目前北京住房公积金对于刚需家庭公积金贷款的资格条件审核仍然比较严格，同时对于刚需家庭在缴纳年限、缴纳金额以及总额上限方面也存在较高的门槛要求，这与当前北京高昂的房价支付门槛不匹配，由此导致中低收入家庭购房门槛太高，公积金贷款额度较低（北京2024年第三季度公积金贷款平均放款金额为92万元/笔）（见图2），刚需家庭面临较大的首付和商贷压力。同时，当前北京住房公积金的互助共济机制仍然有待进一步拓展，尤其是缺乏家庭代际间的互助共济机制设计，父母与子女间公积金的互助共享不充分，这制约了住房公积金在刚需家庭住房问题解决中应当发挥的社会公共价值。

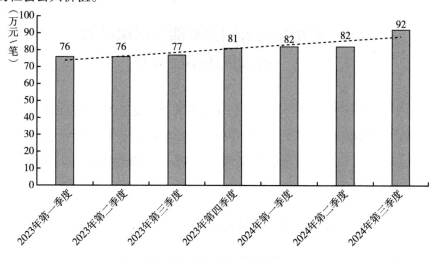

图2　北京住房公积金贷款单笔平均额

资料来源：北京住房公积金管理中心。

（三）住房公积金支持住房保障领域有待拓展

北京作为国内超大城市，房地产市场供需关系整体较为紧张，高房价和高租金导致中低收入群体住房压力较大，住房保障需求规模较大。现有住房公积金支持体系仅涉及住房购买支持环节，尽管近年来北京逐步探索居民家庭住房租赁支持，但是在整个住房保障体系当中仍然难以有效覆盖大部分住房保障群体需求，因此住房公积金作为住房保障互助共济的资金池，尚未有效发挥其潜在价值。一方面，在超大城市保障性住房建设资金承压的背景下，住房公积金大量归集资金沉淀，住房公积金难以有效对接保障性住房建设资金缺口。同时，住房公积金每年结余大量的公共收益，也未能有效对接保障性住房资金缺口，这大大降低了住房公积金赋能北京住房保障的实际效果。另一方面，在当前新建商品房市场（增量住房）低迷以及北京逐步加大城市更新和社区改造的背景下，老旧小区（存量住房）改造急需大量的资金支持，目前在制度安排上除了维修基金用于房屋修缮和电梯加装等方面外，尚未能将住房公积金纳入老旧小区大规模改造上来，这也制约了住房公积金赋能住房保障的实际效果，不利于住房保障实际问题的解决。

三 北京住房公积金赋能住房保障的
政策优化路径策略

基于对北京住房公积金赋能住房保障高质量发展现状和不足的分析，本部分结合北京现实情况，从加强住房公积金顶层制度设计、扩大住房公积金覆盖范围、创新住房公积金服务模式、加大住房公积金政策宣传力度等角度，提出未来政策优化路径策略。

（一）加强住房公积金顶层制度设计

住房公积金制度运行的基本要义是效率和公平。住房公积金制度赋能住房保障高质量发展也必须兼顾效率和公平，在住房公积金高效利用中推动住房保障高质量发展。北京作为国内超大城市，住房公积金规模大与住房保障需求规模大并行存在。为了实现住房公积金与住房保障的有效结合，必须加强顶层制度设计，拓宽住房公积金在住房保障中的参与机制。在现有住房公积金支持体系的基础上，逐步探索住房公积金及其年度公共收益参与保障性住房建设融资，有效缓解政府保障性住房建设资金问题，进一步发挥住房公积金作为住房保障互助共济资金池的潜在价值。同时，推动住房公积金深度参与城市更新中的老旧小区改造，通过建立政府公共账户和社区集体账户，将住房公积金引入老旧小区大规模改造上来，充分发挥住房公积金的资金池作用，破解当前老旧小区改造中的资金难问题，切实解决人民群众住房保障中的实际问题，在推动住房保障高质量发展中解决住房公积金的公平和效率问题。

（二）扩大住房公积金覆盖范围

住房公积金制度的根本目的在于构建互助共济的住房支持体系。在当前房地产市场消费持续下行的背景下，适度扩大住房公积金使用覆盖范围，对于解决北京住房困难群体的住房保障问题具有十分重要的积极意义。具体而言，一是适度降低公积金缴存、使用和贷款门槛，扩大公积金覆盖范围，加强灵活就业和新就业形态劳动者权益保障的基本要求，推动将灵活就业人员纳入住房公积金保障，出台灵活就业人员参加住房公积金制度管理办法。将本市户籍及符合住房限购政策的非本市户籍灵活就业人员，纳入住房公积金制度覆盖范围，使更大范围的人群均等公平享受住房公积金制度的保障作用。二是探索建立住房公积金代际共享机制，强化直系亲属在公积金缴存、提取、贷款方面的互助共享机制，通过赋予不同代际缴纳金额以适当的权重比例，实现公积金的代际共享，发挥家庭共济机制在推动住房保障高质量发展中的作用。同时，要适度提高住房刚需群体的公积金使用门槛和使用额度，推动住房公积金更好地发挥住房保障功能和效果，确保公积金更广泛地惠及全体人民，避免陷入"劫贫济富"的制度实施困境。

（三）创新住房公积金服务模式

住房公积金的使用关系到资金利用的效率，关乎人民群众切身利益。因此，必须不断创新公积金服务模式，一是要依托数字技术提升住房公积金服务效率。要结合北京在大数据、5G、政务信息化等方面的数字技术优势，开展"一网通办"业务服务创新实践，进一步提升住房公积金服务效率。二是依托大数据、人工智能技术为公积金归集、使用、贷款广开源路，做大做强公积金基本盘，同时利用数字技术开展公积金归集、使用、贷款中的监督作用，确保住房公积金依法依规、公平高效地服务于企业和居民家庭。三是有序开展住房公积金支付房租业务探索，解决新市民、大学毕业生、中低收入群体租房支付难题。要充分依托住建部政策工具箱，积极吸取其他城市的经验，推动形成具有北京特色的住房公积金支付房租业务模式，实现缴存人使用住房公积金直接支付房租，缓解租房支出压力，采取先试点后推广的方式，有计划、分步骤地稳步推进，实现保障性租赁住房、市场化住房全覆盖。四是加快构建京津冀一体化的公积金制度体系，推动京津冀住房公积金提取政策协同。加快推进京津冀公积金协同发展备忘录，积极推动职工租住异地保障性租赁住房、提取公积金等各项措施落地实施，推动建立完善住房公积金电子证件证照互通机制，畅通三地住房消费提取审批环节。

（四）加大住房公积金政策宣传力度

住房公积金切实发挥住房保障作用离不开全社会的广泛有序参与，不断扩大互助共济的规模和质量，实现住房公积金制度的平稳有序可持续发展，必然离不开全社会对相关政策的了解和支持。未来应当持续加大住房公积金政策的宣传力度，让更多的企业职工了解住房公积金的基本功能和社会公共价值，推动企业和居民家庭用好用足住房公积金惠企利民政策。要依托政府间、部门间和政企间的互动机制，开展住房公积金相关政策的宣传工作，通过政策宣传进企业、进园区、进校园、进社区等多种方式，向社会各界广泛宣传住房公积金最新政策精神，确保企业和居民家庭充分了解、理解、运用住房公积金制度，巩固住房公积金赋能人民群众安居工程的社会基础，不断夯实住房公积金高质量发展根基。要充分了解缴存企业和居民家庭的诉求，通过切实维护企业和居民家庭的利益，调动企业和居民家庭缴存的积极性，不断巩固住房公积金的群众基础和社会预期信心，巩固住房公积金在服务企业和居民家庭发展中的可持续运转机制，确保住房公积金制度赋能住房保障、维护人民群众的利益。

参考文献

张黎莉、陈圆圆、严荣：《我国城镇住房保障政策创新实践：以"新时代城市建设者管理者之家"为例》，《房地产经济》2025年第1期。

李闽敏：《城镇化背景下我国住房公积金制度存在的问题及改革探究》，《中国市场》2025年第2期。

邵倩颖：《住房公积金向政策性住房金融方向改革的初步思考》，《中国产经》2024年第24期。

李伟军、胡嘉、林军：《住房公积金制度：发展历程、运行特征与政策启示》，《中国房地产金融》2024年第6期。

潘松剑、宫兆旭：《灵活就业人员参加住房公积金制度：进入挑战、定位重思与顶层设计向度》，《吉林工商学院学报》2024年第6期。

邱修海：《多部门联动 跨领域协同 全面满足多元住房需求》，《中国建设报》2024年11月21日。

《加快推进保障性住房建设》，《经济日报》2024年9月20日。

基础设施篇 🔳

B.12
2024年北京市数字化基础设施发展研究

王 鹏　赵振铎　李帅颖　颜 博*

摘 要： 　数据要素作为数字经济时代的核心资源，正在深刻重塑经济社会结构。北京市依托产业基础和政策优势，在数字化基础设施建设中表现领先。2023年，北京市数字经济增加值占地区生产总值的42.9%，成为经济增长的重要动力。政策层面，《北京市"十四五"时期智慧城市发展行动纲要》等文件明确了以5G网络、数据中心和算力平台为重点的发展方向。本报告通过构建包含人口普及水平、地理覆盖程度、经济贡献能力、网络资源支持力度四大维度的评估指标体系，利用熵值法对我国代表性省市数字化基础设施水平进行对比分析，发现北京市在5G基站、算力供给等方面具有显著优势，但在产业融合和协同治理上仍需提升。本报告提出强化顶层设计、优化产业融合、提升协同治理、加大人才引进和推动绿色低碳发展等建议，为北京市建设全球数字经济标杆城市提供科学依据和实践路径。

* 王鹏，博士，北京市社会科学院管理研究所副研究员，主要研究方向为数字经济、数字政府；赵振铎，西北大学硕士研究生，主要研究方向为数字治理；李帅颖，上海对外经贸大学学生，主要研究方向为数字经济；颜博，美团集团高级经理，主要研究方向为数字经济。

关键词： 数字化基础设施　数字经济　科技创新　绿色发展

一　研究背景

在数字经济时代，数据已经成为与土地、劳动力、资本、技术等齐头并进的生产要素之一，逐步渗透到生产和生活的各个环节，深刻地影响并重塑着经济社会结构，成为数字经济时代全球竞争的关键战略性资源。北京市作为全国数字化发展的创新引领者和产业先行者，在数字化基础设施建设和数据要素应用探索方面始终走在前列，拥有坚实的产业基础和丰富的资源优势。

北京市数字经济规模持续攀升，成为经济增长的重要引擎。2023 年，北京市实现地区生产总值 43760.7 亿元，同比增长 5.2%。数字经济增加值达到 18766.7 亿元，同比增长 8.5%，占地区生产总值的比重为 42.9%，较上年提高 1.3 个百分点。北京市数字经济核心产业增加值 11061.5 亿元，同比增长 10.8%，占地区生产总值的比重为 25.3%，较上年提高 1.3 个百分点。此外，2023 年北京市数字经济核心产业固定资产投资额增长 14.4%，北京市在数字化基础设施建设上的投入持续增加。[①]

在政策上，从总体规划与指导政策来看，《北京市"十四五"时期智慧城市发展行动纲要》明确提出了通过智慧城市建设来推动数字化基础设施全面发展的目标，不仅着眼于提升城市管理和服务水平，还构建更加智能、便捷、高效的城市生活环境，为市民提供更加优质的公共服务。《北京市数字经济创新发展行动纲要（2020—2025 年）》明确了北京市数字经济发展的总体目标、重点任务和保障措施，为数字化基础设施的建设指明了方向。在算力与数据中心建设方面，《北京市数据中心统筹发展实施方案（2021—2025 年）》通过关闭一批功能落后的数据中心，整合一批规模分散的数据中心，改造一批

---

① 《北京建设全球数字经济标杆城市取得积极成效》，https://tjj.beijing. gov.cn/zxfbu/202401/t20240123_3542804. html，2024 年 1 月 23 日。

高耗低效数据中心，新建一批计算型数据中心、人工智能算力中心和边缘计算中心等措施，优化数据中心的布局和结构。从网络与通信基础设施建设政策来看，《北京市5G及未来基础设施专项规划（2019年—2035年）》明确了北京市5G及未来通信基础设施的发展目标、重点任务和保障措施，加快5G网络建设及应用，提升网络覆盖和服务质量，为数字化应用提供坚实的网络支撑。近年来，北京市有关部门协同运营商积极深化改革，通过实施宽带网络提速降费，降低企业和个人的网络使用成本，推动数字化应用的普及和发展。

二　核心概念界定及评估指标体系评估鉴定

2023年，习近平总书记在第二十届中共中央政治局就加快构建新发展格局进行第二次集体学习中强调，"适度超前部署新型基础设施建设，扩大高技术产业和战略性新兴产业投资，持续激发民间投资活力"。[1]习近平总书记的重要讲话明确了我国数字信息基础设施建设的方向，具有很强的战略性、针对性、指导性意义，为我国高质量推进数字信息基础设施建设提供了科学指引。这一重要讲话为我国数字化发展提供了顶层设计和理论依据，也明确了未来数字基础设施建设需要"适度超前部署"，既要立足当前发展需求，又要为未来的产业转型和高质量发展打好基础。同时，应通过扩大高技术产业和战略性新兴产业投资，激活民间资本参与数字建设的潜力，将数字基础设施作为构建新发展格局的重要支撑。

在这一战略指引下，数字基础设施的核心内涵可进一步界定为以数字技术为核心驱动力，结合高性能硬件、广覆盖网络、智能化软件与平台，构建支撑数字经济运行、推动智慧社会发展的新型基础设施体系。它涵盖硬件设施（如数据中心、5G基站）、网络设施（如光纤、工业互联网）、软件及应用设施（如云计算、人工智能平台）等多个维度。数字基础设施是传统基

---

[1] 《习近平在中共中央政治局第二次集体学习时强调 加快构建新发展格局 增强发展的安全性主动权》，新华社，2023年2月1日。

础设施数字化转型的重要组成部分，是新基建的核心模块，关系到未来城市治理、产业发展与社会民生的整体效率和安全性。

为此，本报告结合现有研究，将人口普及水平、地理覆盖程度、经济贡献能力、网络资源支持力度四个维度构建一级指标，并选择人均域名拥有率、互联网接入水平、移动电话普及率、移动电话基站覆盖度、互联网宽带接入端口水平等[①]作为二级指标（见表1），参考杨丽等[②]、韩沈超[③]的研究，选用改进的熵值法进行综合研究。

采用熵值法计算各省份指标，进行对比分析。熵值法是一种科学的客观赋权方法，能够通过各指标的信息熵值计算权重，排除主观因素干扰，增强研究结论的客观性和科学性。在计算过程中，熵值法通过对各个指标的离散程度赋予权重，较好地解决了指标量纲不同带来的可比性问题，同时确保了各指标对综合评价的贡献程度更加均衡。[④]

具体而言，本报告采用以下方法进行指标的处理和分析。①数据归一化处理。首先将每一指标的数据进行归一化处理，以消除量纲差异的影响，提高数据的可比性。②熵值法权重计算。通过计算每个指标的信息熵，确定其在综合评价中的权重。信息熵越高，说明指标的离散程度越低，对评价的影响较小；信息熵越低，则说明指标对综合评价的贡献较大。③综合得分计算。利用熵值法确定的权重对指标数据进行加权综合计算，得出各省市的综合得分，便于对北京市数字基础设施建设水平与其他地区进行对比分析。

通过改进的熵值法计算各省份指标，进行对比分析，本报告旨在全面评估北京市数字基础设施的现状与优势，识别其短板与发展潜力，并提出针对

---

① 石林、吕鹏、郭泓玉：《数字基础设施对城市绿色创新效率的影响及机制研究》，《生态经济》2025年4月28日。

② 杨丽、孙之淳：《基于熵值法的西部新型城镇化发展水平测评》，《经济问题》2015年第3期。

③ 韩沈超：《数字基础设施与生产性服务业全球价值链地位攀升》，《统计与决策》2024年第14期。

④ 周明、钟宇春：《省域经济韧性的测度、空间格局与动态演进》，《湖北经济学院学报》2024年第2期。

性的优化建议，为北京市推动高质量的数字基础设施建设提供理论支持和决策参考。

表1　我国数字基础设施发展综合评价指标体系

一级指标	二级指标	指标计算	编号	属性
人口普及水平	人均域名拥有率	域名数/年末人口（个/人）	V1	+
	互联网接入水平	互联网接入用户数/年末人口（户/人）	V2	+
	移动电话普及率	移动电话数/户籍人口（部/人）	V3	+
地理覆盖程度	移动电话基站覆盖度	移动电话基站数/省份面积（个/公里^2）	V4	+
	互联网宽带接入端口水平	互联网宽带接入端口/户籍人口（个/人）	V5	+
经济贡献能力	安全网络服务器数量电信收入	电信业务收入/户籍人口（元/人）	V6	+
网络资源支持力度	IPv4地址数量（个）	IPV4个数（个）	V7	+
	长途光缆线路的长度	长途光缆线路长度/户籍人口（公里/人）	V8	+

三　评估过程

（一）数字基础设施发展水平测度

2012~2023年代表性省份数字基础设施发展水平测度指数如表2所示。

表2罗列出我国代表性省份的数字基础设施水平。我国各省份数字基础设施发展水平测度均值介于0.093~0.509。根据数字基础设施发展水平测度，我国省份可划分为高发展水平、中发展水平和低发展水平。在我国各省份中，数字基础设施高发展水平的省份有北京、上海、广东、浙江、江苏、天津等，这些省份大多位于经济较为活跃的长三角、珠三角和京津冀地区，在科技创新、产业转型以及生态保护方面拥有较为优越的条件，因此在推动数字基础设施更新方面展现出更强的竞争力和推动力。对于中发展水平的城市，未来可以依托其现有的经济基础和科技创新能力，进一步优化和扩展数字基础设施，推动产业

数字化转型。对于低发展水平省份，在全国发展新质生产力的大潮下，这些省份亟须摆脱传统生产方式，积极推进产业转型与升级。

表2 2012～2023 年代表性省份数字基础设施发展水平测度指数

省份	2012年	2013年	2014年	2015年	2016年	2017年	2018年	2019年	2020年	2021年	2022年	2023年	均值
北京	0.351	0.366	0.401	0.479	0.525	0.510	0.504	0.549	0.528	0.567	0.634	0.690	0.509
上海	0.195	0.185	0.207	0.258	0.282	0.286	0.295	0.354	0.375	0.377	0.404	0.423	0.303
广东	0.162	0.174	0.179	0.198	0.199	0.205	0.227	0.247	0.246	0.221	0.234	0.246	0.212
浙江	0.155	0.134	0.140	0.179	0.201	0.203	0.214	0.234	0.238	0.211	0.224	0.231	0.197
江苏	0.102	0.107	0.117	0.143	0.150	0.166	0.185	0.207	0.214	0.191	0.204	0.211	0.166
天津	0.081	0.075	0.084	0.105	0.113	0.124	0.152	0.188	0.203	0.184	0.196	0.200	0.142
山西	0.054	0.065	0.068	0.081	0.080	0.097	0.128	0.139	0.150	0.117	0.126	0.132	0.103
湖南	0.040	0.048	0.055	0.066	0.074	0.089	0.110	0.138	0.143	0.109	0.117	0.126	0.093
青海	0.144	0.148	0.169	0.189	0.196	0.212	0.227	0.241	0.255	0.200	0.214	0.228	0.202
四川	0.047	0.057	0.065	0.083	0.088	0.103	0.129	0.158	0.167	0.135	0.151	0.163	0.112
辽宁	0.082	0.087	0.094	0.105	0.107	0.118	0.133	0.149	0.154	0.124	0.131	0.138	0.119

（二）区域差异分析

1. 东部、中部、西部、东北地区区域差异比较分析

通过分析 2012～2023 年我国东部、中部、西部、东北地区以及全国整体数字基础发展水平，可以发现，北京所在的东部地区以 0.140 的起点增长至 0.279，增长速度最快，表现最为突出，反映该地区在经济发展、政策支持等方面的优势。中部地区从 0.042 增长至 0.132，增长速度较慢，但在 2020 年达到高峰后有所下降，之后恢复增长。西部地区从 0.054 增长至 0.148，增长趋势稳定。东北地区从 0.067 增长至 0.133，增长速度最慢，但也显示出积极的发展趋势。全国数字基础设施水平从 0.079 增长至 0.182，增长趋势平稳。可以看到，东部地区的发展速度领先，而中部、西部和东北地区虽然增长较慢，但也在稳步发展（见图1）。

2. 以北京市为核心的区域对比分析

2012～2023 年，北京市数字基础设施发展水平整体呈上升态势，并在

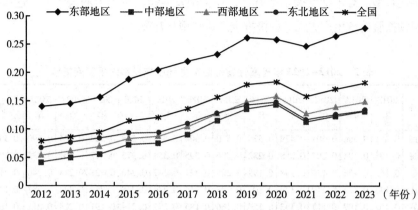

图1 全国及四大地区数字基础设施发展水平变动情况

全国层面遥遥领先，由2012年的0.351增长至2023年的0.690，显示出强劲的增长势头。上海也从0.195增长到0.423，增长显著。广东、浙江和江苏虽然起点较高，但也呈现稳定的增长趋势，分别从0.163增长到0.246、从0.155增长到0.231、从0.102增长到0.211。青海虽然起点最低，但增长迅速，从0.144增长到0.228，显示了较大的发展潜力。这些数据反映了各地区在该指标上的发展差异和趋势，北京和上海的领先地位明显，而青海的快速增长也不容忽视（见图2）。

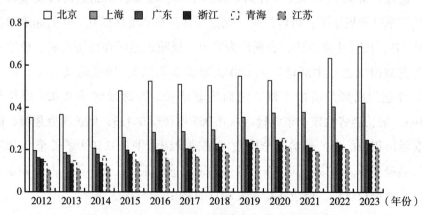

图2 代表性省份数字基础设施发展水平变动情况

（三）北京市数字基础设施发展的成效评估

1. 数字化基础设施建设情况

（1）网络基础设施建设

北京市已经建设了大规模的光纤网络来覆盖全市区域，并且建设了多个具备先进硬件设施的国家级和地方级数据中心。[①] 这些数据中心在保障高度安全的数据储存和处理能力的同时，还可以可靠地支撑政府、企业和个人的数据利用，为北京市的数字化发展提供坚实的基础。

（2）数据要素市场建设

北京市在数据要素市场建设方面取得了显著进展。通过完善制度与法规体系，北京市积极推动数据要素市场的健康发展。例如，北京市出台了《北京市数字经济促进条例》和《北京市关于加快建设全球数字经济标杆城市的实施方案》等一系列政策，同时成立了国内首家数字经济标准化技术委员会和首个数据资产登记中心。[②]

（3）新型数据基础设施建设

北京市在新型数据基础设施建设方面也取得了重要突破。例如，北京市积极推进隐私计算、数据空间、区块链等数据流通技术的研发和应用集成，布局建设数据基础设施，为数据的可信、高效流通提供有力的基础支撑。

2. 数字化基础设施政策推动情况

（1）数据基础制度先行区建设

2023 年 11 月 10 日，北京市正式启动建设数据基础制度先行区。[③] 该先行区的定位是在全市特定区域内，按照适应数据要素和数字经济特征的新型监管方式，建立先行先试的机制，加速建设数据基础制度的综合改革试验田和数据要素集聚区。通过在该区内进行试点示范，推动相关政策在全市范围内形成综合样板，为全市数据要素市场化配置改革提供范例。

[①] 《筑牢数字基础设施底座》，《北京观察》2024 年第 7 期。

[②] 胥彦玲、卢絮、刘宇：《北京市数字经济发展现状与对策》，《科技和产业》2023 年第 4 期。

[③] 韩曜旭、张露婷：《构建大模型　实现数据合规智能化》，《法人》2023 年第 12 期。

（2）数字经济相关政策制定与实施

北京市还制定了一系列与数字经济相关的政策，如《北京市促进数字经济创新发展行动纲要（2020—2022 年）》《北京市"十四五"期间高精尖产业发展规划》等。这些政策将发展重点聚焦于构造数字化基础设施、建设基础制度、推动项目工程与传统产业数字化改造，[1] 推动数字经济与实体经济深度融合。

（3）跨部门协同推动数字经济发展

为了更好地推动全市数字经济发展，北京市经济和信息化局加强与各委办局的沟通合作，形成工作合力。通过定期召开会议、建立信息共享机制等方式，加强信息交流和政策协同，解决数字经济发展中遇到的问题。

四　北京市推动数字化发展情况分析

北京市在数字化基础设施建设方面取得了显著成效，尤其是在 5G 基站、算力基础设施和区块链算力集群等领域，展现了全球领先的技术实力和规划前瞻性。这些建设成果不仅奠定了北京市在全国数字经济发展中的龙头地位，也为推动智慧城市、数字产业转型升级和全球数字经济竞争力提升提供了坚实保障。北京市的实践经验为其他地区提供了重要参考，也进一步巩固了其作为全国科技创新中心和数字经济标杆城市的核心地位。

（一）5G 基站建设

截至 2024 年 6 月底，北京市在 5G 网络建设方面取得了令人瞩目的成就，进一步巩固了其在全国乃至全球数字基础设施建设领域的领先地位。具体而言，北京市已建成的 5G 基站数量已超过 11 万个，[2] 这一数字不仅彰显

---

[1] 《北京数字经济促进条例发布　推动新型城市基础设施建设》，《未来城市设计与运营》2023 年第 1 期。

[2] 苏德悦、刘彤、刘梦阳：《"京彩"5G　向"新"而行　提"质"发展》，《人民邮电》2024 年 6 月 6 日。

了北京市在 5G 基础设施建设上的巨大投入和高效推进，也标志着北京市在构建高速、泛在、智能、安全的现代信息通信网络方面迈出了坚实的一步。更令人瞩目的是，北京市每万人拥有的 5G 基站数已达到 49 个，这一数据不仅在全国范围内遥遥领先，也远高于国际先进水平，充分展示了北京市在 5G 网络普及和深度覆盖方面的卓越表现。这不仅意味着北京市的 5G 网络能够为广大市民提供更加便捷、高效、优质的通信服务，也为北京市在数字经济、智慧城市、智能制造等领域的发展提供了强有力的支撑和保障。除了 5G 基站的大规模建设外，北京市还在 5G-A 基站的建设上取得了重要进展。截至 2024 年 6 月底，北京市已试点建设了超过 1000 个 5G-A 基站，这些基站主要分布在城市核心区域、交通枢纽、商业中心、科技园区等重点区域，实现了对这些区域的信号精准覆盖。5G-A 作为 5G 技术的演进版本，具有更高的带宽、更低的时延和更强的连接能力，能够更好地满足未来智慧城市、自动驾驶、远程医疗等应用场景的需求。

（二）算力基础设施建设

北京市在算力基础设施建设方面现已形成了庞大的算力供给规模，为数字经济的蓬勃发展提供了坚实的基础。[①] 具体而言，北京市的算力供给规模已经达到了 2 万 P（PetaFLOPS，即千万亿次浮点运算），[②] 这一数字不仅彰显了北京市在算力基础设施建设上的巨大投入和高效推进，也标志着北京市在构建高效、智能、绿色的算力体系方面迈出了坚实的一步。值得一提的是，2024 年上半年，北京市进一步加大了公共智能算力的建设力度，新增了 6750P 的算力供给，这一增量不仅提升了北京市的算力水平，也为更多企业和机构提供了更加便捷、高效、智能的算力服务。这些新增的算力资源将广泛应用于人工智能、大数据分析、云计算等领域，推动数字经济的持续

---

① 《北京市算力基础设施建设实施方案（2024—2027 年）》。
② 《北京新增 3500P 算力供给人工智能大模型》，《信息系统工程》2024 年第 4 期。

创新和快速发展。为了进一步提升北京市的算力水平，位于海淀区、经开区的两个 E 级智能算力中心已经同步点亮并投入使用。这两个算力中心不仅具备强大的计算能力，还拥有高效的数据处理、存储和传输能力，能够满足各种复杂应用场景的需求。它们的建成和投入使用，不仅为北京市的数字经济提供了强大的算力支持，也为北京市在人工智能、智能制造等领域的创新发展注入了新的动力和活力。

（三）区块链与隐私计算算力集群

全球性能领先的区块链与隐私计算算力集群"蜂巢"在北京市的正式启用，标志着我国在数字经济算力基础设施建设方面取得了又一重大突破，为数字经济的蓬勃发展注入了新的强劲动力。这一算力集群不仅代表了当前区块链与隐私计算技术的最前沿水平，更是对全球算力格局的一次重要重塑。"蜂巢"算力集群以其卓越的性能和强大的算力，为区块链和隐私计算领域的应用提供了坚实的支撑。① 它不仅能够满足大规模数据处理的需求，还能够确保数据的安全性和隐私性，为数字经济的健康、可持续发展提供有力的保障。在数字经济时代，数据已经成为新的生产要素，而"蜂巢"算力集群的启用，无疑将进一步推动数据的价值挖掘和应用创新，为数字经济的发展注入新的活力。"蜂巢"算力集群的启用，也体现了北京市在数字经济领域的前瞻布局和战略眼光。作为全国科技创新中心，北京一直致力于推动数字经济的高质量发展，通过加强算力基础设施建设、优化数据资源配置、推动技术创新和应用落地等措施，不断提升数字经济的竞争力和影响力。"蜂巢"算力集群的启用，正是北京市在数字经济算力基础设施建设方面取得的又一重要成果，将进一步巩固和提升北京市在全球数字经济版图中的地位。

---

① 《区块链+隐私计算算力集群"蜂巢"在京启用》，《信息网络安全》2023 年第 3 期。

五　城市数字基础设施建设建议

（一）强化数字化基础设施顶层设计与政策支持

北京市应进一步完善数字化基础设施的顶层设计和政策支持，充分发挥数据要素在数字经济时代的基础性作用。一方面，需推动建立统一联通的城市级数据平台，集中整合跨部门和跨区域的数据资源，实现数据共享和高效流通，为智慧城市建设提供核心支撑；另一方面，需制定和完善数据产权界定、交易规范和分配机制相关的法律法规，明确数据要素市场化交易的规则，保障数据资源利用的公平性和安全性。[①] 在此基础上，北京市可依托已有的科技优势，设立具有国际竞争力的数据交易平台，并将其打造为全国数据要素市场化改革的示范区域。同时，应着眼未来优化"数据—算力—算法"一体化基础设施的整体规划，加快布局分布式计算中心和边缘算力节点建设，提升城市对大规模数据处理和实时计算需求的响应能力。此外，北京市需深化与西部算力网络的协同联动，构建跨区域算力协同体系，发挥其全国数字基础设施枢纽作用。

（二）推动数字化基础设施与产业深度融合

北京市的数字化基础设施建设需与产业转型升级深度融合，助力数字经济高质量发展。首先，应通过政策引导和专项培训，提升企业的数字化意识，推动人工智能、大数据、物联网等技术与生产、运营和服务的有机结合，加速传统产业的数字化转型。其次，在基础设施建设和运营中引入创新性的融资模式，充分发挥 PPP 模式和 REITs 工具的作用，通过市场化手段吸引社会资本广泛参与数字化项目建设。政府需加强对资金流向的监管和精

---

① 王青兰、王喆:《数据交易动态合规：理论框架、范式创新与实践探索》,《改革》2023 年第 8 期。

细化管理，确保项目的规范化运作和高效推进。最后，应加大对创新型科技企业的扶持力度，特别是针对能够提供综合解决方案的企业，通过政策支持、技术孵化和市场推广，为中小企业数字化升级提供定制化服务和全面技术支持，助力形成多层次、全链条的数字经济产业生态。

（三）优化数字基础设施建设的协同治理

北京市需强化数字基础设施建设的统筹治理能力，提升资源配置效率和项目实施效能。具体而言，应通过建立全面的发展指标体系，动态评估项目对城市需求的适配性，从规划源头减少重复投资和资源浪费。在实际建设中，应推动跨部门和跨区域协作，形成市级统筹、区级落实的联动机制，实现政策、技术和资金的一体化协调管理。同时，应借鉴国内外先进经验，探索区域内资源共享模式，建立区域协作发展机制，推进北京市与京津冀地区在数字基础设施、技术研发和政策实施上的深度合作，逐步形成资源互补、优势联动的良性生态体系，增强北京市在区域和全国数字经济格局中的核心竞争力。

（四）加大数字化人才的培养与引进力度

数字化基础设施的可持续发展离不开高素质的人才队伍，北京市需构建覆盖多层次的人才培养与引进机制。首先，与国内外高校和科研机构合作，开发以实际需求为导向的数字技术课程，培养兼具理论与实践能力的复合型人才。同时，针对在职人员和基层技术人员开展职业教育与技能提升培训，增强劳动力队伍对数字经济的适应能力和创新能力。其次，应通过专项支持政策，如税收优惠、科研资金支持、落户优待等措施，吸引全球顶尖数字技术人才和团队落户北京。北京市可依托自身的国际化创新生态，为高端人才提供优质的创业环境和科研条件，设立国际化创新基地和数字技术实验室，形成全球一流的数字化人才集聚区，为城市发展注入长期活力。

（五）推动绿色低碳的数字基础设施发展

面对全球碳中和的时代需求，北京市需在数字基础设施建设中全面融入绿色低碳发展理念。一方面，应推广新型节能技术，例如高效制冷系统、废热回收技术和智能能源管理系统，全面降低数据中心的能耗水平和碳排放强度；另一方面，积极引入可再生能源，如光伏、风能等，与数字基础设施建设深度融合，实现清洁能源的高效利用。此外，北京市需进一步加大对低碳技术的研发支持力度，鼓励科技企业开发创新型节能设备和解决方案，并在绿色数据中心进行广泛应用。通过建立绿色评估体系，定期监测和优化数据中心的能效水平，确保实现节能减排的目标。通过打造节能高效的绿色数字基础设施，北京市不仅能进一步巩固其全球科技中心的地位，还能为数字经济的可持续发展提供示范。

参考文献

王鹏等：《2023北京市数字化基础设施研究报告》，载施昌奎主编《北京公共服务发展报告（2023~2024）》，社会科学文献出版社，2024。

B.13
北京市人工智能基础设施的
发展实践和提升路径分析

孟凡新*

摘　要：　人工智能基础设施是北京加快发展数字经济标杆城市、构建国际科技创新中心、推进公共服务智能化发展应当率先布局、重点投入的关键领域。北京市在算力中心、算法框架、数据集和平台等人工智能基础设施建设方面全国领先，持续赋能产业升级，但仍然面临芯片制约、算力供不应求、能耗较高和应用场景不足等诸多挑战。新时期加快北京市人工智能基础设施建设，要在芯片等关键数字技术的研发、城市基础能源体系前瞻性布局、基础制度和要素体系支撑等方面着力突破，提升北京人工智能基础设施建设水平，助力首都经济社会高质量发展。

关键词：　人工智能基础设施　算法框架　大模型　算力中心　数据集

基础设施作为科技创新与经济社会发展交互的产物，其演变历程与科技变革紧密相连，每一次科技的飞跃都促使基础设施发生根本性的革新。当前，以数字化和智能化为核心驱动力的新一轮科技革命不仅催生了全新的基础设施体系，还极大地促进了传统基础设施向数字化、智能化方向转型升级。北京市数字经济发展领先，人工智能技术创新与应用探索更是走在了全国的最前沿。面对新技术迭代加速、行业应用方兴未艾、算力资源快速增长的发展需求，亟须推动人工智能基础设施建设，完善人工智能基础设施体

---

* 孟凡新，博士，北京市社会科学院管理研究所副研究员，主要研究方向为数字经济、平台经济、公共管理。

系。这不仅有助于强化北京在全球科技创新版图中的引领地位，也为首都经济社会高质量发展注入强劲动力。

一　人工智能基础设施的概念

（一）人工智能基础设施的界定

全球人工智能基础设施（AI Infrastructure）市场呈现显著增长。根据IDC《全球半年度人工智能基础设施跟踪报告》，2024 年上半年，全球在人工智能领域部署的计算和存储硬件基础设施上的支出同比增长 37%，达到318 亿美元。其中美国占比接近 50%，中国达到 23%。随着超大规模企业、云服务提供商和数字服务提供商扩展其基础设施能力，2024 上半年部署在云和共享环境中的人工智能基础设施占人工智能服务器总支出的 65%。预计 2028 年全球人工智能基础设施支出将超过 1000 亿美元。

伴随着人工智能的快速发展，人工智能基础设施也在不同层面被定义和诠释。IBM 将人工智能基础设施定义为创建和部署人工智能驱动的应用程序和解决方案所需的硬件和软件，将人工智能基础设施分为数据存储和处理、计算资源、ML 框架和 MLOps 平台四个部分。2024 年 8 月，工业和信息化部等十一部门在印发的《关于推动新型信息基础设施协调发展有关事项的通知》提出，人工智能基础设施是人工智能技术推广普及过程中形成的一类新型基础设施，包括支持开发的人工智能算法框架、面向应用的人工智能算法平台和公共服务平台、用于算法模型训练的公共数据集等形态。中国信息通信研究院等机构 2024 年发布的《新一代人工智能基础设施白皮书》认为，新一代人工智能基础设施是以大模型能力输出为核心平台，集成算力资源、数据服务和云服务，专门设计用于最大限度提升大模型和生成式人工智能应用表现的设施。

整体来看，人工智能基础设施与以信息技术为特色的互联网基础设施具有明显的差异。人工智能基础设施主要服务于人工智能模型的训练、推理和应用部署，它要求基础设施具备高性能计算能力、海量数据处理能力、低延迟网络以及弹性扩展能力。这些能力共同构成了人工智能应用的基础设施支撑，推动了人工智能技术的快速发展和广泛应用。而互联网基础设施主要服务于数据的传输、存储、处理和应用，它更侧重基础设施的高可靠性、可扩展性、安全性和易用性。随着数字技术的不断发展和应用领域的不断拓展，互联网基础设施也呈现更加融合化、智能化的发展趋势。

本报告认为人工智能基础设施是支持人工智能和机器学习工作负载的集成硬件和软件环境。人工智能基础设施主要包括人工智能基础运行的关键硬件和软件工具，硬件部分包括图形处理器（GPU）、张量处理器（TPU）和高速存储系统，而软件部分包括模型训练和部署的工具和平台，以及相关的数据和算法。人工智能基础设施作为支撑人工智能应用和系统运行的底层架构，整体可以分为算力、算法、数据和平台四个核心组成部分（见图1）。

算力是人工智能基础设施中的硬件基础，是人工智能发展的"引擎"，主要包括高性能计算机、图形处理器（GPU）、张量处理器（TPU）。GPU的高吞吐量使其能够有效地处理机器学习模型和大规模数据集，提高模型训练和推理的效率。TPU可以增强神经网络计算的性能，并为人工智能工作负载提供GPU的替代方案。高速存储系统辅助人工智能系统快速访问大型数据集，大容量固态硬盘（SSD）和分布式存储系统可最大限度地减少延迟，并支持在模型训练和推理期间更快地检索数据。网络基础设施如高速网络支撑传输大型数据集和支持分布式人工智能处理，尤其是在使用多个服务器或基于云的资源的环境中。这些硬件提供了强大的计算能力，使得人工智能模型能够进行大规模的数据处理和复杂的计算任务。

算法是人工智能系统的核心，决定了人工智能如何学习和解决问题，是人工智能发展的"控制系统"。包括机器学习、深度学习、知识图谱，这些算法通过不断优化和改进，提高了人工智能系统的性能和准确性。算法的创新是推动人工智能技术发展的关键因素之一，核心算法自20世纪80年代以来就已经开发，Transformers架构的改进加速了人工智能大模型的应用进程。

数据是人工智能系统的输入和训练基础，是人工智能发展的"原料和能源"。开放数据集和行业数据集能有效支撑人工智能算法的数据需求，促进人工智能模型迭代优化，并增强人工智能平台在各行各业的赋能效能。数据标注服务自 21 世纪初出现，如有学者组建了 ImageNet 数据集①形成了庞大的公开数据集，构建数据集需要的数据采集、清洗、标注和存储等软硬件是人工智能基础设施中不可或缺的部分。

平台是连接算力、算法和数据的桥梁，提供了开发、部署和管理人工智能应用的工具和环境，是人工智能运行的"场所"。包括 AI 开发平台、AI 服务平台、AI 安全平台，这些平台提供了丰富的 API、SDK 和工具，使得开发者能够更加方便地构建和部署人工智能应用。平台还提供了安全、隐私保护、监控和运维等功能，确保人工智能系统的稳定运行和安全性。

这四个部分相互关联，共同构成了人工智能基础设施的主要体系，为本地部署人工智能、基于云的人工智能、混合人工智能等各类人工智能应用平稳运行提供基石。随着技术的不断发展，人工智能基础设施也在不断更新和升级，以适应更加复杂和多样化的应用场景。

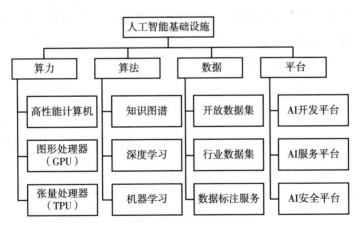

图 1　人工智能基础设施的组成部分

---

① Deng J., Dong W., Socher R., et al., "ImageNet: A large-Scale Hierarchical Image Database," Proceedings of 2009 IEEE Conference on Computer Vision and Pattern Recognition, Miami: IEEE, 2009.

人工智能基础设施提供快速处理大量数据所需的计算能力、存储和网络资源，可以使 AI 系统能够以其设计的速度和效率自动执行任务、生成预测并做出决策。为人工智能大语言模型、平台的推荐引擎、面部识别系统、工业机器人开发和运营提供底层支撑。随着人工智能不断发展并融入日常生活，构建坚实的人工智能基础设施将推动"人工智能+"的广泛应用，加速人工智能赋能千行百业。

（二）人工智能基础设施的特点

1. 高度集成化

人工智能基础设施通常集成了多种硬件和软件资源，如高性能计算节点、存储系统、网络设施、人工智能框架和工具等，形成一个统一的平台来支持人工智能应用的开发、部署和运行。这种高度集成化的特点不仅简化了运维任务，还提高了系统的可靠性和效率。以美国英伟达为例，英伟达通过打造"GPU+CUDA"一体化解决方案，构建了软硬件一体化的产品形态，为人工智能算力资源提供了集成化服务，优化了人工智能应用的性能，降低了开发和部署的难度。国内阿里云等云服务提供商也形成了高度集成的人工智能基础设施，将人工智能计算、存储、网络等资源统一封装为服务，方便用户快速部署和管理人工智能应用。

2. 高计算能力

与一般网络基础设施更多关注信息的传输和处理不同，人工智能基础设施更加侧重对数据资源的计算能力等核心要素。人工智能基础设施利用最新的高性能计算（HPC）技术，如 GPU 和 TPU，为机器学习（ML）算法提供强大的支持，实现高性能计算能力。英伟达依托先进的 GPU 技术和 CUDA 编程模型，在人工智能计算领域占据了领先地位。谷歌的 TPU 专门为机器学习设计，具有强大的并行处理能力和低延迟特性，能够显著加速模型的训练和推理过程。高计算能力和并行处理允许对更复杂的数据进行更快的训练，从而产生更准确的模型。同时，高效的数据管道和可扩展的云资源可以通过实现更无缝的数据访问来进一步提高模型性能。如亚马逊的 SageMaker 服务就提供了从数据准备、模型训练到部署的一站式解决方案，极大地提高了人工智能应用的开发效率。

3. 可扩展性

可扩展性指的是系统或平台能够根据需求增加或减少资源（如计算能力、存储、网络带宽等）的能力，同时保持系统的性能和可靠性。人工智能基础设施具有可扩展性，使组织能够根据需要增加或减少其计算能力。随着数据量的增加和模型复杂度的提高，人工智能基础设施需要灵活扩展资源，以满足不断变化的需求。云平台是人工智能基础设施实现可扩展性的重要载体。例如，阿里云、腾讯云等云服务提供商都提供了可伸缩的人工智能计算资源，允许用户根据需求快速扩展或缩减计算资源，从而确保人工智能应用在处理大量数据或进行复杂计算时能够保持高性能和稳定性。

4. 开放性

人工智能基础设施以开放平台为主要赋能载体，能够长期提供公共普惠的智能化服务。与信息基础设施更多关注于信息的共享和分发不同，人工智能基础设施侧重于与产业端的结合，通过提供开放、易用的接口和工具，促进人工智能技术在各个领域的应用和创新。例如，TensorFlow、PyTorch 等开源人工智能框架就提供了丰富的 API 和工具集，方便开发者快速构建和部署人工智能应用。这些框架不仅支持多种硬件平台，还提供了丰富的算法库和模型优化工具，极大地降低了人工智能应用的开发门槛。

二 北京市人工智能基础设施建设情况

（一）相关政策措施密集发布

北京市依托独特的科创环境，加快形成了一系列政策措施推动人工智能基础设施加快发展。为直观地了解北京在人工智能基础设施方面的整体发展情况，本报告重点梳理了北京自 2020 年以来所发布的政策中涉及人工智能基础设施相关类别，对全市在人工智能基础设施的九个细分领域布局情况做了统计分析（见表1）。

从政策具体分类分析可以看到，一是北京市人工智能基础设施的领域随着时间覆盖面和强度在逐步增大，整体政策数量呈现上升的趋势。二是建设重点也随着时间有侧重，从2020~2021年强化数据中心、网络基础设施建设，到2022年侧重数据公共开放共享，再到2023~2024年政策集中强化人工智能算力、大模型和人工智能训练数据集等领域的建设。具体而言，2023年北京印发《北京市加快建设具有全球影响力的人工智能创新策源地实施方案（2023—2025年）》，发布北京市通用人工智能产业创新伙伴计划，发放人工智能算力券；2024年印发《北京市算力基础设施实施方案（2024—2027年）》《北京市存量数据中心优化工作方案（2024—2027年）》《北京市推动"人工智能+"行动计划（2024—2025年）》等相关政策文件，紧密围绕人工智能基础设施的硬件自主创新、数据集开放、算力建设、数据中心优化、应用场景建设等方面出台了系列政策文件。

表1 北京市2020~2024年出台涉及人工智能基础设施细分类别的政策数量统计

人工智能基础设施分类	2020年	2021年	2022年	2023年	2024年
网络基础设施	2	4	2	0	0
算法学习框架	2	3	1	2	0
人工智能芯片	0	2	1	3	2
人工智能算力	1	2	1	4	3
数据中心	3	2	2	1	2
大模型	0	0	0	4	2
公共数据开放共享	1	2	3	3	3
人工智能训练数据集	0	2	0	3	4
开源开放平台	1	3	0	3	2

（二）算力统筹和芯片供给能力提升

城市算力供给体系加快建设。政府积极规划智能算力基建布局，规模化先进算力供给能力得到显著提升。北京市已经建成或正在建设的智算中心包括京西智谷智算中心、石景山智能算力中心、北京昇腾人工智能计算中心、华章北京一号智算中心、北京人工智能公共算力中心、北京数字经济算力中心等。2024年重点建设海淀、朝阳、亦庄、京西等E级智能算力高地，目前已建成智算超2.2万P。推进算力互联互通和运行服务平台汇聚算力资源，北京市算力互联互通和运行服务平台上线运行，具备算力接入纳管、封装编排、调度管理、交易运营等能力，汇聚意向智能算力超5万P。

政企统筹优化算力布局。依托与本地通信行业、云厂商合作，全市加快统筹优化现有算力资源。2024年中国移动算力中心北京节点投入使用，成为通信运营商在北京建成的首个大规模训推一体智算中心，部署近4000张人工智能加速卡，人工智能芯片国产化率达到33%，智能算力规模超1000P。北京联通在门头沟区打造的京西智谷自主创新人工智能算力中心成为全国首个"政府+运营商"智算中心和北京市唯一全国产化自主创新算力中心，采用自主研发的联通云和"星罗"一体化算力调度平台，实现了海量智能能力和多样性算力分布式调度，算力已经达到500P，可服务200余家中小企业和单位。北京电信结合"光网之都，万兆之城"行动计划，在全国率先部署了800G超高速波分和以太网长距无损技术，将北京市人工智能公共算力平台—永丰、京津冀武清、亦庄瀛海等3个智算节点通过万兆光网进行互联，实现了算力运力协调发展。2024年12月14日，由北京市科委、中关村管委会及企业和学术机构共同参与超节点算力集群创新联合体成立，开启了国产高性能算力互联集群的"北京方案"，推动底层智算基础设施向"超节点"形态升级。此外，高端算力芯片国产化替代进程加快。先进芯片进口受限倒逼国产化芯片快速发展，昆仑芯、地平线、寒武纪和摩尔线程等北京企业加快国产算力芯片的部署测试，持续推动国产芯片在性能、能效、应用场景等方面的优化升级（见表2）。

表 2　北京人工智能芯片企业发展情况

企业	成立时间	国产芯片产品	市场表现
昆仑芯	2011 年	通用人工智能芯片，昆仑芯 2 代人工智能芯片	国内首款采用 GDDR6 显存的通用人工智能芯片，已在金融、工业、教育等领域布局
地平线	2015 年	应用于自动驾驶领域，为车企提供高性能、低功耗的自动驾驶计算方案。	"征程"系列芯片出货量超 500 万片，赋能超过 110 款量产车型
寒武纪	2016 年	提供云边端一体、软硬件协同、训练推理融合、具备统一生态的系列化智能芯片产品和平台化基础系统软件。	思元 290 智能芯片及加速卡、玄思 1000 智能加速器量产落地
摩尔线程	2020 年	全功能 GPU，面向 C 端游戏显卡和 B 端人工智能业务芯片	全功能 GPU 芯片采用自研先进 MUSA 架构，集成了人工智能计算加速、图形渲染、视频编解码、物理仿真和科学计算四大引擎

资料来源：根据网上公开资料整理。

（三）人工智能算法框架全球领先

开源深度学习框架数量全国第一。在人工智能技术快速发展的推动下，北京 AI 框架市场规模不断扩大，成为全球 AI 框架市场的重要一环。北京是国内拥有开源深度学习框架最多的地区，主要框架包括 PaddlePaddle（百度飞桨）、MindSpore（华为昇思）、MegEngine（旷视天元）、OneFlow（一流科技）、Jittor（清华计图）等，国产框架如 MindSpore、PaddlePaddle 等不断发展壮大，市场份额逐渐增加。PaddlePaddle 是我国首个自主研发、功能丰富、开源开放的产业级深度学习平台。MindSpore 自 2020 年开源以来，目前已孵化、支持 50 多个国内外主流大模型；开源版本已累计获得 1100 万次下载，覆盖全球 130 多个国家和地区的 2400 多个城市。这些框架覆盖了从移动端到服务器端，从基础研究到产业应用的广泛需求，展现了北京在人工智能领域的强大研发实力和创新能力（见图 2）。

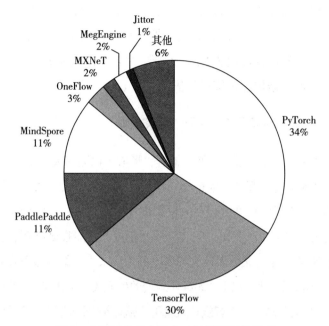

图 2　中国开发者主流人工智能框架使用率

资料来源：Omdia《中国人工智能框架市场调研报告》。

（四）高质量通用和行业数据集加快开放

高质量通用数据集和平台发布。近年来，北京市组织有关机构整合、清洗中文预训练数据，形成安全合规的开放基础训练数据集，并建设高质量的多模态数据来源。一方面，加速高质量数据集发布，2023 年北京市发布了两批大模型高质量数据集，分别包括 18 个和 41 个数据集，合计人工智能数据集总规模超过 600T，为通用大模型和行业大模型训练及应用落地提供坚实有力的资源保障。另一方面，加快高质量数据交互平台建设。如智源研究院所建设的北京人工智能数据运营平台，已汇聚了 180 多个数据集、近 2000TB 的数据总量。2024 年 6 月，北京人工智能数据运营平台发布，汇聚高质量数据集超 150 个，包含大量通用数据、行业数据，支持文本、图像、视频等多种模态，并打造了全流程的数据处理工具。超过 700 万亿字节的通用数据集可以开展通用模型训练，同时有医疗、教育、法律、新闻等 18 类行业数据 4.33 万亿字节的行业垂类数据。平台还明确了开源开放、合作共建、数算一体三种数据使用方式，分别针对公共采集数据、点对点数据交互，以及高价值数据加工训练进行安全保护。

（五）大模型应用平台向行业纵深发展

北京的大模型基础建模能力快速提升，形成了以通用大模型人工智能服务、垂直行业领域人工智能服务、大模型应用服务的三类平台，共同支撑产业转化和发展。2024 年新增大模型中行业大模型占比高达 83%，其中传统产业赋能和金融领域发展较快，如产业知识问答、图文生成、智能投研助理、智能客服等领域。截至 2024 年底，北京累计完成备案的生成式人工智能服务项目总数突破 105 款，占全国数量的 40% 以上。2024 年新增的生成式人工智能服务涵盖教育、医疗、金融和文娱等领域。人工智能正从通用领域向各行业细分领域深化渗透，满足不同领域的特定需求，特别是在教育、金融、政务、文化旅游、医疗、智慧城市等领域。与此同时，通过强化人工智能基础设施建设，模型应用的成本持续降低，如推动算力成本持续降低，"通义千问" API 调用价格一年间下降了 97%。

三 北京市人工智能基础设施发展制约因素

（一）人工智能基础设施能耗较高

人工智能基础设施能源消耗巨大，随着人工智能技术应用的发展，对算力的需求还将急剧增加，数据中心消耗电力的比重会进一步提升，可能成为新一代"电老虎"，对环境和能源供应提出了挑战。一方面，人工智能数据中心能源消耗规模巨大。全球数据中心的电力消耗约占全球总电力消耗的 1%~2%。与传统数据中心相比，人工智能数据中心需要消耗大量电量。如一个 Google 传统搜索的请求消耗约 0.3Wh，而一个 ChatGPT 请求需要消耗 2.9Wh，约为前者的十倍。另一方面，用电摆伏加剧对传统电网形成挑战。

随着神经网络模型任务负载的增加或减少，人工智能数据中心电流需求高度瞬变，每微秒的变化甚至可达2000A。人工智能数据中心的推理也会由于用户的大量请求出现即时响应次数激增，这导致模型推理耗能超过训练耗能，这些能耗需求对电力系统的压力较大。目前北京的能源结构中化石能源仍占较大比例，虽然北京在推动可再生能源的发展和利用方面取得了一定进展，但可再生能源在整体能源结构中的占比仍然较低，且存在一定的不稳定性和成本问题，因此在保障人工智能基础设施发展的同时，如何加快推动北京绿色低碳转型发展依然是一个挑战。

（二）高质量数据集开发共享不足

人工智能的进步依赖于大规模高质量的数据集，数据集的训练需求增长速度可能会超越现有数据存量的增长速率，预计2026年高质量语言数据的现有储备将面临枯竭。北京在数据开放共享方面走在全国前列，但是公共数据开放机制依然不完善，数据获取和交换机制还远没有形成，数据孤岛问题仍然突出，数据采集、清洗、标注、评价、资产评估等服务发展仍处于初期。行业高质量数据集开发激励不足，高质量数据集的建设需要巨大的资金投入，数据来源的多样性、复杂性加深了建设难度。特别是行业应用数据集更加难获取和访问，限制了大模型可使用的数据量。此外，人工智能数据集大部分来源于互联网公共数据集，包含用户或企业的大量隐私、敏感信息，导致其在数据监管、数据清洗、数据存量方面存在很多挑战。

（三）人才回流和企业"走出去"受阻

与美国先进地区相比，北京人工智能高层次人才依然短缺，制约了人工智能关键技术和算法的创新。一方面，中美技术贸易和科技人员交流限制加大，影响北京人工智能企业和研发机构已建立的国际交流合作，导致北京人工智能基础设施研发和建设机构在国际合作项目中难以稳定获得海外人才的支持和参与。另一方面，北京人工智能优势企业持续"走出去"，如字节跳动和零一万物等已在海外推出人工智能产品，商汤科技、阿里云等在中东地区也有业务发展。美国对特定科技企业和特定区域企业主体施加更多的经济制裁和融资限制，将波及北京优势人工智能企业海外技术合作和基础设施等领域"走出去"进程，制约北京人工智能企业在海外业务布局和扩展。

（四）基础设施建设和应用不协同

以算力为代表的人工智能基础设施建设和应用存在不协同。根据中国信通院发布的《中国算力发展指数白皮书（2023）》，北京在算力规模、算力产业、算力技术、算力环境细分指数上排名第一或第二，但在算力应用细分指数上排名靠后，在算力对产业数字化发展的赋能作用上明显低于东部沿海省份和中部强省，属于供给驱动的主要模式。人工智能基础设施需要与各行业的业务流程、信息系统、生产系统等跨领域深度融合才能产生价值，但这一过程存在较高的技术门槛，传统企业应用的动力不强，人工智能基础设施与实体经济的融合程度仍有待加深，在教育、医疗、养老、环境保护、城市运行、交通、能源、制造等传统领域尚未得到深度应用。

四　加快北京市人工智能基础设施发展的可能路径

人工智能已成为推动北京经济社会发展的新引擎，亟须通过创新培育、场景牵引、要素支撑等发展路径，进一步提升北京人工智能基础设施的自主性、应用效能及整体发展水平。

（一）创新培育，提升人工智能基础设施自主性发展

一是加强核心技术研发和国产化替代。鼓励和支持北京科研机构、高校及企业加大在算法、芯片、操作系统等人工智能核心领域的研发投入，通过设立政府专项基金、提供税收优惠等措施，加快推动北京人工智能芯片企业技术创新，加快国产化替代进程。强化对正在建设的公共算力中心高性能芯片的提前布局，加快国产芯片的适配和批量使用。进一步降低公共算力服务

成本，将发放算力券与配套设施服务结合，如建立算力中心运营统筹和结算机制，为企业提供"保姆式"算力服务，实现"随用随取"。

二是构建面向基础前沿的开放创新平台。依托北京人工智能领域企业的开源社群资源，创立面向基础前沿的人工智能创新平台，促进技术层面的深度交流与协作，加速推进人工智能基础研发成果向实际应用领域的转化进程。推动人工智能研发机构、应用企业、高等教育机构及科研机构共建联合基础设施实验室，形成人工智能基础设施革新与发展的新生态。

三是推动可信数据空间和行业数据集建设。依托北京数据基础制度先行区打造安全可信的数据空间，引导企事业单位开放并汇聚高价值行业数据。强化相关数据集建设，鼓励制造业企业开放应用场景，加快研制细分行业领域数据产品生产和服务规范，建立数据加工使用、应用服务、流通交易的模式和规则，提高行业大模型数据需求和迭代优化能力。

（二）场景牵引，推动人工智能基础设施赋能公共服务

一是加快"人工智能+智慧城市"建设。依托超大城市治理的应用场景，在智能交通系统、智慧医疗平台、环境监测网络等领域强化传统设施的智能化改造，依托人工智能赋能提高城市治理效率和居民生活质量。

二是公共服务基础设施智能化升级。推动教育、养老、文化、体育等公共服务领域的智能化改造，依托人工智能基础设施提供智能教育平台、智慧养老社区、虚拟文化体验等，满足多样化服务需求。

三是强化北京先进制造领域工业大模型场景应用。加大北京人工智能企业在工业大模型领域的研发投入，鼓励新兴研发机构与制造企业联合制造场景进行打磨，研发工业大模型产品和服务。

（三）要素支撑，强化人工智能基础设施发展能源、资本、人才、制度环境

一是加大在数据中心和电网建设方面的投入。面向未来构建高端化、智能化、绿色化的城市基础能源供应综合体系，增强基础能源的供给效能。强

化政策支持和技术创新，进一步优化数据中心的绿色能效，提高电网的供电能力，以满足人工智能产业的快速发展需求。

二是优化人工智能基础设施投融资环境，强化多渠道资金支持。加大政府直接投资，针对人工智能芯片与算力解决方案、算法框架等领域强化直接投资力度，推动北京人工智能技术和场景应用高需求领域投资力度。强化市场投融资渠道，加速推动北京人工智能核心企业在北交所上市，优化人工智能投资联盟机制。发挥政府投资基金引领作用，鼓励"耐心资本"投入人工智能芯片、框架以及核心技术算法等底层技术。

三是全面培养引进高质量人才，加强人工智能高水平人才储备。强化实施北京人工智能人才推进工程，优化高端人才长期培养机制，加强现有人工智能人才梯队建设。鼓励各类人才向人工智能基础领域聚集，完善人工智能人才生态体系，增强对国外高端人才引进的保障措施，开辟专门渠道，实行特殊政策，实现人工智能高端人才精准引进。

四是完善政策法规体系，助力企业"组团"出海。加快制定和完善人工智能领域的法律法规，优化审批流程，简化项目落地手续，营造更加开放、包容、便利的营商环境。鼓励北京的人工智能企业积极拓展中东及东盟等地区的业务，推动建设海外科技园、联合研发机构、实验室及孵化器等高端人工智能创新平台的方式增强基础设施领域的海外输出能力。

参考文献

李洁、王月：《算力基础设施的现状、趋势和对策建议》，《信息通信技术与政策》2022 年第 3 期。

周辉、闫文光：《中国人工智能算力产业发展的规制困境及其解决路径》，《北京工业大学学报》（社会科学版）2025 年第 1 期。

孟凡新：《数据基础设施建设的北京实践》，载施昌奎主编《北京公共服务发展报告（2023~2024）》，社会科学文献出版社，2024。

中国信息通信研究院：《人工智能基础设施发展态势报告（2021 年）》，2022。

B.14
北京市乡村新型公共设施建设
进展与政策启示[*]

王　婧[**]

摘　要：　随着乡村经济社会的快速发展，一些新型公共设施在乡村地区应需而建，研究乡村新型公共设施建设的科学内涵、基本格局、典型模式等对于实施乡村建设行动、落实乡村振兴战略具有重要参考价值。本报告初步探讨了新型公共设施的概念与范畴，并基于5个代表性指标，分析了北京市乡村新型公共设施建设现状、低值区与现实问题。当前，北京市快递服务到村和5G网络覆盖的情况相对较好，养老服务设施建设也在推进，新能源汽车公共充电桩和农产品仓储保鲜冷链物流设施覆盖度相对较低，并且与上海、浙江等省市还有一定差距。区域覆盖不均、偏远乡村难享便利，建设与运维难度大、成本高，适配人口产业发展难度较大是主要现实问题。未来应加强基础研究，明确具体需求、分类有序推进，加强城乡对接、探索创新模式，建立健全北京乡村新型公共设施长效运维机制。

关键词：　新型公共设施　乡村建设　乡村振兴

一　引言

2022年5月，中共中央办公厅、国务院办公厅印发《乡村建设行动实

* 基金项目：本报告是北京市社会科学院一般课题"乡村建设的区域格局、实施机制与高质量发展路径"（KY2025C0356）阶段性成果。
** 王婧，北京市社会科学院管理所副研究员，主要研究方向为区域发展与管理。

施方案》（以下简称《实施方案》），明确指出"乡村建设是实施乡村振兴战略的重要任务，也是国家现代化建设的重要内容"。为深入贯彻落实《实施方案》，2023年3月，北京市出台《北京市乡村建设行动实施方案》（以下简称《北京实施方案》），提出要持续提升乡村基础设施完备度、公共服务便利度、人居环境舒适度，明确了包括加强农产品仓储保鲜和冷链物流设施建设、实施数字乡村建设发展工程、实施提升农村人居环境建设美丽乡村行动、实施农村基本公共服务提升行动等在内的12项重点任务，涉及乡村建设的方方面面，其中包括对各类设施建设的任务和内容。

从历年数据尤其是近五年统计数据来看，北京市乡村公共基础设施建设，除个别领域（如污水处理等）与长三角地区各省市相比存在一定差距外，总体在全国处于较高水平，人均建设投入也为全国最高。北京市乡村公共服务设施不断提升，如多部门共建了村级公共文化设施，并于2010年底在全国率先实现了农村地区公共文化设施全覆盖；[①] 村级医疗卫生机构规范化建设并逐步实现"一村一室（站）"等。随着信息技术、物联网的快速发展，新能源汽车的广泛应用，以及深度老龄化的到来，设施建设逐渐升级，除传统的设施如给排水、道路、医疗、教育等，一些新型公共设施如数字基础设施、养老设施、物流设施、新能源汽车充电站等应需而建。本报告重点围绕当前乡村新型公共设施建设，分析北京市乡村新型公共设施建设的基本情况、空间分异特征，并与我国其他典型省份进行对比，分析现实问题，最后提出对策建议。

二 概念与指标

（一）乡村新型公共设施的基本概念

"设施"在《现代汉语词典（第7版）》中的解释为"为进行某项工

---

① 《北京市：多部门共建村级公共文化设施为村民服务》，《北京日报》2011年5月3日。

作或满足某种需要而建立起来的机构、系统、组织、建筑等"，其中，公共设施是由政府提供的属于社会给公众享用或使用的公共物品或设备。按经济学的说法，公共设施是公共政府提供的公共产品；从社会学来讲，公共设施是满足人们公共需求（如便利、安全、参与）和公共空间选择的设施；公共设施类型多样，常说的包括"公共基础设施""公共服务设施""公共配套设施"等，具体按照用途、需求或特点可分为市政工程设施、园林绿化设施、环境卫生设施和其他公共设施，以及包括医疗、教育、文化娱乐等公共服务设施等，主要基于城市发展建设而形成公共设施的概念、建设内容与模式，乡村地区的公共设施建设起步较晚。随着乡村经济社会快速发展，公共设施建设数量类型增多、覆盖面扩大、质量提档升级。

2018年中央经济工作会议提出，加快5G商用步伐，加强人工智能、工业互联网、物联网等新型基础设施建设；[1] 2020年，国家发展和改革委员会对"新型基础设施建设"作出权威解读，主要包括信息基础设施、融合基础设施和创新基础设施三个方面。[2] 关于本报告探讨的"乡村新型公共设施"，可定义为"为了满足乡村居民生产、生活及乡村发展需求，运用新理念、新技术、新模式建设的各类公共设施"。该类设施区别于传统乡村公共设施（如水、电、道路、图书馆等），具备更新、更高的科技与服务效能，如信息基础设施、快递服务设施、仓储保鲜冷链物流设施等。

（二）刻画北京市乡村新型公共设施的代表性指标

基于乡村新型公共设施的内涵特征，结合《北京实施方案》中提到的农产品仓储保鲜和冷链物流设施建设、乡村信息基础设施升级、农村养老服务网络建设等内容，兼顾数据的可获得性，本报告重点探讨当前北京市乡镇5G网络、养老服务机构或设施、快递服务到村、农产品仓储保鲜冷链物流

---

① 《从政府工作报告中的十个"新"看中国经济走势》，https://www.gov.cn/zhengce/202403/content_6936737.htm，2024年3月5日。

② 《如何理解构建新型基础设施规划和标准体系，健全新型基础设施融合利用机制》，https://www.gov.cn/zhengce/202408/content_6969236.htm，2024年8月19日。

设施和新能源汽车公共充电桩 5 个方面的乡村新型公共设施建设与覆盖情况。刻画北京市乡村新型公共设施的代表性指标如表 1 所示。

表 1　刻画北京市乡村新型公共设施的代表性指标

指标名称	计算方法
覆盖 5G 网络的村比例	覆盖 5G 网络的村数量/行政村数量
实现快递服务到村的村比例	实现快递服务到村(不包括邮政 EMS)的村数量/行政村数量
有农产品仓储保鲜冷链物流设施的村比例	有农产品仓储保鲜冷链物流设施的村数量/行政村数量
有新能源汽车公共充电桩的村比例	有新能源汽车公共充电桩的村数量/行政村数量
有养老服务机构或设施覆盖的村比例	覆盖养老服务机构的村数量/行政村数量

注:"覆盖 5G 网络的村比例"下文部分地方简称为"5G 网络指标","实现快递服务到村的村比例"下文部分地方简称为"快递到村指标","有农产品仓储保鲜冷链物流设施的村比例"下文部分地方简称为"农产品仓储冷链指标","有新能源汽车公共充电桩的村比例"下文部分地方简称为"汽车充电桩指标","有养老服务机构或设施覆盖的村比例"下文部分地方简称为"养老服务设施指标";数据来自乡村建设信息监测平台(2023 年),涉及 160 个涉农乡、镇、街道、地区(以下简称"乡镇"),具有较强的区域覆盖性。

三　北京市乡村新型公共设施建设的格局特征与区域比较

(一)空间分异特征

总体来看,2023 年北京市实现快递服务到村的情况和村覆盖 5G 网络的情况相对较好,覆盖养老服务机构或设施的村比例也在提升,有新能源汽车公共充电桩的村数量和有农产品仓储保鲜冷链物流设施的村数量相对较少(见图 1)。

1.5G 网络覆盖建设加速推进

2023 年的监测数据显示,覆盖 5G 网络的村比例全市均值为 80%。

44.4%的乡镇实现下辖村 100% 覆盖 5G 网络，各区均有分布；24.4%的乡镇下辖不到七成的村覆盖 5G 网络，主要分布在生态涵养区；有的乡镇仅有 1~2 个村有 5G 网络。2024 年，北京各区乡村进一步开展了网络优化和基站建设，如昌平区攻坚偏远山区 5G 建站难题，在七个乡镇建设超百个 5G 基站，环西自行车赛部分沿路 5G 信号覆盖提升至 97%；[①] 通州区将村内 5G 覆盖率提升至 91%。[②] 截至 2024 年 4 月，北京市 5G 基站累计达到 11.45 万个，每万人拥有 5G 基站 52 个，名列全国首位，行政村全部点亮。[③]

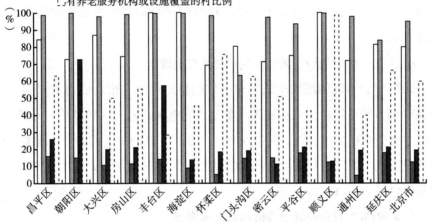

图 1　2023 年北京市和各区 5 个乡村新型公共设施指标情况

2. 超过95%的村实现快递服务到村（不包括邮政 EMS）

2023 年，实现快递服务到村（不包括邮政 EMS，以下简称"快递到

---

① 《打造乡村精品网络！北京移动昌平分公司满足乡村居民通信需求》，https：//www.toutiao. com/article/7432238711317856808/？upstream_biz=doubao&source=m_redirect，2024 年 11 月 1 日。

② 《强终端、优网络，北京移动助力提升乡村电子政务工作效率》，https：//k.sina.com.cn/ article_5227599721_13796d769019029esq.html，2024 年 10 月 17 日。

③ 《京彩 5G：向"新"而行　提"质"发展——北京信息通信业 5G 五年发展纪实》，https：//www.c114.com.cn/news/80/a1264823.html，2024 年 6 月 6 日。

村")的村比例的全市均值为95.1%。75.6%的乡镇下辖每个村实现快递到村，其中朝阳区、海淀区、丰台区和顺义区下辖村全部实现快递到村；仅有5%的乡镇有不到七成的村实现快递到村，主要分布在生态涵养区的门头沟区、延庆区和密云区，门头沟区快递到村水平相对偏低，仅约63.5%。2024年，快递企业通过各类方式实现快递进村，部分村同比增速达到40%以上。[①]

3. 超过12%的村有农产品仓储保鲜冷链物流设施

2023年，有农产品仓储保鲜冷链物流设施的村比例的全市均值为12.2%。约有70%的乡镇下辖村少有农产品仓储保鲜冷链物流设施，怀柔区、通州区的低值分布较多；高值主要分布在城市近郊或郊区农业经济发展较好的地区，其中仅有4个乡镇下辖的每个村均有农产品仓储保鲜冷链物流设施。

4. 近20%的村建设了新能源汽车公共充电桩

2023年，有新能源汽车公共充电桩的村比例的全市均值为19.5%。约有50%的乡镇下辖村少有新能源汽车公共充电桩，密云区的低值分布较多；高值主要分布在城市近郊，其中仅有9个乡镇下辖的每个村均有新能源汽车公共充电桩。朝阳区有新能源汽车公共充电桩的村比例较高（72.7%），其次是丰台区（57.1%）。

5. 近60%的村有养老服务机构或设施覆盖

2023年，有养老服务机构或设施覆盖的村比例的全市均值为59.6%。26.3%的乡镇实现下辖村全部有养老服务机构或设施覆盖，主要分布在顺义区、怀柔区和延庆区等，高值也主要分布在北部，其中，顺义区下辖有养老服务机构或设施覆盖的村比例最高（98.6%），其次是怀柔区（75.6%）；丰台区下辖有养老服务机构或设施覆盖的村比例相对最低（28.6%）。截至

[①] 《中通快递：2024年1~8月快递进村组超27.7万个》，https：//www.toutiao.com/article/7417776599800316453/？upstream_biz＝doubao&source＝m_redirect，2024年9月23日。

2024 年，全市农村地区共建成养老机构 326 家、幸福晚年驿站 674 家，① 新增 240 个农村邻里互助养老服务点。②

（二）与其他省市对比

从全市层面看，除了"有农产品仓储保鲜冷链物流设施的村比例"指标低于全国均值，其他 4 个指标均高于全国均值。2023 年，北京市"覆盖 5G 网络的村比例"低于长三角地区省市及山东、天津等东部沿海省市；③"实现快递服务到村（不包括邮政 EMS）的村比例"相对较高，但与上海市的 100%覆盖仍有差距；"有新能源汽车公共充电桩的村比例"在全国层面相对较高；"有养老服务机构或设施覆盖的村比例"略高于全国均值，位居全国中等水平，在 4 个直辖市中排第三（见图 2）。

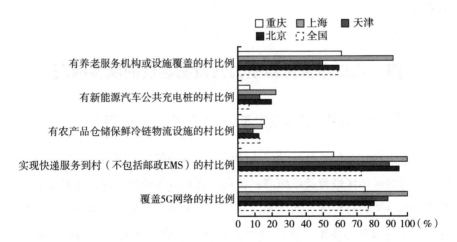

图 2　2023 年全国及 4 个直辖市的 5 个乡村新型公共设施指标情况

---

① 《本市加快补齐农村"老老人"服务短板　农村地区建成 674 家幸福晚年驿站》，《北京日报》2024 年 10 月 11 日。

② 《北京市 2024 年预算执行情况和 2025 年预算》，https：//baijiahao.baidu.com/s？id=1822171580926509661&wfr=spider&for=pc，2025 年 1 月 25 日。

③ 此为 2023 年监测数据，据报道，截至 2024 年 4 月，北京市 5G 基站累计达到 11.45 万个，行政村全部点亮。

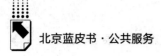

从区级层面看，各区"有新能源汽车公共充电桩的村比例"全部高于全国均值；"实现快递服务到村（不包括邮政 EMS）的村比例"方面，仅有门头沟区低于全国均值；"有农产品仓储保鲜冷链物流设施的村比例"方面，有通州区、怀柔区等 6 个区低于全国均值；"有养老服务机构或设施覆盖的村比例"方面，有丰台区、平谷区等 8 个区低于全国均值。

（三）综合评价

将本报告探讨的 5 个指标按照等权重进行加权求和，得到北京乡村新型公共设施建设综合指数。北京乡村新型公共设施建设综合指数的均值为 55.0，变异系数为 0.219，高值较少，高值区主要分布在近城区，较高值区主要集中在顺义区，房山区、昌平区、延庆区也有分布，低值区主要分布在远郊区。

四　北京市乡村新型公共设施建设的现实问题

（一）分布差异：区域覆盖不均，偏远乡村难享便利

由上述北京乡村新型公共设施建设空间格局可见，覆盖程度的区域差异较大，近城区的区域覆盖度较高，偏远山区普遍覆盖度较低，尤其是农产品仓储保鲜冷链物流设施、新能源汽车公共充电桩和养老服务机构或设施的覆盖度，大约 70%的乡镇下辖行政村少有农产品仓储保鲜冷链物流设施，约 50%的乡镇下辖行政村少有新能源汽车公共充电桩，约 10%的乡镇下辖行政村少有养老服务机构或设施。

（二）建设困局：建设与运行维护的难度大，成本高

北京乡村地域广阔，自然环境复杂，地形地貌差异较大，导致设施建设难度大、成本高。在 5G 网络设施建设方面，由于北京乡村地形复杂，基站选址、建设及维护难度大、成本高。快递服务进村时，面临乡

村业务量少且地广人稀、配送成本高等问题，服务质量难以保障。农产品仓储保鲜冷链物流设施建设需要投入大量资金购置专业设备，且能源消耗大，运维成本居高不下。新能源汽车充电桩建设中，乡村电力基础设施改造难度大，总体建设成本高，且建成后需要投入较多线下运维。养老服务机构或设施建设前期需投入高额资金，建成后需投入较大人力、物力运营成本。

（三）适配难题：适配人口产业发展难度较大

乡村地区不同区域、不同时间段的设施需求差异较大，适配人口产业发展难度较大。在快递服务方面，乡村产业布局分散，业务量不稳定，导致快递配送线路规划难，无法很好地匹配农产品运输、电商发展等需求。农业产业规模、布局差异大，农产品仓储保鲜冷链物流设施难适配。新能源汽车充电设施在乡村布局时，一方面，因居住人口分散，增加了规划建设难度，并且受新能源汽车需求及充电习惯影响，部分充电设施利用低；另一方面，在一些旅游景区附近的乡村，旅游旺季时新能源汽车流量较大，但充电桩数量不足，无法满足游客的充电需求。在养老服务设施方面，因乡村人口结构变化，如年轻人外流、老年人留守，与乡村康养产业发展结合不紧密，养老服务设施规模和内容难以适配需求。

五　政策启示

当前，北京市的乡村新型公共设施建设发展仍处于起步阶段，面临诸多困难和挑战，有必要根据当前和未来一段时期的人口变化和发展需求，着力做好补短板、强弱项的工作，适度超前进行规划布局，在推进乡村全面振兴新征程中充分发挥支撑和引领作用。具体而言，亟须研究探索面向需求、加快建设、可持续发展的策略。

（一）加强基础研究，明确具体需求，分类有序推进

1. 充分开展调研，明确具体需求

一是乡村人口规模和结构变化较大，严重影响乡村未来发展趋势，应建立以行政村为基本单元的乡村常住人口信息管理系统，长期监测并掌握常住人口数量和结构的变化。二是乡村地区除农业生产、农产品加工外，旅游业也是重要产业，应充分调查掌握产业规模、发展趋势及其带来的人口流动。三是充分开展调研，明确基于乡村人口和产业发展的新型公共设施的具体需求。

2. 针对不同区域，分类有序推进

结合北京乡村新型公共设施建设综合指数、低值区以及乡村人口和产业发展情况，统筹考虑，分类有序推进。一是针对不同类型低值区分别实施重点突破、两手同抓、综合提升。二是针对综合建设情况，高水平建设区域实行基本维护，中水平建设区域科学规划补上短板，低水平建设区域实施全面综合提升。三是针对人口变化和产业发展态势，人口增加、产业活力增强区域优先推进建设并提档升级，人口稳定、产业活力稳定区域要维护基本需求，人口减少、产业活力减弱区域要掌握使用效率情况，保障基本需求，减少盲目建设。

3. 针对不同设施，补短板促提升

持续落实《北京市农村寄递物流体系建设三年行动方案（2023-2025年）》，统一规划、科学合理增设网点，提高服务质量；加大对农产品产地预冷设施建设的投入，保障用地需求，推进设施建设，优先保障大规模主产地设施需求；加强农村电网改造，提高供电稳定性，满足新能源汽车充电设施建设需求，保障短缺地区充电需求；合理布局并增设养老设施，满足需求和提高使用率同抓，让设施真正落地实用。

（二）加强城乡对接，探索创新模式，助力设施建设

一是强化城乡对接。建立城乡公共设施建设资源共享机制，探索"城

乡结对共建共享"模式，促进城镇基础设施向乡村延伸，鼓励城市社区、企业与乡村建立长期合作关系，共同参与乡村新型公共设施建设。二是引入多元主体。鼓励和引导社会资本参与乡村新型公共设施建设，如通过 PPP 模式吸引企业参与新能源汽车充电设施、农产品保鲜冷链设施等建设；充分发挥本土力量，支持农村集体经济组织、村民自治组织等参与养老设施、快递服务点等的建设。三是加大资金投入。加大财政资金对乡村新型公共设施建设的投入力度，设立专项建设资金，重点支持强需求地区、偏远地区和经济薄弱乡村的设施建设；完善金融支持政策，鼓励金融机构开发针对乡村新型公共设施建设的信贷产品，提供低息贷款、贴息等金融服务，缓解建设资金压力。四是创新发展建设。推动公交代运邮件快件线路发展，加强对快递企业的监管；推广"共享冷库"模式，建立保鲜冷链数字化平台；依据市场化条件，对新能源汽车充电设施选择规模化建设或独立接口建设，并给予财政补贴和税收优惠；制定养老设施建设和服务供给专项规划，因地制宜发展适合当地乡村需求的养老模式。

（三）建立健全北京乡村新型公共设施长效运维机制

一是组建专业维护团队，引入智能化管理技术。建立设施运维管理平台，实时监测状态，及时预警故障，及时维护优化。二是统筹管理引导，多方参与运维。明确各方运维职责，政府做好统筹与政策引导，企业依合同负责设施运营维护，社会组织协助提供技术支持，基于村规民约动员村民参与日常维护。三是专款专用，支撑后续运维。设立运维专项资金，政府财政每年按一定比例投入，同时出台税收优惠政策吸引社会资本。四是注重人才引进与培养。制定优惠政策，吸引专业人才投身乡村新型公共设施发展；建立运维管理人才培养体系，通过职业培训、定向培养等方式，培养一批懂技术、会管理的专业人才。五是加强管护运维监督和评估。建立有效的监督和评估机制，实行多层监督，定期开展效果评估，对主动作为、卓有成效的行为予以表彰和奖励，对不作为、慢作为及乱作为的行为进行责任追究。

参考文献

郝亚光、张琦、王玉斌等:《专题研讨:我国城乡公共服务设施建设现状、问题及对策建议》,《国家治理》2024年第3期。

姚美娇:《充电桩加速"下乡"》,《中国能源报》2024年12月9日。

朱俐娜:《新能源汽车加速下乡,挖掘农村消费潜力》,《中国城市报》2024年6月24日。

金恩焘:《数字乡村战略下农产品流通体系创新研究》,博士学位论文,南昌大学,2020。

王婧:《北京乡村公共设施建设进展与启示》,载《北京公共服务发展报告(2023~2024)》,社会科学文献出版社,2024。

梁溢纯:《乡村地区快递统仓共配物流中心选址及路径优化研究》,硕士学位论文,北京交通大学,2023。

张迪:《点状供地政策下的养老设施配置研究》,硕士学位论文,北京建筑大学,2022。

公共安全篇

B.15

北京社区社会组织培育发展路径研究[*]

徐 明 陈斯洁 刘雅函[**]

摘　要： 社区社会组织在提供公共服务、丰富社区文化、化解基层矛盾等方面扮演着举足轻重的角色。本报告构建"角色—资源—能力"理论分析框架，深入分析社区社会组织在基层治理中的作用，探讨其发展过程中的困境，并提出有效的解决路径。本报告指出，社区社会组织的培育与发展需要明晰不同主体的角色，加强权利资源、制度资源和社会资源等各方资源的支持。同时，研究强调社区社会组织培育发展的最终目标是提升社区居民的意识和能力，增强社区自治的社会资本存量。促进社区社会组织的培育和发展，应进一步加强社区社会组织中党的组织建设和制度建设，明晰社区社会组织服务管理的角色定位，进一步优化社区社会组织培育发展的环境，促进社区社会组织类型、地区结构均衡发展，提升社区社会组织内部治理水平。

---

* 基金项目：本报告是国家社会科学基金项目"后疫情时代社区治理精细化转型与能力建设研究"（21BSH136）的阶段性研究成果。

** 徐明，中国社会科学院大学教授、博士生导师，国家治理现代化与社会组织研究中心主任，主要研究方向为人力资源开发管理与人才发展、社会治理、公共安全治理；陈斯洁，中国社会科学院大学博士研究生，主要研究方向为人力资源开发管理与人才发展；刘雅函，中国社会科学院大学硕士研究生，主要研究方向为人力资源管理。

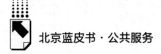
关键词：　社区社会组织　基层治理　社会治理现代化

一　引言

社区社会组织在提升居民活跃度、丰富社区服务内容、营造社区氛围等方面发挥着显著作用，有效增强了社区党委与居民的联系，缓解基层治理中的难题，促进了社区服务体系的完善。中共中央、国务院始终将社区社会组织视为基层治理中的重要主体。党的二十大报告指出，"健全城乡社区治理体系，及时把矛盾纠纷化解在基层、化解在萌芽状态""健全共建共治共享的社会治理制度，提升社会治理效能""建设人人有责、人人尽责、人人享有的社会治理共同体"，并将此作为完善社会治理体系的重要内容。在此背景下，大力推进社区社会组织的培育发展，研究社区社会组织的培育发展路径，对于在实现中国式现代化过程中发挥社区社会组织在基层治理中的作用具有重要意义。

二　文献研究与问题提出

（一）文献研究

1. 社区社会组织

我国社区社会组织规模不断扩大，截至2022年底，全国已经拥有超过175万家社区社会组织，其中，约10%的社区社会组织满足社会组织登记条件，在县级民政部门登记；约90%的社区社会组织由街道办事处、乡镇政府或社区党组织、基层群众自治组织等进行指导管理。

在社区社会组织概念及特点上，社区社会组织是指由社区组织、个人或街道内的居民及组织根据自身需求，在社区内单独或联合成立的具有草根性和亲民性的自发组织。① 《民政部关于大力培育发展社区社会组织的意见》明确指出，社区社会组织是由社区居民发起成立，在城乡社区开展为民服务、公益慈善、邻里互助、文体娱乐和农村生产技术服务等活动的社会组织。此类组织的活动范围主要在社区内，服务对象也以社区居民为主，以满足居民的实际诉求为核心目标。这一特性使其与其他类型的社会组织形成鲜明区别。首先，作为社会组织的一种，社区社会组织保留了非政治性、非营利性、民间性、自治性和志愿性等基本特征，能够在政府和市场体系之外独立运作，依靠公益理念和志愿精神推动各类社会服务项目的开展。其次，社区社会组织具有鲜明的社区性特征。其活动范围和服务对象均集中在社区，② 能更贴近居民实际需求，提供针对性和实效性强的服务。最后，社区社会组织还具有公共性和个体性的双重特征。③ 公共性体现在它们是基层社会治理的重要主体，能够促进居民参与、提供社区服务、丰富社区文化、化解基层矛盾，增强社区凝聚力。个体性则表现在社区社会组织能够关注并满足居民的个性化需求，如慈善救助、社区维权等，提升居民的获得感和幸福感。

　　社区社会组织的分类可从多个维度进行划分。从管理形式来看，主要分为三类。一是已完成正式注册的组织；二是由街道或社区进行备案的组织；三是尚未注册或备案，仍处于发展初期的组织。④ 以服务内容为划分标准，可以分为以下几类，致力于社区福利的组织、开展文体活动的组织、维护居民权益的组织、组织志愿服务的团体、提供低偿便民服务的机构等。⑤ 此

---

① 陈洪涛、王名：《社会组织在建设城市社区服务体系中的作用——基于居民参与型社区社会组织的视角》，《行政论坛》2009 年第 1 期；李培志：《引导与自觉：城市社区社会组织参与社区治理的路径分析》，《中州学刊》2019 年第 6 期。

② 郁建兴、金蕾：《社区社会组织在社会管理中的协同作用——以杭州市为例》，《经济社会体制比较》2012 年第 4 期。

③ 崔英楠、张立超：《社区社会组织的发展模式与经验启示——以香港社区社会组织的发展为考察视角》，《辽宁大学学报》（哲学社会科学版）2020 年第 6 期。

④ 夏建中、张菊枝：《我国城市社区社会组织的主要类型与特点》，《城市观察》2012 年第 2 期。

⑤ 杨贵华：《社区、社会组织、社会工作"三社联动"助力基层社会服务和社会治理研究——基于厦门市的调研》，《发展研究》2015 年第 11 期。

外，根据其职能和功能定位，还可将其归纳为社区服务型、文体教育型、公益型以及权益维护型。①

社区社会组织的发展受益于国家顶层设计的政策保障与地方政府的具体引导。在国家层面，《关于通过政府购买服务支持社会组织培育发展的指导意见》《关于大力培育发展社区社会组织的意见》等文件，不仅强调了政府购买服务对社区社会组织发展的支持，还明确了分类管理、加大扶持力度、促进能力提升等具体措施。特别是《培育发展社区社会组织专项行动方案（2021—2023年）》，更是从培育发展计划、能力提升计划、作用发挥计划和规范管理计划四个方面，为社区社会组织的发展绘制了清晰的路线图。《"十四五"社会组织发展规划》也进一步强调了社会组织，包括社区社会组织在内，在社会治理中的重要作用。在地方层面，各地民政部门积极响应国家政策，结合本地实际，出台了一系列细化措施。例如，上海市印发了《上海市民政局关于高质量发展上海社区社会组织的指导意见》，实施分级管理，明确了不同层级的管理职责。广东省在《广东省社区社会组织分类管理办法（试行）》中，对分类管理职责进行了详细划分，确保各级民政部门、街道办事处（乡镇人民政府）及居（村）民委员会在社区社会组织管理中各司其职。深圳市也印发了《深圳市社区社会组织培育发展专项行动计划（2023—2025年）》，对社区社会组织的支持体系和分级分类管理作出了具体规定，进一步促进了社区社会组织的发展。其他地区也陆续对社区社会组织的规范管理颁布制度进行规范。这些政策的出台和实施，优化了社区社会组织的生存环境，为其在社区治理中发挥更大作用奠定了坚实基础。

2. 社区社会组织培育面临的挑战与路径

学界对于社区社会组织培育中所面临的问题进行了研究，指出了一系列亟待解决的挑战。由于我国社区社会组织的培育发展起步较晚，统筹规划尚

---

① 焦若水、陈文江：《社区社会组织：社会建设的微观主体》，《科学社会主义》2015年第1期。

不完善，培育扶持政策也不够健全，因此存在多方面的问题与挑战。首先，不同主体在社区社会组织培育过程中的角色定位仍需明晰。社区社会组织在参与社区治理时面临官民二重性困境，政府往往将其视为延伸机构，承担过多政府日常事务与考核，而社区社会组织在工作中的独立性和自主性则有待加强。① 同时，社区居委会与政府之间形成了建构的一种事实上的上下级关系，这种半官僚化的模式虽然有助于政策的执行，却阻碍了政府与社区之间建立平等的契约关系。② 社区社会组织在角色定位上对政府的依赖程度较高，难以灵活应对市场和社会需求的变化。③ 此外，其发展还面临居民参与度不足、与基层政府关系有待优化等问题。④ 其次，社区社会组织培育发展的环境也有待优化。目前我国社区社会组织普遍面临资金短缺，规章制度不完善，大多数地区孵化模式单一、流于形式、成效不足等问题。⑤ 立法空白、准入门槛过高、资金短缺、场地不足以及监管薄弱等现实问题，也在一定程度上制约了社区社会组织的地位确立和功能发挥。⑥ 同时，社区社会组织的发展还面临扶持力度不足的挑战，部分地方政府缺乏具体的操作规范和实施细则。⑦ 加之政府购买服务的范围较为有限，进一步限制了社区社会组织的成长空间。这些研究成果为学术界探索社区社会组织的培育路径提供了重要依据。

为应对社区社会组织培育面临的挑战，学者围绕社区社会组织培育路径

---

① 尹广文：《官民二重性：社区社会组织参与社区治理的困境分析》，《宁夏社会科学》2016年第1期。

② 吴素雄、陈宇、吴艳：《社区社会组织提供公共服务的治理逻辑与结构》，《中国行政管理》2015年第2期。

③ 何欣峰：《社区社会组织有效参与基层社会治理的途径分析》，《中国行政管理》2014年第12期。

④ 李德：《当前我国社区社会组织发展面临的主要困境及对策研究》，《毛泽东邓小平理论研究》2015年第6期。

⑤ 赵罗英、夏建中：《社会资本与社区社会组织培育——以北京市D区为例》，《学习与实践》2014年第3期。

⑥ 袁方成、邓涛：《从期待到实践：社区社会组织的角色逻辑——一个"结构—过程"的情境分析框架》，《河南大学学报》（社会科学版）2018年第4期。

⑦ 朱丽荣：《社区社会组织的发展与完善》，《人民论坛》2019年第22期。

开展了一系列研究。首先，加强社区社会组织党的建设被视为关键一环。通过深化基层党组织与社区社会组织的联动，实现党的组织和工作全覆盖，为其健康发展奠定坚实的政治基础。[①] 其次，充分发挥各主体在社区社会组织培育过程中的作用至关重要。政府需通过分权、授权，探索健全的社会工作体系，并利用公益创投、政府购买服务等方式为社区社会组织提供广阔的发展空间；[②] 居委会则应在培育过程中主动对接街道，发挥桥梁作用。[③] 再次，改善社区社会组织培育环境。建立长效机制，加强宣传引导，营造良好的社会氛围。[④] 最后，强化社区社会组织内部治理，创新工作方法。如通过"活动吸纳"和"项目干预"两种路径，发掘社区能人并吸纳到组织中，实施具体项目提升组织凝聚力与执行力。[⑤] 这些措施共同作用于社区社会组织的健康发展和内部治理，有助于构建更加完善、高效的组织体系。

（二）研究述评与问题提出

当代学者在社区社会组织的基本概念、发展困境与形成原因、培育路径方面开展了一系列研究，但是仍存在以下研究缺口。一是在社区社会组织所面临的问题挖掘方面，尽管已有研究对社区社会组织的基本概念、发展困境与形成原因进行了初步探讨，但深入挖掘阻碍北京社区社会组织发展的共同原因的研究仍显不足。特别是对于社区社会组织在党的建设方面所面临的困境，如党员队伍结构老化、基层党组织运转模式不完善等问题，缺乏深入系统的研究。二是在培育路径方面，由于我国社区社会组织在地区、类型、外

① 孟晓玲、冯燕梅：《我国社会组织参与社区治理的模式、困境与路径》，《西安财经大学学报》2021 年第 3 期。

② 杨继龙：《资源输入视角下社区社会组织培育机制研究——以 N 市 H 区为例》，《社会科学家》2016 年第 7 期。

③ 郑磊：《社区社会组织孵化的实证研究——基于龙华街道健康志愿者组织的调研》，《求实》2013 年第 S2 期。

④ 王嘉渊：《"国家项目"的基层实践困境及其完善机制——基于 D 市社区社会组织培育的分析》，《山东社会科学》2019 年第 6 期。

⑤ 罗家德、梁肖月：《社区社会组织孵化培育路径研究——基于山东省 H 社区的案例分析》，《贵州师范大学学报》（社会科学版）2022 年第 2 期。

部资源等方面的异质性，其培育路径也应具有针对性和差异性。然而，当前的研究尚缺乏对内外部影响因素的深入分析，未能形成一套系统化的培育路径。特别是对于"如何结合北京地区的实际情况、优化社区社会组织的培育环境、提升其发展质量"缺乏深入细致的研究。

本报告构建"角色—资源—能力"理论分析框架，全面剖析北京社区社会组织培育发展面临的困境与挑战，提出切实可行的实现路径，以期为北京社区社会组织的培育发展提供科学的理论依据和实践指导，推动其在首都基层治理中发挥更加积极、有效的作用。

三 社区社会组织培育发展的理论分析框架

本报告建构"角色—资源—能力"理论分析框架，以全面探讨社区社会组织培育发展过程中面临的困境挑战及其实现路径（见图1）。

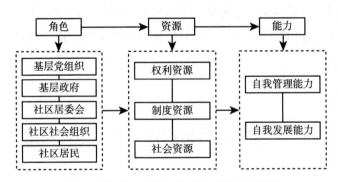

图1 "角色—资源—能力"理论分析框架

首先，从角色定位的角度来看，社区社会组织的发展需要明晰基层党组织、基层政府、社区居委会、社区社会组织及居民等不同主体的角色。基层党组织负责确保社区社会组织的发展方向与党的方针政策保持一致，并为其提供必要的政治引领和组织保障。基层政府应适度放权并提供资源支持与监管，社区居委会则需对接政府和社区资源，引导、支持与监督社区社会组织的发展。社区社会组织应强化自身建设，主动参与社区治理，推动政府职能转型。社区居民需增强参与意识，主动投身于社区治理事务中。

其次，资源支持是社区社会组织培育与发展的关键。根据资源依赖理论，社区社会组织的健康发展需要获取与整合资源。在权利资源方面，政府需要转变职能，进行适当的分权与授权，为社区社会组织提供广阔的发展空间。在制度资源方面，建立完善的社区社会组织发展制度体系至关重要。政府可采取购买服务、项目化运营等途径，为社区社会组织提供必要的资源支持。在社会资源方面，通过公益创投等多元化方式，吸引社会力量、市场化力量积极参与社区社会组织的发展，拓宽社区社会组织的资金来源，引入更多的创新元素和专业技能，提升社区社会组织的服务质量和效率。

最后，社区社会组织培育发展的最终目标在于提升社区居民的自我管理和自我发展能力，从而推动社区的可持续发展。社会资本理论关注社区关系网络、规范以及成员间的信任关系。作为促进社区发展的重要主体，社区社会组织通过开展多样化的活动，能够有效吸引居民参与，进而构建起居民之间相互联系的互动网络。这种网络不仅有助于居民之间的交流与互助，还能在活动开展过程中，引导居民参与社区事务的决策与管理，提升居民的自我管理和自我发展能力，激发居民对社区发展的责任感和积极性，从而增强社区自治的社会资本存量。

四　社区社会组织培育发展的现实困境

推动社区社会组织的发展包括外部的党委、街区政府、基层群众自治组织对社区社会组织发展的支持与内部的社区社会组织自身建设两大动因，因此，阻碍社区社会组织发展的困境也可以从外部和内部进行系统分析。在外部，一是政府、基层群众自治组织在对社区社会组织管理与监督的角色定位仍需进一步明晰；二是政府在培育社区社会组织的制度仍需优化，政府、社会和市场对社区社会组织培育发展的支持存在不足。在内部，社区社会组织自身建设中的人才培养、内部治理等方面仍存在问题。具体可以概括为以下五条困境。

（一）社区社会组织中党的组织建设和制度建设仍需加强

一方面，在组织建设方面，当前社区社会组织中存在党员队伍不足的挑战。党员年龄偏大，而吸纳年轻党员的效率却明显不足，党员队伍的年龄结构趋于老化，可能引发人才缺失、年龄结构不合理等问题。年轻党员的缺乏，也使社区党建工作难以覆盖所有日常工作和生活所需的专业领域，不仅限制了社区社会组织在解决复杂问题上的能力，也使其缺乏应有的活力和创新精神。此外，党组织中的党员彼此凝聚力不强。在日常工作中，凝聚力不足容易出现责任空白，使得一些关键任务无人问津；而在管理中，约束力不强则可能引发管理混乱，影响组织的整体效能。另一方面，在制度建设方面，当前基层党组织的建设制度尚不完善，经费管理上的漏洞仍然存在，这不仅造成了资金的极大浪费，也使得宝贵的资源无法被投入真正需要的地方。这种经费管理上的混乱，会损害党组织的公信力，也制约了社区社会组织在公益服务方面的能力发挥。此外，基层党组织运转模式也亟待优化。在一些单一社区中，党员人数较少，这使得党组织的覆盖面和影响力受到限制，党组织的运转模式还需进一步创新。

（二）社区社会组织服务管理的角色定位仍需进一步明晰

第一，就政府的角色而言，一方面应向社区社会组织授权，增强其自主性和灵活性，另一方面应为其提供必要的资源支持，以推动其良性发展。然而，当前政府对社区社会组织的管理仍然存在管理理念滞后的问题，仍存在将社区社会组织当作政府延伸的情况，使社区社会组织需要完成较多的上传下达的行政事务，难以专注于从居民实际需求出发提供优质服务。同时，在推动社区社会组织发展时，行政化思维模式仍然存在，管理体系缺乏必要的协同机制，业务部门、登记机关和社区街道在管理中缺乏协同。第二，在居委会的角色定位上，居委会一方面要对社区社会组织进行引导与资源支持，另一方面要对社区社会组织的发展提供监督。居委会对于社区社会组织的引导与支持不足，如在社区社会组织的类型发展上，居委会对不同类型社区社会组织的发展引导不足，社区社会组织的类型出现失衡。第三，从社区社会组织自身的定位来看，应不断提升能力建设，强化独立运作能力。一方面是居民参与社区社会组织活动、参与社区治理的意识有待加强；另一方面是社区社会组织在对政府资源、社会资源等多方资源进行吸纳与整合能力方面有待进一步加强。

（三）社区社会组织培育发展的环境有待优化

第一，在登记备案方面，当前社区社会组织的分类管理呈现一定的复杂性。社区社会组织分为在县（市、区）民政部门登记的社区社会组织、在街道办事处（乡镇人民政府）或社区备案的社会组织和处于初创阶段尚未注册或备案的社会组织。这种多元化的存在形态，虽然在一定程度上反映了社区社会组织的多样性和灵活性，但同时也给管理工作带来了不小的挑战。那些尚未注册或备案的社会组织，由于缺乏统一规范的管理，往往难以保证活动的合法性和有效性。应通过简化备案登记程序等方式，鼓励并引导这些组织尽快完成备案或登记手续，以便更好地纳入管理范畴。第二，在资金支持方面，社区社会组织普遍面临着资金来源单一且使用效率不高的问题。在调研中发现，当前社区社会组织的资金主要依赖于政府和社区的经费支持，且资金的使用灵活程度较低，不利于提高资金的使用效率，有待探索多元化的资金筹集渠道。第三，在场地支持方面，部分社区社会组织活动场地面临面积不足且位置较为偏僻的困境，阻碍了社区社会组织活动的开展。这影响了组织的正常运作，也限制了其在社区中的影响力和参与度。第四，在社区社会组织孵化方面，当前，社区社会组织的孵化平台建设和孵化机制尚不完善，在发挥社区社会组织孵化平台对社区社会组织提供活动场地、咨询、培训、备案、资金等多方面的支持作用上仍存在空间。

（四）社区社会组织类型、地区结构发展不均衡

社区社会组织的发展面临多方面的不均衡问题。首先，在类别构成上，

社区社会组织类型多为自益性社区社会组织（如合唱队、舞蹈队），而互益性（如残障人士互助）社区社会组织和公益性（如各类社区志愿服务组织）社区社会组织较少。传统的以上级指导对口建立的社区社会组织较多，专注于特定服务、由基层自发形成的社区社会组织较少。以北京市为例，文体科教类社区社会组织占比达 34.7%，相比之下，环境物业类、治安民调类、共建发展类等真正能够直接参与基层治理的社会组织比较少。社区居民对于提供服务、促进调解等类型的社会组织缺少认知，同时社区居委会缺乏对社区居民关于社区社会组织作用发挥认知的引导，当前社区社会组织在类别上发展失衡。这限制了社区社会组织在满足居民多元化需求方面的能力，影响了社区社会组织在推动社区发展、增进社区福祉方面的作用。其次，在地区结构上，社区社会组织的发展规模虽然有所扩大，但地区结构存在失衡。在农村地区，村委会备案的社区社会组织数量较少。以北京市为例，全市拥有备案社区社会组织街道的比例为 82.58%，社区居委会的比例为 74.2%，村民委员会的比例仅为 27.86%。这种地区结构上的不均衡容易削弱社区社会组织在乡村振兴等方面所能发挥的积极作用。

（五）社区社会组织内部治理仍需进一步完善

社区社会组织在投身基层治理的过程中，自身能力相对较弱，在内部治理能力上仍存在局限性。第一，在人员结构方面，社区社会组织多由社区居民成立，社区社会组织的人员构成呈现老龄化趋势，年轻人员的占比较低。这种年龄结构的不均衡不利于提高社区社会组织的活力和创新能力，影响了其服务提供的多样性和灵活性。同时，具有职业资格证书的社会工作者占比也相对较少。专业社会工作者的缺乏使得社区社会组织在服务提供方面难以达到专业化、规范化的标准，影响了其服务质量和效果。第二，在人员梯队建设方面，社区社会组织成员的素质各不相同，所提供的服务质量也参差不齐。部分成员可能缺乏必要的专业知识和技能培训，难以胜任复杂多变的服务任务。这一现象不利于社区居民对社区社会组织信任度的提升。此外，部分社区社会组织存在后备负责人队伍建设不足、新老交替不顺畅等问题。人才梯队的不完善会影响社区社会组织的稳定性和连续性，阻碍其长远发展。第三，社区社会组织管理规制体系有待进一步完善。在内部规范上，组织章程、活动规则、项目管理、人员管理、财务管理等方面的制度建设有待完善。组织在运营过程中缺乏明确的指导和约束，活动的规划也往往处于随机状态，活动频率、活动内容、活动组织者等方面缺乏统一性和规律性，难以保证运营的可持续性和不断发展性。这种运营的不规范不仅降低了组织的效率和效果，还削弱了其在社区居民中的信任度和影响力。

五　社区社会组织培育发展的实现路径

（一）进一步加强社区社会组织中党的组织建设和制度建设

第一，在组织建设上，要合理规划党员的年龄结构，积极吸引并吸纳社区中的优秀党员加入基层社区治理的行列，以确保党员队伍不仅年龄结构合理，而且充满活力与创新精神。为了应对治理工作中可能出现的各种具体问题，应为党员提供专业化、有针对性的培训，确保他们具备解决问题所需的专业知识和技能，提升党员的专业素养，帮助他们在面对复杂情况时能够迅速作出正确的判断和决策。同时，明确责任分工，确保每位党员都能清晰了解自己的职责所在，从而在工作中发挥最大的效能。此外，依托社区社会组织将党员有效聚合起来，提升组织力和凝聚力。通过社区社会组织平台，党员可以更加紧密地联系在一起，共同为社区的发展贡献力量。第二，在制度建设上，针对经费使用中出现的混乱问题，应颁布合理的经费制度，对经费的支出和分配进行明确规范，以防止乱收费、少收费以及乱花钱等不当行为的发生。同时，建立适应社区实际情况的基层党组织运转模式，以确保党的组织力量能够在社区层面得到有效发挥。为此，可以探索多个社区社会组织共同成立联合党支部的形式，不仅能够增强党的组织力量，还能促进不同社区之间基层党组织的交流沟通，推动社区治理经验的共享与创新。

（二）进一步明晰社区社会组织服务管理的角色定位

促进社区社会组织的发展需要明确社区社会组织与政府、居委会的关系。第一，在政府的角色上，政府应该向多元化的支持和协调角色转型，建立健全政策法规和制度框架，通过政策制定、制度完善、资源支持与平台搭建为社区社会组织发展提供良好的软硬件环境。例如增加预算投入，确保资源的充足供应；明确产权归属，为社区社会组织奠定坚实的产权基础；引入独立的第三方评估机制，提升社区社会组织的运作透明度与效率等。同时，政府应充分利用政府购买服务的合作模式，将更多贴近居民实际需求的服务项目交由社区社会组织来提供，实现居民传递诉求，社区社会组织寻求资源，政府提供购买服务项目，社区通过承担项目为居民提供服务的逻辑闭环。在此过程中，政府不仅要作为资源的提供者，还要切实履行监管职责，确保社区社会组织能够良性运作，为社区的可持续发展提供坚实的支撑。第二，在居委会的角色上，居委会作为带有行政化色彩的基层自治组织，可以为社区社会组织充分对接街道的经费、场地、人员等资源，充分整合利用驻区单位资源；充分挖掘居民需求，结合居民需求对社区社会组织的建立进行引导；对社区社会组织的工作开展评估，引导其健康发展。第三，在社区社会组织的角色定位上，社区社会组织应充分明晰其在提供互益性、公益性服务中的重要作用，提升自我管理、自我教育、自我服务的能力。重点在于增强居民参与社会治理的意识，通过不断创新服务内容、有效落实服务计划以及广泛宣传社区社会组织的服务成果，让居民真切感受到社区社会组织所带来的便捷与实惠，从而激发居民积极参与社区社会组织的活力。在此基础上，社区社会组织应积极整合社区驻区单位资源与其他社会资本，充分挖掘并利用自身特色和优势进行自我增资，在居委会的引导下充分整合社区资源。

（三）进一步优化社区社会组织培育发展的环境

第一，进一步完善登记与备案程序。注重社区社会组织内部治理结构的完善，借助支持性社会组织的指导，帮助其建立健全包括理事会运作规则、监督机制、财务管理规定以及内部管理流程在内的管理体系。第二，在资金支持方面，既要充分利用财政资金，如社区公益金、社区党建经费及其他相关财政资金，为社区社会组织提供培育支持；也要建立多元化的资金募集机制，鼓励驻区单位赞助和慈善组织捐赠，以及通过开展公益创投等社会化方式，拓宽资金来源渠道。同时，通过构建财政预算管理体系和绩效评估体系，有效整合财政资源，确保资金的高效利用。第三，在场地支持方面，要充分整合社区资源，利用社区居委会、驻区单位等提供的场地资源，将闲置用房、福利设施等以无偿使用或优惠的形式提供给社区社会组织使用。此外，还可以与社区社会组织孵化基地、便民服务中心等机构合作，获取更多场地资源支持，为社区社会组织开展活动提供便利。第四，在社区社会组织孵化方面，依托街道社区社会组织枢纽平台，整合"虚体"的社区社会组织联合会、社区社会组织综合服务中心与"实体"的孵化基地资源，为社区社会组织提供从项目策划指导到实施过程中的经费、人员与场地等的全方位支持。同时，放宽准入条件，简化设立流程，遵循"分类指导、重点扶持"的原则，拓宽政府购买服务的范畴，为社区社会组织的发展创造更加宽松与有利的环境。这些综合措施的实施，共同推动社区社会组织在更加健康、有序的环境中茁壮成长。

（四）促进社区社会组织类型、地区结构均衡发展

在推动社区社会组织的发展进程中，需要采取更为全面且有针对性的策略，确保其能够充分发挥作用，服务于社区的多元化需求。第一，要加大力度培育互益性和公益性社区社会组织。这类组织不仅能够促进社区内部的互助合作，还能有效提升社区的整体福祉水平。为此，社区居委会应当扮演更为积极的角色，引导并支持社区社会组织的健康发展。针对老年人、残障人士、儿童以及其他困难人士等重点群体，社区社会组织应提供更为精准的服务。例如，在健康养老方面，可以成立专门的老年照护小组，为老年人提供日常照料、健康咨询等服务；在教育培训领域，可以设立社区学习中心，为

不同年龄段的居民提供丰富多样的学习资源。第二,在地区结构上,应补齐工作短板,在农村地区加大社区社会组织培育力度。将社会资源向农村地区倾斜,在此过程中,农村地区的党组织和村民委员会应发挥领导作用,根据村民的实际需求,引导成立相应的服务型社区社会组织。这些组织可以包括为农村留守老人、儿童等重点群体提供生活照料和心理辅导等服务的社区社会组织,以及旨在丰富农村村民精神文化生活的志愿类、文体类社区社会组织。从而有效缓解农村地区的社会服务压力,增进村民之间的交流与互助,便利与丰富农村村民生活。

(五)进一步提升社区社会组织内部治理水平

提升社区社会组织的内部治理水平,关键在于优化人员构成与强化内部管理。第一,在人员构成方面,提高专业社会工作者的占比。通过实施"优才"培养计划、"乡土社工"计划等社工人才培养项目,积极培养本土社工人才,为社区社会组织注入新鲜血液。同时针对社区社会组织负责人或骨干成员开展活动策划、申请书撰写、财务管理等方面的培训,建立社会组织负责人储备制度,保障社区社会组织发展的持续性。第二,优化社区社会组织的薪酬体系,根据社会工作者的实际工作表现和能力水平,合理提升其薪酬水平,确保他们的付出得到应有的回报。同时,创新活动方式,打造更多富有创意和吸引力的社区服务项目,吸引更多年轻社会工作者加入,为社会工作者提供更为广阔的发展空间和展示平台。第三,在内部规范与管理方面,根据社区社会组织的不同类型和实际需求,逐步完善组织架构、活动规范、人员管理、财务管理等制度,确保组织能够高效、有序地运作,提高社区社会组织自我管理水平与自我服务水平,使其逐步走上制度化、规范化的发展道路。

B.16
北京安全综合治理研究

李猛坤[*]

摘　要： 本报告聚焦首都安全综合治理，在阐述国家安全重要意义与总体国家安全观背景的基础上，详细梳理北京在多领域的安全举措及成效，并通过具体实践深入剖析。本报告总结了北京在政治、经济、文化等安全领域的积极作为与显著成果，为全国安全治理提供了宝贵经验。未来应持续完善治理体系，加强科技应用与国际合作，以应对复杂的安全形势，保障首都和国家的安全与发展，为实现中华民族伟大复兴筑牢安全屏障。

关键词： 首都安全　总体国家安全观　安全治理

一　引言

国家安全是维护国家稳定和进步的核心，关乎民族复兴与人民福祉。在当前全球形势愈发复杂多变的背景下，传统安全威胁与非传统安全威胁交织并存，给国家安全带来了史无前例的挑战。2014年4月，习近平总书记在中央国家安全委员会第一次会议上提出总体国家安全观，为新时代国家安全事业的发展明确了方向。[①] 这一理念以人民安全为根本，涵盖政治、经济、文化、社会、科技等多个领域，强调统筹国内国际两个大局，实现发展与安全的动态平衡。

---

[*] 李猛坤，首都师范大学管理学院副教授，北京市总体国家安全观研究中心副主任，主要研究方向为大数据分析、数据安全、技术创新等。
[①] 《中央国家安全委员会第一次会议召开　习近平发表重要讲话》，https://www.gov.cn/xinwen/2014-04/15/content_2659641.htm，2014年4月5日。

北京作为中国的首都，肩负着全国政治中心、文化中心、国际交往中心和科技创新中心的重要使命，其安全与稳定对国家核心利益及长远发展意义非凡。首都的安全状况不仅关乎国内社会稳定和经济发展态势，还在国际舞台上具有重要象征意义。故而，深入探讨首都安全的综合治理策略，对于保障国家稳定、推动国家发展而言具有重要作用。

本报告旨在全面梳理和分析首都在安全综合治理方面的举措、成效，并通过相关实践总结经验，为进一步提升首都安全治理水平提供理论支持和实践参考。从理论层面看，有助于丰富国家安全治理的研究，为相关领域的理论发展提供实证依据。从实践角度出发，能够为北京及其他城市的安全治理工作提供借鉴，推动国家安全体系和能力现代化建设，保障国家长治久安。

二　首都安全综合治理体系构建路径研究

在总体国家安全观的科学指引下，北京市坚持统筹高质量发展和高水平安全，以首善标准构建起全方位、多层次的安全保障体系，为全国树立了典范。系统梳理首都安全工作所取得的历史性成果，对于提升全民国家安全意识、维护国家安全具有重要意义。不仅能够为推进中国式现代化筑牢安全防线，还能为实现中华民族伟大复兴提供坚实支撑。

（一）强化政治核心安全保障

党的二十大报告强调，需构建更为完善的国家安全体系，并显著提升保障国家安全的能力，以确保国家的长期稳定与持续发展。我国持续致力于国家安全组织和体系的完善工作，加强党的领导，在此过程中，成立了中共北京市委国家安全委员会，将党的领导贯穿于国家安全工作各环节。北京市创新建立了"党政同责、一岗双责、齐抓共管"的政治安全工作机制，依循市纪委市监委统一部署，市直机关工委印发《2024年全面从严治党责任考核动态抽查工作方案》，精细化各级党委（党组）、领导干部的全面从严治党责任清单。通过构建全面的国家安全风险评估、联合防控以及预防解决体系，确保责任网络覆盖全方位、贯穿各层级。同时，将政治安全责任制落实情况纳入党建工作考核和巡视巡察范围，强化督查问责，确保责任链条环环相扣、层层压实。这些举措推动政治安全责任从"软要求"向"硬约束"转变，为筑牢首都政治安全防线提供了有力制度支撑，也为全国政治安全治理提供了示范样本。

通过系列举措，北京增强了市民政治敏锐性和国家安全意识，确保了重大政治活动的顺利进行，打击了危害政治稳定的行为，维护了国家核心决策区域安全。

（二）推动经济协同安全发展

在金融监管与风险防控方面，北京市出台一系列金融支持政策，推动金融资源向实体经济的重点领域及薄弱环节汇聚。如印发《关于推进北京市普惠金融高质量发展的指导意见》，打造高水平普惠金融体系，为小微企业、涉农经营主体等提供助力，激发经济发展的内在动力。在产业协同发展与安全保障层面，北京大力推动京津冀协同发展，携手天津、河北共同梳理并完善产业链图谱，依据不同产业链特性，秉持"一链一策"原则制定政策，强化区域产业协作配套，提升区域产业链供应链的韧性与安全程度。北京加强对关键信息基础设施的安全保护，保障产业数字化转型过程中的网络安全，加强对战略性新兴产业的培育和支持，优化产业结构，降低产业结构单一带来的风险，提高产业体系的稳定性和抗风险能力。同时，注重传统产业的转型与升级，促进其与新兴技术的融合，以增强传统产业的竞争实力。

北京基于系列举措维护金融市场秩序稳定，有效防控重大金融风险，打击了金融违法犯罪活动，优化升级关键产业链供应链，推动产业自主创新，降低对外依存度，推动实现经济高质量发展。

（三）守护传承创新文化安全

文化是民族灵魂的承载者与人民精神的寄托之所，北京以首善标准扎实推进文化安全建设，在守护意识形态安全、传承中华优秀传统文化、促进文化创新发展等方面取得显著成效。党的二十大报告强调，要建设具有强大凝聚力和引领力的社会主义意识形态。北京市创新实施文化安全"护城河"工程，建立健全文化领域风险防控机制，加强对出版、影视、网络等领域的全链条监管，坚决抵御不良文化渗透。在传承中华优秀传统文化方面，打造"一核一城三带两区"文化中心建设框架，推进中轴线申遗保护，创新开展"我们的节日"等传统文化主题活动。同时，培育新型文化业态，发展文创产业，推出一批弘扬主旋律、传播正能量的精品力作。通过搭建先进的公共文化服务体系，推进"书香北京""博物馆之城"建设，切实满足了市民对精神文化生活的需求。这些举措有力维护了首都文化安全，巩固了文化阵地、文化市场健康有序发展，北京在传承和创新文化方面发挥了示范作用，为推进文化自信自强贡献了"北京经验"。

（四）拓展国际交往安全合作

北京市深入贯彻落实总体国家安全观，主动服务国家共建"一带一路"，以首善标准探索构建地区与国际安全合作新模式。党的二十大报告明确提出，推动构建人类命运共同体；完善参与全球安全治理机制。北京市凭借国际交往中心的独特优势，创新性搭建"一带一路"安全保障合作平台，建立完善境外利益保护、风险预警和应急处置机制。通过举办"一带一路"国际合作高峰论坛、安全与发展对话等高层次国际会议，积极传播中国的安全理念，推动构建平等、互鉴、对话、包容的安全伙伴关系。此外，依托中关村科技园区的优势，深化与共建"一带一路"国家在网络安全、数据安全等新兴领域的安全合作，携手应对国际安全威胁。北京市还积极发挥智库和高校作用，开展"一带一路"安全治理研究，为完善全球安全治理贡献中国智慧。这些实践探索不仅有效维护了我国海外利益，还为促进地区安全稳定、推动构建人类命运共同体贡献了力量，展现了大国首都的责任担当。

（五）驱动科技创安能力提升

北京市深入贯彻落实总体国家安全观，以建设国际科技创新中心为契机，全面加强科技安全体系建设，为维护国家科技安全作出重要贡献。党的二十大报告强调，要健全新型举国体制，强化国家战略科技力量。北京市紧盯"卡脖子"关键核心技术，实施"科技安全护航工程"，在人工智能、量子信息、集成电路等重点领域取得了一系列具有里程碑价值的创新成果。通过构建"三城一区"科技创新主平台，打造国家实验室等战略科技力量，形成科技安全风险防控的"北京模式"。同时，建立健全科技安全预警机制，加强科技伦理治理，稳固科技保密体系，有效防范与应对科技领域潜在危机。特别是在中关村国家自主创新示范区，推行"英雄榜"与"竞争选拔"等新举措，充分激发科技安全创新的积极性。这些举措有力提升了科技安全治理能力，彰显了首都服务国家科技安全战略的责任担当。

（六）打造生态宜居安全环境

生态环境保护作为国家安全的核心要素，是人类生存与进步的重要基石。生态文明建设对于中华民族的永续发展意义重大，保障生态安全不仅是推进生态文明建设的必要条件，更是达成生态文明建设目标的根本依托。北京市深入贯彻落实总体国家安全观，以建设国际一流的和谐宜居之都为目标，全面推进生态安全体系建设，在生态环境治理方面取得了历史性成就。党的二十大报告强调，要推进美丽中国建设；统筹产业结构调整、污染治理、生态保护、应对气候变化。北京积极推进绿色低碳发展，实施碳达峰、碳中和"1+N"系列政策举措，深化北京碳市场建设，率先构建起绿色低碳循环发展的经济体系；不断优化空间格局与资源利用，深入落实城市总体规划，完善国土空间规划体系，强化"三区三线"全域管控，严守生态保护红线，坚守永久基本农田红线，严格管控城镇开发边界，推进城乡建设用地减量提质；巩固生态系统，健全自然保护地体系，推进燕山—塞罕坝国家公园（北京片区）建设，科学开展生态修复工程。这些成就生动地诠释了

"绿水青山就是金山银山"理念，为全国生态安全建设提供了"北京样板"，有力支撑了首都高质量发展，彰显了建设美丽中国的首善担当。

（七）深化国安教育全民普及

北京市创新构建全方位、多层次、立体化的国家安全宣传教育体系，促使总体国家安全观深入人心。党的二十大报告明确提出，全面加强国家安全教育，提高各级领导干部统筹发展和安全能力，增强全民国家安全意识和素养，筑牢国家安全人民防线。在全国范围内，北京市率先把总体国家安全观融入各级党委理论学习中心组的学习内容和党校培训课程。同时，创新性地开展"4·15"全民国家安全教育日主题宣传周活动，打造"国安号"地铁专列、"国安主题公园"等特色鲜明的宣传阵地。通过制作《国安天下宁》等专题片、开发"国安小卫士"系列文创产品、举办国家安全主题展览等群众喜闻乐见的形式，推动国家安全教育在机关、学校、社区及企业全面铺开。特别是创新运用新媒体技术，推出"国安微课堂""国安知识竞赛"等线上活动，实现宣传教育全覆盖。这些举措切实增强了全民的国家安全意识，为国家安全宣传教育工作提供了有益参考，为筑牢国家安全人民防线贡献了重要力量。

三　首都安全综合治理实践研究

北京市秉持首善标准，大力推动国家安全体系与能力的现代化进程，于政治安全、经济安全、文化安全以及社会安全等关键领域，均取得了突破性的成果。通过创新建立"大安全"工作格局，构建覆盖全域的风险防控体系，成功应对一系列重大风险挑战。特别是在重大国事活动安保、疫情防控、网络安全等方面交出了优异答卷，充分彰显了首都安全治理效能。同时，北京市坚持统筹发展与安全，凭借其高水平安全保障高质量发展，地区生产总值跨越4万亿元大关，人均GDP达到发达经济体水准，达成了安全与发展的良性循环。这些成就生动诠释了总体国家安全观的实践伟力，为国家安全建设提供了示范样板，为推进中国式现代化筑牢了安全屏障，有力印证了"首都稳、全国稳"的深刻内涵。本报告将深入剖析北京市在安全综合治理各领域的典型实践，探究其背后的治理逻辑、创新举措及宝贵经验，以期为进一步完善国家安全体系和提升治理能力提供有益参考。

（一）政治安全治理："清朗"系列专项行动的实践逻辑

互联网是意识形态斗争的主阵地。网络谣言、虚假信息等可能引发社会恐慌，扰乱社会秩序，进而影响国家政治稳定。按照中央网信办等部门联合发布的"清朗"系列专项行动有关工作部署，北京市委网信办牵头组织开展相关专项行动，以加强网络阵地控制、维护政治安全。该行动针对网络上的不良信息和违法违规行为，如对网络上歪曲历史、恶意攻击国家制度、传播有害思想等网络谣言、恶意炒作内容进行集中清理整治。通过创新"一网统管"工作机制，整合各方资源，加强对重点网站、平台的常态化监管。同时，积极构建正能量传播体系，打造"北京发布"等政务新媒体矩阵，推出系列网络主题宣传活动，让党的创新理论广泛深入民众。政务新媒体矩阵及时且高效地发布官方信息，破除误导性谣言，引导舆论走向，有效遏制了不良信息的传播。通过线上线下相结合的方式，北京市不断提升网络舆情预警和应急处置能力，坚决防范化解重大网络风险；依托"清朗"系列专项行动推动构建良好网络生态，在国际网络舆论场中能够更有效地传播中国声音、讲好中国故事，增强国家文化软实力与国际影响力，维护网络空间的政治安全，为首都的政治安全与社会稳定提供坚实保障。

（二）经济安全保障：北京大兴国际机场临空经济示范区的发展模式与安全价值

大兴国际机场作为首都重大标志性工程，极大地增强了北京对全球资源的配置能力。其便捷的交通网络，使人员、物资快速流通，吸引大量高端产业、创新要素集聚，推动临空经济示范区及周边区域产业升级，为国家经济安全提供坚实产业支撑。临空经济示范区依托机场的交通枢纽优势，吸引了大量高端产业和创新要素集聚。同时，临空经济示范区注重强化与周边区域的产业协作，构建完整的航空产业链。临空经济示范区的产业集群效应增强了区域经济的抗风险能力，保障了相关产业的供应链安全。大兴国际机场丰富的航线网络促进了国际贸易往来，吸引了众多跨国企业入驻，提升了北京在全球经济格局中的地位，为国家经济安全提供了坚实支撑。

（三）文化安全守护：北京中轴线申遗的实践与文化安全意义

北京中轴线申遗保护工作是传承中华优秀传统文化、维护文化安全的重要实践。中轴线历经750年，承载着丰富的历史文化价值，故宫、景山、天坛等重要建筑坐落其上。在申遗过程中，北京投入大量资金用于文物修缮和环境整治。对故宫进行了大规模的古建筑修复工程，始终秉持"修旧如旧"准则，最大程度地留存其历史风貌。同时，加强对中轴线周边文化环境的保护，整治拆除违规建筑，恢复传统街区的历史格局。通过举办各类文化活动，宣传中轴线的历史文化价值，增强市民的文化认同感和保护意识。北京中轴线成功列入《世界遗产名录》，不仅提升了北京的文化软实力，也为中华优秀传统文化的传承和弘扬提供了有力保障，巩固了国家的文化安全防线。

（四）国际安全协作："一带一路"国际合作高峰论坛的合作机制与安全效应

在全球化深入发展的当下，国际安全合作成为维护世界和平稳定、应对各类全球性挑战的关键所在。我国始终秉持着积极推动国际合作的态度，致力于建设周边区域合作的新机制新规则，不断深化与周边国家的友好关系。北京作为首都，凭借特殊的政治地位与丰富的资源优势，在推动周边区域合作以及国际安全合作中占据着无可替代的核心位置。诸多极具影响力的高规格区域合作会议于北京举办，像"一带一路"国际合作高峰论坛、亚洲文明对话大会等，这些会议为各国搭建起交流对话、凝聚共识的重要平台。

其中，"一带一路"国际合作高峰论坛意义重大，截至 2024 年，已连续三次成功举办。每一届论坛都吸引了来自周边各国乃至更远地区的政要、企业家、学者等各界精英齐聚北京。围绕共建"一带一路"，各方深入交流，在多领域达成广泛合作意向，促进各国之间的互联互通。"一带一路"国际合作高峰论坛为全球安全治理打造了新的平台与机制，构建起开放、包容的全球经济治理平台，促进了信息共享与联合预警，推动各国建立跨境安全风险联合预警机制，加强了对跨国犯罪、恐怖主义活动、网络安全威胁等风险的信息共享，各国能够及时交流安全情报，提前察觉潜在威胁，实现快速预警。推动了区域经济安全发展，通过加强基础设施互联互通、促进贸易投资自由化便利化，增强了区域产业链供应链的韧性和安全水平。"一带一路"国际合作高峰论坛为全球安全治理贡献了新颖的舞台和制度框架。

2024 年 9 月 4~6 日在北京举行的中非合作论坛峰会以"携手推进现代化，共筑高水平中非命运共同体"为主题，在安全协作方面取得了实质性进展。峰会为中非双方创造了深化安全合作的契机，双方在反恐、打击跨国犯罪、维和等多个关键领域达成合作意向。中国积极履行承诺，通过提供军事培训、装备援助等方式，协助非洲提升安全保障能力，共同应对非传统安全威胁。这些合作举措不仅有效维护了非洲地区的安全稳定，也为全球安全治理贡献了中国力量，彰显了中国在国际安全合作中的责任担当。

（五）科技安全创新：脑机接口技术研发应用的安全价值

北京在脑机接口技术研发方面取得了重要突破，全球首例非人灵长类动物介入式脑机接口试验在北京顺利完成。这一成果是北京加强科技安全体系建设、提升国家战略科技力量的体现。脑机接口技术是新一代人机交互及人机混合智能的关键核心技术，应用潜力巨大。北京依托中关村科技园区的创新资源优势，集聚了一批顶尖科研团队和创新企业开展技术攻关。在研发过程中，注重科技伦理治理，严格遵守相关规范，确保技术安全、可控、可靠。该技术未来有望应用于医疗康复、智能安防等领域，如帮助瘫痪患者恢复运动功能，提升安防监控的智能化水平，为首都安全和国家科技安全提供新的技术支撑。

（六）生态安全治理："一微克"行动的治污生态安全效益

"一微克"行动是北京改善空气质量、维护生态安全的创新举措。该行动以科技赋能为手段，实施精准治污策略。利用大数据和人工智能技术，对大气污染源进行精准监测和分析，确定主要污染物来源和传播路径。针对机动车尾气污染，北京加大对老旧高排放车辆的淘汰力度，推广新能源汽车，并加强对在用车的尾气检测监管。在工业污染治理方面，推动企业实施超低排放改造，淘汰落后产能。随着"一微克"行动的持续推进，北京市 $PM_{2.5}$ 平均年浓度显著改善，从 2013 年的 89.5 微克/米^3 降至 2022 年的 30 微克/米^3，空气质量得到显著改善，蓝天白云天数明显增加，为全国大气污染治理提供了可借鉴的经验，有力推动了生态安全建设。

（七）安全意识培育："4·15"系列活动的宣传与教育价值

"4·15"全民国家安全教育日活动是北京市进行国家安全宣传教育的重要依托。2024 年，北京市委国安办在民族文化宫大剧院主办主题晚会，同时举行主场示范活动、"进校园"示范活动和主题党日活动等。在"进校园"示范活动中组织了国家安全知识讲座、主题演讲比赛和模拟应急演练等系列活动。讲座邀请专家深入解读总体国家安全观，增强学生的理论认知；演讲比赛激发了学生对国家安全问题的思考和关注；模拟应急演练让学生在实践中掌握应对安全风险的技能。通过这些活动，学生们的国家安全意识得到显著提升，形成了"国家安全，人人有责"的良好氛围，有力地推动了国家安全宣传教育工作的深入推进。

四　未来展望

北京在国家安全综合治理方面成效显著，通过一系列举措，在政治、经

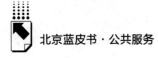

济、文化、国际安全合作、科技、生态和国家安全宣传教育等领域取得了突
破性进展。北京的安全治理实践不仅保障了首都自身的安全与稳定，也为全
国提供了宝贵的经验和示范。

鉴于国际国内安全形势渐趋复杂，首都安全综合治理工作仍需持续探索
与创新路径。展望未来，北京需不断强化科技赋能力度，推动国家安全工作
朝着智能化、信息化方向深入发展，借助新兴技术提升风险监测、预警和处
置能力；进一步深化国际合作，积极参与全球安全治理体系的变革与优化进
程，联合应对全球性安全威胁；持续优化国家安全管理体系，加强各职能部
门之间的协作互动，提升治理效率；同时还需不断增进民众的安全认知，提
升安全素质，为实现中华民族伟大复兴的中国梦筑牢坚实的安全防线。

参考文献

张志芳：《十八大以来党中央推进马克思主义大众化的创新与发展》，《理论视野》
2014年第10期。

隋广军、查婷俊：《全球经济治理转型：基于"一带一路"建设的视角》，《社会科
学》2018年第8期。

环境保护篇

B.17

中国碳交易市场的现状及优化建议

——兼论北京碳市场发展

吴向阳*

摘　要： 本报告详细探讨了中国碳交易市场的现状及存在的问题，并提出了优化建议。中国碳市场自 2011 年启动试点以来，逐步从地方试点扩展到全国统一市场，市场规模和政策框架不断完善。然而，市场仍面临活跃度不足、数据质量不高、行业覆盖有限、碳价格发现机制不充分等问题。针对这些问题，本报告提出了多维优化配额分配机制、梯度扩展行业覆盖、稳定制度环境预期、强化 MRV 体系、加强国际协同等建议，以推动中国碳市场的健康发展，助力实现“双碳”目标。

关键词： 碳交易市场　配额分配　行业覆盖　MRV 体系　碳价格发现

---

* 吴向阳，北京市社会科学院副研究员，主要研究方向为环境经济学。

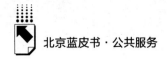

一 引言

碳排放空间是一种公共产品，具有消费的非排他性、供给的非竞争性、受益的不可阻止性等特点。随着全球气候变化逐渐成为威胁地球可持续发展的一项重要影响因素，控制温室气体排放成为各国必须的选择，碳排放空间随之成为一种稀缺资源，配置这种资源的碳市场应运而生，成为管理这种稀缺资源的重要定价工具。

中国作为全球最大的碳排放国，高度重视碳市场的建设和发展，2021年印发的《中共中央 国务院关于完整准确全面贯彻新发展理念做好碳达峰碳中和工作的意见》和《2030年前碳达峰行动方案》指出，加快建设完善全国碳排放权交易市场，逐步扩大碳市场覆盖范围，丰富交易品种和交易方式，完善配额分配管理，进一步完善配套制度。党的二十届三中全会审议通过的《中共中央关于进一步全面深化改革、推进中国式现代化的决定》明确提出，要健全碳市场交易制度、温室气体自愿减排交易制度。

二 中国碳交易市场的发展现状

中国自2011年启动碳排放权交易试点以来，碳交易市场经历了从地方试点到全国统一市场的逐步推进过程，并在市场规模、政策框架、交易机制等方面取得了显著进展，国际影响力也在不断提升。

（一）政策框架逐步完善

中国碳市场的政策框架正逐步完善，在行政法规层面，《碳排放权交易管理暂行条例》（以下简称《条例》）于2024年5月1日起施行，明确了碳排放权市场交易及相关活动的主要环节和各主体的法律责任，大幅提高了对违法违规行为的处罚力度，强化依法监督管理，并为未来全国碳市场扩容、与CCER和绿电等机制衔接以及国际交流预留了发展空间。《条例》的出台标志着中国碳市场进入法治化发展的新阶段。生态环境部印发的《碳排放权交易管理办法（试行）》明确了碳排放权登记、交易、结算三项管理规则，规范了碳排放权交易的全流程。生态环境部会同相关部门共制定了33项相关的规章制度，如先后组织制定和修订了发电、钢铁、水泥、铝冶炼等行业碳排放核算报告指南和核查技术指南，印发了《关于做好2023—2025年部分重点行业企业温室气体排放报告与核查工作的通知》，明确了相关行业的核算方法和核查要求。此外，还发布了配额分配方案，为碳市场的配额分配提供了明确依据。这些规章与《碳排放权交易管理暂行条例》共同构成了全国碳排放权交易市场的多层级法律法规制度体系，为碳市场更成熟和健康发展打下了制度基础。

（二）市场覆盖规模全球领先

全国碳市场首个履约期（2019～2020年度，2021年完成履约）纳入2162家电力企业，年覆盖二氧化碳排放量约45亿吨，占全国总排放量的40%以上，远超欧盟碳市场（覆盖16亿吨）与美国加州碳市场（覆盖3.5亿吨）。随后各年碳市场规模还在逐渐扩大。

全国碳市场第一个履约期累计成交量1.79亿吨，成交额76.61亿元，成交均价42.85元；第二个履约周期（2021～2022年度）年覆盖CO_2约51亿吨，累计成交量2.399亿吨，交易额172.58亿元，成交均价50～82元。第三个履约周期（2023年度）[①]已于2024年结束，累计成交量1.89亿吨，成交额181.14亿元，成交均价96.02元，2023年度配额应清缴总量52.44亿吨，配额清缴完成率约99.98%。截至2024年底，全国碳排放权交易市场配额累计成交量6.3亿吨，累计成交额430.33亿元。[②]

[①] 全国碳市场的前两个履约周期均是两年一履约。《2023、2024年度全国碳排放权交易发电行业配额总量和分配方案》将2023年和2024两个年度的履约截止时间分别定为2024年底和2025年底，实现一年一履约，缓解扎堆交易问题，提升市场活跃度。

[②] 《2024年全国碳排放权交易市场配额交易及清缴工作顺利结束》，https：//www.mee.gov.cn/ywgz/ydqhbh/syqhbh/202501/t20250105_1099975.shtml，2025年1月5日。

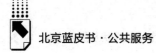

在地方试点市场方面，8个试点分别是北京、天津、上海、重庆、湖北、广东、深圳和福建。2024年地方试点碳市场总成交量为6684万吨，平均成交价为44.1元，分别比2023年低4.7%和11.6%。[①] 北京、上海、湖北、福建的市场较为活跃。

（三）碳价在波动中上升

近年来，碳价攀升，主要源于稳定预期与配额缩减。2024年，全国碳市场配额（CEA）均价达96.02元/吨。相较于2023年的68.15元/吨上涨了40.9%，较2022年的55.30元/吨上涨了73.6%，较2021年的42.85元/吨更是大涨124.1%。2024年4月24日首次突破100元/吨，随后维持在85~100元/吨区间。

在全球碳价普跌之际，中国碳市价格却逆势上扬，主要原因有以下两点。第一，市场步入快速发展期，政策预期稳定。自2023年下半年起，一系列重要文件出台，为碳市场运行管理提供法律支撑，明确CCER交易框架与流程，行业拓展路线渐明。这些政策实施，给予市场稳定预期，增强参与者信心，有力推动碳价上升。第二，市场释放配额收紧与违规处罚强化信号。前三个履约周期配额分配基准线逐年收紧，《条例》对违规和超排加大处罚力度。在此形势下，企业为低成本履约，或主动买配额，或储备配额惜售，致使短期内市场供求力量对比发生变化，成为碳价上涨另一关键因素。

（四）交易机制逐步完善

1. 配额分配方式

前三个履约期全国碳市场的碳排放配额实行免费分配，2025年以后将根据《条例》要求逐步推行免费和有偿相结合的分配方式。这种混合分配模式既考虑了企业的减排成本，又通过有偿分配逐步引入市场机制，增强碳

---

① 《IIGF年报 | 2024中国碳市场年报》，https://iigf.cufe.edu.cn/info/1013/9570.htm，2025年1月15日。

市场的价格发现功能和市场活跃度。免费分配主要基于企业的历史排放数据或行业排放强度基准，这种方式在碳市场初期有助于降低企业参与成本，促进市场平稳过渡。而有偿分配，尤其是配额拍卖，通过竞价程序分配配额，能够更真实地反映碳减排成本，激励企业采取更有效的减排措施。拍卖机制还能够减少企业通过免费配额获得意外利润的可能性，同时为政府创造额外收入，用于支持低碳项目或补贴受影响的行业。

2. 碳市场结构

全国碳市场和地方试点碳市场基本是以配额（CEA）现货交易为主，辅以国家核证自愿减排量（CCER）抵消机制。CEA 是政府分配给企业的排放额度，是碳市场的基础性交易产品。CCER 是通过实施减排项目获得的，企业购买后可抵消部分碳排放。2023 年 10 月 19 日，生态环境部和国家市场监管总局联合发布《温室气体自愿减排交易管理办法（试行）》，CCER 相关的《项目设计与实施指南》《项目审定与减排量核查实施规则》公布，登记、交易、结算相关规则随即出台，自 2017 年 3 月暂停的 CCER 交易在 2024 年 1 月重新启动。CCER 交易从地方试点变为全国统一市场，扩大了我国碳市场交易产品种类。从此，中国碳市场形成 CEA 和 CCER "双轮驱动"市场结构。

中国不断探索不同碳市场之间的连通机制。《条例》明确了 CEA 与 CCER 市场的连通机制，《条例》规定，重点排放单位可使用不超过 5% 的 CCER 抵销年度配额的清缴。截至 2024 年底，约 4300 万吨 CCER 已用于 CEA 清缴，为 CCER 项目带来超过 21.5 亿元的经济收益，降低重点排放企业履约成本约 12 亿元。[①] 2024 年 9 月，国家能源局和生态环境部发布《关于做好可再生能源绿色电力证书与自愿减排市场衔接工作的通知》，绿证与 CCER 之间的衔接和协同有了政策指导。生态环境部还就 CCER 与国际碳排放权交易体系之间的连通等问题积极与欧盟进行对话。

3. 价格形成机制

全国碳市场交易采取挂牌协议与大宗协议双轨制。挂牌协议交易是指买

---

① 北京理工大学能源与环境政策研究中心：《全球和中国碳市场回顾与展望（2025）》。

卖双方通过交易平台进行公开报价和成交，这种方式具有透明度高、交易成本低的特点，能够更好地反映市场供求关系。大宗协议交易则适用于交易量较大的情况，买卖双方通过协商确定价格和交易量，这种方式更具灵活性，能够满足企业的个性化需求。2022 年引入收盘定价机制，价格波动率从首月的 18%降至 2023 年的 6%，市场稳定性增强。从各年份成交情况看，大宗协议交易明显占据优势，约占 80%。2024 年大宗协议成交量为 1.52 亿吨，成交额为 144.82 亿元，占市场总额的 82%。挂牌协议成交量为 3702.7万吨、成交额为 36.31 亿元，占市场总额的约 18%（见图 1）。与 2023 年挂牌协议交易占比（约 17%）相比，2024 年有所提升，反映碳价格机制不断在向市场化方向前进。

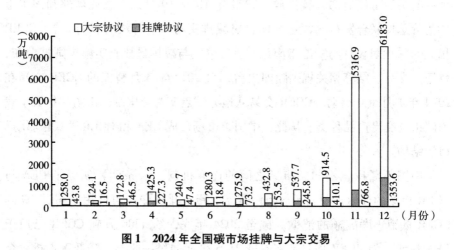

图 1 2024 年全国碳市场挂牌与大宗交易

资料来源：Wind。

（五）基础设施与技术支撑能力提升

碳市场的基础设施包括"一网、两机构、三平台"，是中国碳市场顶层设计的核心框架。"一网"是指全国碳排放数据监测网络，整合企业排放数据与第三方核查信息；"两机构"包括全国碳排放权注册登记机构与交易机构，前者负责账户与配额管理，后者聚焦交易撮合与价格发现；"三平台"

涵盖注册登记、交易、信息披露平台，通过数据互通与功能互补，形成"登记—交易—监管"闭环。通过 3 年多的运行，该基础设施安全稳定运行。

其中，全国碳排放权注册登记结算系统（以下简称"中碳登"）作为碳市场的核心基础设施，承担着账户管理、配额登记、交易结算等职能。中碳登通过构建"1+N"多银行协同结算体系，实现交易资金实时清结算与风险隔离，确保市场流动性与资金安全。

MRV 体系是碳市场公信力的基石。中国通过政策法规与技术规范的逐步完善，构建了覆盖监测、报告、核查全链条的标准化流程。例如，《条例》明确要求重点排放单位按技术规范编制监测计划与排放报告，并通过第三方核查机构验证数据真实性。当前，中国 MRV 体系已实现三大突破，一是建立动态监管机制，将"一年一查"升级为"定期检查+日常抽查"的常态化监管；二是实施核查机构白名单与黑名单制度，严控数据造假风险；三是推动国际数据互认，借鉴欧盟、美国等经验，探索碳排放核算方法与国际标准的衔接，为未来跨境碳市场合作奠定基础。

三 中国碳交易市场存在的问题

（一）市场活跃度与流动性不足

中国碳市场虽然在逐步完善，规模也在增加，但市场活跃度和流动性不足的问题仍然较为突出。这主要体现在市场参与者结构单一，缺乏碳期货、碳期权等金融衍生产品，以及交易主要为履约驱动等方面。根据相关研究，中国的碳交易规模较小，市场活跃程度落后于发达国家，结构上，各交易产品和市场之间发展不均衡，缺少统一的衍生品交易场所，市场流动性较差。

市场参与者结构单一是影响中国碳市场流动性的一个重要因素。当前全国碳市场的参与主体仍以电力行业重点控排企业为主，其他行业的企业、金融机构、个人投资者、境外资本等极少参与甚至没有，相似的减排成本和交易目的严重影响了市场的流动性和交易的随机性，日常市场流动性很低。参与全国碳市场交易的电力行业重点控排企业的交易行为多以满足履约需求驱动。例如，2024年四个季度成交量占比分别为5%、7%、9%和79%，12月成交0.75亿吨，在全年成交量中的占比高达40%。① 很少的参与者以CEA的"低买高卖"为目标进行投机，与股票、商品等金融市场差异巨大。因此出现平日交易低迷、接近履约清缴期交易量暴增的现象，导致市场整体交易量分布不均。

此外，碳市场信息披露不足，辅助市场发展有所落后，导致潜在参与者及辅助机构了解碳市场运行的信息成本较高，对其参与意愿有所抑制。

（二）数据质量与MRV体系短板

监测、报告、核查体系（MRV）是碳市场运行的基石，是确保碳市场公平、有效运行的关键支撑。中国碳市场的MRV体系存在一些短板与挑战。

核算方法与标准的困境。目前，碳排放核算方法多样，不同行业甚至同一行业内不同企业所采用的核算方法都存在差异，且这些方法之间兼容性较低。例如，在电力行业，部分企业采用基于燃料消耗的核算方法，而另一些企业则依据生产流程中的物料平衡原理进行核算。随着全国碳市场不断扩容，越来越多的行业被纳入其中，但各行业间在碳排放监测、报告、核查等相关技术标准方面尚未完全统一，新增行业的数据难以与现有行业数据进行有效对齐。另外，地方与全国市场规则差异导致数据衔接壁垒。地方试点碳市场在发展过程中，基于自身特点制定了一系列市场规则，这与全国碳市场规则相比存在不统一的情况。这种规则差异在MRV体系方面表现为碳排放监测、报告和核查要求的不同。

监测与数据采集技术短板。企业作为碳排放数据的源头，其监测技术水平直接影响数据质量。当前，企业间监测技术存在显著差异。大型国有

---

① 北京理工大学能源与环境政策研究中心：《全球和中国碳市场回顾与展望（2025）》。

企业或上市企业通常具备相对先进的监测设备与技术，能够较为准确地采集碳排放数据。然而，众多中小企业由于资金、技术和人才的限制，监测与数据采集技术有待提升。即使在采用相对先进监测技术的企业中，现有的监测与数据采集技术仍面临提升空间。例如，在一些复杂排放源的监测上，如化工行业中多种化学反应过程的碳排放监测，现有的技术手段难以精确测量。

核查与监管机制不完善。核查机构在确保碳排放数据真实性与准确性方面承担着关键职责。然而，目前部分核查机构能力存在不足。一方面，核查人员专业素养参差不齐，专业人员数量也不足。另一方面，核查机构的核查流程和质量控制体系不完善。在监管机制方面，监管部门对核查机构和企业的监管力度和手段有限。监管部门在获取企业真实碳排放数据方面存在一定的困难，无法及时发现和纠正企业在监测、报告过程中的不规范行为。

（三）行业覆盖与减排协同效应有限

目前，全国碳市场只覆盖了发电一个行业、二氧化碳一种温室气体，8个地方试点碳市场覆盖的行业更多，但总规模有限。发电行业年排放量约50亿吨CO_2，而钢铁、建材、化工、航空、造纸等重点高耗能行业、高排放行业尚未被涵盖，导致以下两个问题。

一是"碳泄漏"风险。碳泄漏是指某一地区或行业采取了严格的减排措施，导致相关产业生产活动转移至未实施同等强度减排措施的地区或行业，从而使得碳排放总量并未真正减少，甚至可能增加。

二是行业间减排成本差异未被利用。碳市场的核心优势之一在于能够通过市场机制实现全社会减排成本的最小化。不同行业由于生产工艺、技术水平以及减排潜力的差异，其减排成本各不相同。理论上，碳市场通过允许减排成本较低的行业超额减排，并将多余的碳排放配额出售给减排成本较高的行业，从而使全社会以最低成本实现既定的减排目标。然而，目前我国碳市场仅覆盖电力行业，这一跨行业交易的优势无法得到充分发挥。电力行业内部各企业之间的减排成本差异相对有限，而电力行业与钢铁、建材、化工等行业之间的减排成本却存在巨大差距。例如，电力行业通过技术升级改造，如采用更高效的脱硫、脱硝设备，实现每吨 CO_2 减排的成本为 50～80 元；而化工行业若要实现同等减排量，可能需要投入更高的成本，每吨 CO_2 减排成本可达 150～200 元。当前单一行业覆盖的现状，使得这一协同减排机制无法启动，造成了资源配置的低效，未能充分发挥碳市场在优化减排资源配置方面的潜力。

（四）碳价格发现机制不充分

在碳市场的运行体系中，碳价格发现机制犹如中枢神经，对市场的资源配置效率、减排激励效果以及长期稳定发展起着关键作用。然而，当前中国碳市场面临着碳价格发现机制不充分的困境，这一问题的根源与配额分配机制紧密相连。当前全国碳市场采用基准线法，地方碳市场均采用基准线法与祖父法相结合的方式进行配额分配。中国碳市场当前的配额分配机制是免费分配，配额无总量控制，导致缺乏碳一级市场，碳二级市场仅仅成为履约工具市场，碳价格发现机制不充分。

一级市场缺失。配额采用免费分配且无总量控制，导致碳一级市场难以形成。在中国碳市场现状下，企业无须从一级市场购买配额，使得这一重要的价格形成环节缺失，无法为碳价格提供初始的合理定价依据。由于一级市场的缺失以及配额免费且宽松的分配方式，碳二级市场仅仅沦为了履约工具市场。企业参与碳交易的主要目的并非基于成本效益分析进行资源配置，而是为了满足政府规定的碳排放履约要求。这使得碳二级市场的交易活跃度和价格信号的有效性受到极大影响。

碳价格发现机制缺失使得碳价格无法真实反映碳排放的社会成本，对于企业而言，在免费获得大量配额且碳价格无法有效约束的情况下，减排所带来的成本节约或收益增加并不明显，因此企业往往更倾向于维持现状，而非积极采取减排措施。碳价格发现机制缺失，市场无法准确识别和奖励低碳、高效的企业和项目，导致资源配置出现扭曲，无法实现资源在全社会范围内向低碳领域的优化配置，降低了经济发展的整体效率和可持续性。

（五）地方试点碳市场的问题——以北京为例

地方试点碳市场起步时间早，与全国碳市场相比，有碳市场价格发现机制失灵、碳价波动大、碳市场金融功能缺失等共性问题，还有一些地方碳市场特有的问题，下面以北京碳市场为例进行说明。

北京碳市场是首批碳交易试点市场之一，2013 年 11 月 28 日启动。经过多年的发展，已经覆盖电力、热力、水泥、石化、工业、服务业、交通运输等行业，纳入近 1300 家重点碳排放单位，覆盖北京市约一半的碳排放量。北京绿色交易所现已开发四类交易产品，分别是北京碳配额（BEA）、国家核证自愿减排量（CCER）、北京绿色出行减排量（PCER）、北京林业碳汇（FCER）。北京碳市场是地方碳试点中的佼佼者，市场机制较为完善，交易主体丰富，其市场设计具有"高约束性+强服务导向"特征，碳价长期处于较高水平。

北京碳市场采用免费与有偿相结合的配额分配方式，以免费为主、有偿为辅。配额发放依据行业核算方法核定，并设置配额富余和亏缺 20% 的上限。2024 年，北京市进一步细化了配额有偿发放和回购管理办法，通过有偿竞价发放、回购等手段调节市场价格，维护市场秩序。

北京碳市场交易较为活跃，2024 年总成交量和成交额分别达到 146.5 万吨和 1.59 亿元，但相比 2023 年的 166.5 万吨和 1.72 亿元均有所下降（见图 2 和图 3），这也是地方试点碳市场的一个普遍特点，即交易量和成交均价比上年有所下降。

北京碳市场等地方市场为全国碳市场的发展作出示范性贡献，在机制、制度、技术、规范等方面为全国碳市场的建设提供了经验支持。试点碳市场在机制创新方面积极探索，如湖北建立"电—碳—金融"联动市场，北京细化配额回购原则，重庆实行"碳市场—碳抵消—碳普惠"联动机制，为全国碳市场建设提供了宝贵经验。

但是，地方碳市场普遍存在交易不活跃、价格波动大、交易量下降、交易集中度高等问题。例如北京碳市场交易更多集中在 9 月、10 月、11 月

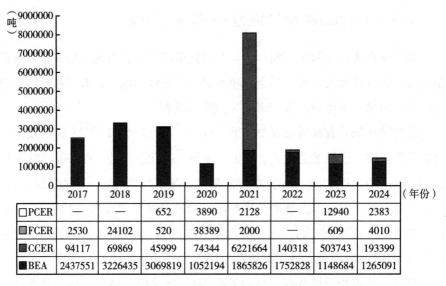

图2　2017~2024年北京碳市场交易量

	2017	2018	2019	2020	2021	2022	2023	2024
□PCER	—	—	652	3890	2128	—	12940	2383
▨FCER	2530	24102	520	38389	2000	—	609	4010
▨CCER	94117	69869	45999	74344	6221664	140318	503743	193399
■BEA	2437551	3226435	3069819	1052194	1865826	1752828	1148684	1265091

资料来源：作者根据北京绿色交易所数据整理。

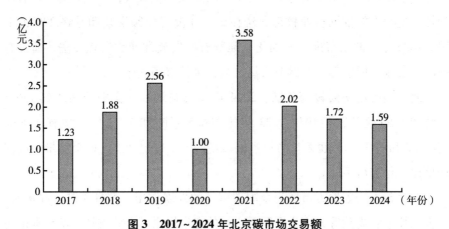

图3　2017~2024年北京碳市场交易额

资料来源：作者根据北京绿色交易所数据整理。

（见图4）。

　　北京等地方试点碳市场与全国碳市场的协同发展路径还不明晰，已持有的地方配额如何结转至全国市场还缺乏明确解决方案。这导致北京碳市场与

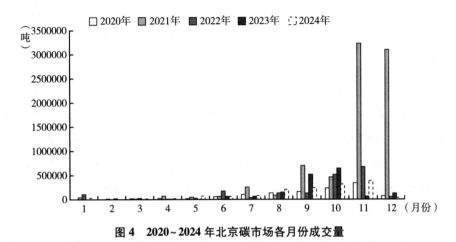

图4　2020~2024年北京碳市场各月份成交量

资料来源：作者根据北京绿色交易所数据整理。

全国碳市场在环境权益标的、市场纳入范围等方面缺乏明确定位，无法形成有效互补，MRV体系也尚未与全国标准完全衔接。北京碳市场金融属性较弱，绿色金融创新产品应用范围有限。这使得碳市场的金融功能未能充分发挥，难以有效撬动社会资本参与碳减排，限制了碳市场的进一步发展。

地方试点碳市场预计会随着全国碳市场行业的扩大而逐渐缩减，交易量还将进一步降低。因为参加全国碳市场就不必参加地方碳市场。预计未来试点碳市场将在更小范围内、更多行业覆盖的小排放企业中进行机制创新和先行先试，待全国碳市场稳定完善后逐步退出。

四　对策建议

在全球碳中和进程加速的背景下，中国碳市场作为实现"双碳"目标的重要政策工具，其机制完善度直接关系减排效率与经济转型的质量。结合前文分析的问题，参考国际经验，本报告提出以下优化建议。

（一）配额分配机制的多维优化

从免费分配向"免费+拍卖"过渡，从基准法向总量控制过渡。当前免费分配机制虽然降低了企业初期成本，却导致市场活跃度不足与价格信号失真。研究表明，欧盟碳市场拍卖比例已经高达57%，①市场价格发现机制基本形成。

建议实施三阶强化策略。第一阶段（2025～2027年），推行"5%拍卖+95%免费"混合模式，拍卖收益专项用于西部企业CCUS技术改造。第二阶段（2028～2030年），建立"行业总量天花板"，对电力行业设置年降2%的排放限额。第三阶段（2031年及以后），全面转向绝对总量控制，将配额分配与省级碳预算挂钩，例如内蒙古等高碳地区需额外购买5%的跨区域调节配额。

基准法优化需突破静态参数限制。生态环境部数据显示，现行电力行业基准值已滞后超临界机组普及率12个百分点。建议建立"技术迭代触发"机制，当行业30%的企业采用先进技术时自动启动基准修订。试行电解铝行业"标杆企业法"，选取能效前10%的企业作为基准制定主体，形成动态提升路径。

建设动态调节工具箱，稳定碳价。可借鉴德国市场稳定储备机制（MSR），当碳价连续3个月超过欧盟均价2倍标准差时，释放5%的储备配额；当交易量持续萎缩时，启动配额回购机制。同时开发配额跨期置换工具，允许企业将2026年配额提前使用，但设置20%的跨期使用附加费。

（二）行业覆盖的梯度扩展

行业单一严重影响碳市场配置全社会的减碳成本经济性。行业扩容已经成为全社会的共识，《中共中央　国务院关于全面推进美丽中国建设的意见》提出要"稳步扩大行业覆盖范围，丰富交易品种和方式"。除发电行业占50%外，25%～30%的碳排放来自钢铁、建材、冶金、化工、石化等行业。把这些高排放行业纳入碳市场中应成为下一阶段全国碳市场建设的重要

---

① Qin, Boyu, et al., "Review on Development of Global Carbon Market and Prospect of China's Carbon Market Construction." Proceedings of the CSEE 46. 21 (2022)：186-199.

任务。2024 年 9 月，生态环境部发布《全国碳排放权交易市场覆盖水泥、钢铁、铝冶炼行业工作方案》（征求意见稿），预计 2025 年将会完成这三个行业的首次履约工作。根据此方案，届时管控的温室气体将扩展至 CO_2、全氟化碳（PFCs），全国碳市场将覆盖 60%以上的全国排放量，参与企业数量将超过 3700 家。[1]

按照"成熟度优先、减排潜力优先、国际接轨优先"原则，建议分三梯度推进扩容。第一梯度（2024~2026 年）聚焦水泥、钢铁、电解铝三大高成熟度行业，采用基准法与历史强度法相结合的配额分配方式；第二梯度（2027~2028 年）覆盖石化、化工等数据基础较好的行业，试点开展工艺过程排放核算；第三梯度（2029 年后）将造纸、航空等复杂行业纳入，探索基于产品碳足迹的分配机制。

（三）制度环境的稳定性预期

当前全国碳市场仍处于机制探索期，配额分配规则、核查标准等核心要素的频繁调整，显著增加了企业履约成本和监管复杂性。研究表明，政策不确定性每增加 1 个标准差，重点排放企业的低碳投资意愿下降 18%。[2] 为此亟须构建"三位一体"的稳定性框架。首先，制定全国碳市场 2035 远景规划，明确碳达峰前（2025~2030 年）实施"强度控制+动态调整"模式，达峰后（2031~2035 年）转向"总量控制+行业差异"机制。其次，建立"五年总量—年度调整"双轨公示制度，每年发布行业配额预分配模拟数据。五年周期的配额总量预披露制度可参照德国碳市场经验，提前三年公布基准线收紧方案，使钢铁等行业可预见 2030 年前每年 1.5%的基准降幅。最后，设立跨周期政策缓冲带，对交易规则调整设置两年过渡期，如 MRV 标准修订需在实施前 24 个月发布征求意见稿。设立碳市场政策评估委员会，引入 CGE 模型量化评估政策经济影响。

---

[1] 北京理工大学能源与环境政策研究中心：《全球和中国碳市场回顾与展望（2025）》。
[2] 中央财经大学绿色金融国际研究院：《2024 中国碳市场年报》。

（四）MRV 体系的高质量强化

完善核算方法与统一市场规则。加快完善各行业碳排放核算方法学，确保核算的科学性与准确性。同时，推动地方碳市场与全国碳市场在交易规则、标准等方面统一化，减少跨市场间的数据衔接壁垒，降低企业参与成本，提高市场运行效率。

提升数据质量与监测水平。一方面，推广自动化监测设备，建设全国碳排放数据平台，建设全国重要排放企业物联监测网，突破烟气 CO_2 在线监测（CEMS）技术，实现数据实时采集与校验，提高数据准确性和透明度。另一方面，加强核查机构能力建设，引入第三方监督机制，确保核查结果的公正性和可靠性。可借鉴北京碳市场 MRV 制度，建立对碳排放报告的第三方核查、专家评审、核查机构第四方的"交叉抽查"制度，建立核查工作质量评价机制，综合评价核查工作的规范性及核查数据的准确性。建立核查人员区块链信用档案，数据质量控制需构建多级校验系统。制定详细的技术手册，开展专业培训，提升企业和核查机构的技术水平。

（五）北京等地方碳市场与全国的协同发展

首先，应加快明确北京碳市场等地方市场与全国碳市场的协同发展路径。建议从政策层面制定清晰的配额结转机制，确保地方配额能够平稳过渡至全国市场。同时，明确两者在环境权益标的和市场纳入范围上的定位，通过差异化设计实现互补，避免重复建设。其次，建立北京等地方碳市场的 MRV 标准体系，应与全国保持一致。加强数据共享平台建设，提升数据透明度和可信度。北京、广东等地碳市场积极进行碳金融产品创新，如碳资产证券化、碳期货等，丰富市场交易品种；鼓励金融机构参与碳市场交易，开发碳排放权质押贷款等金融工具，拓宽企业融资渠道，为开发全国碳市场的金融属性摸索经验。

参考文献

齐绍洲、程师瀚:《中国碳市场建设的经验、成效、挑战与政策思考》,《国际经济评论》2024 年第 3 期。

雷英杰:《全国碳市场三周年》,《环境经济》2024 年第 15 期。

马跃、方瑞瑞、苗玲、冯连勇:《中国碳市场运行状况与对策分析》,《全球能源互联网》2024 年第 6 期。

王科、吕晨:《中国碳市场建设成效与展望(2024)》,《北京理工大学学报》(社会科学版)2024 年第 2 期。

王科、李世龙、李思阳等:《中国碳市场回顾与最优行业纳入顺序展望(2023)》,《北京理工大学学报》(社会科学版)2023 年第 2 期。

王科、李思阳:《中国碳市场回顾与展望(2022)》,《北京理工大学学报》(社会科学版)2022 年第 2 期。

B.18
京津冀地区农村人居环境
空间分异及提升路径研究

赵伟佚 潘玮 王婧*

摘　要： 农村人居环境整治是推进乡村振兴战略、实施乡村建设行动的重要抓手，评估农村人居环境现状是开展整治活动的先导工作。本报告基于乡镇尺度的精细数据，定量探讨京津冀地区农村人居环境整治现状、空间分异及提升路径。结果发现，京津冀地区农村人居环境综合质量整体不高，呈现"以京津为核心，其他高值区为中心，低值区为边缘"的"核心—边缘"特征；细分维度方面，厕所改造呈现"南高北低、东高西低"的空间分异特点，污水处理指数的高值区集中分布在京津地区，规划引导指数空间呈现"北京大集聚、保定和邢台小聚集"的特点；三个指标均存在显著空间正相关关系，且热点区普遍分布在北京、天津、唐山、廊坊和承德，冷点区具有面积较大、边界指向、分散分布的特征；垃圾治理水平高且高值空间分布均匀，不存在空间集聚特征，无热点区。在推进乡村全面振兴的新征程中，进一步提升京津冀地区农村人居环境水平，需要着力推进村庄规划编制工作，重视乡村规划引领作用；大力实施清洁村庄行动，重点关注薄弱地区；加大边界地区的整治力度，促进边界区域更好发展；健全环境整治的长效机制，因地制宜选择整治模式。

关键词： 农村人居环境　质量评价　空间分异　冷热点　京津冀地区

---

* 赵伟佚，中国科学院地理科学与资源研究所研究助理，主要研究方向为乡村地理与区域发展；潘玮，中国科学院地理科学与资源研究所博士研究生，主要研究方向为乡村地理与区域发展；王婧，北京市社会科学院管理所副研究员，主要研究方向为区域发展与管理。

农村人居环境是指农村居民日常生活和基本生产活动等涉及的乡村聚落环境，① 其持续改善是乡村地域系统稳定发展的重要因素。② 21 世纪以来，中国乡村经济社会发展与基础设施建设取得明显成效，但是与乡村生活密切相关的人居环境仍为乡村发展的短板。由此，农村人居环境整治成为推进乡村振兴战略、实施乡村建设行动的重要抓手，而科学评估农村人居环境现状则是开展整治活动的先导工作。近年来，面向京津冀协同发展的重大战略部署，各地积极落实农村人居环境整治相关工作，总体经历了前期探索和快速发展的阶段。③ 北京市人民政府连续出台了《北京市"十三五"时期环境保护和生态建设规划》《北京市"十四五"时期乡村振兴战略实施规划》《北京市"十四五"时期生态环境保护规划》等重要规划文件；天津市在出台《天津市生态环境保护"十四五"规划》的基础上深入开展了农村人居环境整治提升专项督导工作；2024 年 3 月，河北省委一号文件明确提出"持续开展农村人居环境整治提升行动"，同年 4 月河北召开了全省农村人居环境整治调度会议，就做好下一步农村人居环境整治提升工作进行了部署。但是，京津冀地区农村人居环境存在整体水平不高、整治力度和质量区域内部差异明显的客观现象，④ 这与农业农村现代化要求和农民群众日益增长的美好生活需要还有差距，对于北京、天津、河北地区农业发展的长远性、农村环境的适应性以及农民健康的保障性都具有较大的挑战。

学界对农村人居环境整治的治理绩效、优化路径和长效机制进行了深入探讨，⑤ 各区域尺度的研究不断涌现，促进了农村人居环境区域分析的丰富性和指标测度的多样性发展。但是仍有如下问题值得关注。第一，研究尺度

① 李裕瑞、张轩畅、陈秧分等：《人居环境质量对乡村发展的影响：基于江苏省村庄抽样调查截面数据的分析》，《中国人口·资源与环境》2020 年第 8 期。
② 李裕瑞、曹丽哲、王鹏艳等：《论农村人居环境整治与乡村振兴》，《自然资源学报》2022 年第 1 期。
③ 王艳飞、李婷婷、孟祥涛：《2010—2020 年中国乡村人居环境质量评价及其演变特征》，《地理研究》2022 年第 12 期。
④ 任志涛、凌澳：《京津冀城市群乡村人居环境质量时空演化特征及驱动机制》，《农业资源与环境学报》2024 年第 4 期。
⑤ 祝凡、裴春梅：《乡村振兴视角下我国农村人居环境治理研究》，《生态经济》2024 年第 4 期。

集中在城市群、省域、市域和县域，无法以乡镇和村庄的微观尺度和基层视角具体剖析人居环境整治成效。第二，农村人居环境指标体系建设常与农村高质量发展等的评价体系雷同，农村人居环境发展评价指标仍缺乏针对性、独特性和创新性。因此，本报告拟以2023年北京市、天津市以及河北省的乡镇单元为研究对象，通过实证研究科学评价京津冀地区农村人居环境现状和空间分异，识别薄弱区域，探索提升路径，以期为京津冀地区宜居宜业和美乡村建设提供科学决策参考。

一 指标建设及研究方法

（一）指标体系与数据来源

我国农村人居环境存在的问题主要集中在生活垃圾、生活污水、卫生厕所等方面。[①] 国务院办公厅印发的《农村人居环境整治提升五年行动方案（2021-2025年）》明确提出农村人居环境整治的具体措施，包括"扎实推进农村厕所革命""加快推进农村生活污水治理""全面提升农村生活垃圾治理水平""推动村容村貌整体提升"等。为此，本报告从厕所改造、污水处理、垃圾治理与规划引导4个维度遴选指标并建立京津冀地区农村人居环境综合评价指标体系，以户籍农户填报有卫生厕所的比例、覆盖污水处理设施的村比例、生活垃圾集中收集的村比例和编制村庄规划的村比例分别作为反映厕所改造、污水处理、垃圾治理和规划引导情况的指标，客观评价京津冀地区农村人居环境现状。[②] 相关数据来自农业农村部的全国乡村建设信息监测平台（2023年数据）。经与行政区划底图匹配，共涉及2260个涉农乡镇单元（辖区内至少含有1个行政村），占京津冀地区乡镇数量的77%，具有较高覆盖度、较强代表性。评价指标体系如表1所示。

---

① 于法稳：《乡村振兴战略下农村人居环境整治》，《中国特色社会主义研究》2019年第2期。
② Zhao S., Sun H.B., Chen B., et al., "China's Rural Human Settlements: Qualitative Evaluation, Quantitative Analysis and Policy Implications," *Ecological indicators*, 2018.

表1 京津冀地区农村人居环境发展水平的评价指标体系

维度	指标解释	计算公式
厕所改造	户籍农户填报有卫生户厕的比例	有卫生厕所户数/户籍人口户数
污水处理	覆盖污水处理设施的村比例	（纳入城镇污水处理管网的村数量+接入本村或邻村生活污水处理设施的村数量）/行政村数量
垃圾治理	生活垃圾集中收集的村比例	生活垃圾集中收集的村/行政村数量
规划引导	编制村庄规划的村比例	编制村庄规划的村/行政村数量

（二）研究方法

利用 SPSS 软件和 TOPSIS 方法，对评价指标进行等权分配，计算样本与最优值的相对接近程度，[①] 并将其定义为农村人居环境综合指数，反映京津冀地区农村人居环境现状水平。利用空间分析功能可视化表达农村人居环境综合指数的空间格局，借助全局和局部空间自相关统计分析方法揭示其空间集聚特征。

全局空间自相关可分析各指标在空间上是否存在相关关系和依赖关系，且相关程度如何，用 Moran's I 指数表示，公式为：

$$I = \frac{N}{W} \frac{\sum_i \sum_j w_{ij}(x_i - \bar{x})(x_j - \bar{x})}{\sum_i (x_i - \bar{x})^2} \quad (1)$$

其中，N、W 分别表示乡镇空间单元数量和空间权重矩阵的和，x_i、x_j 分别表示乡镇空间 i、j 的观测值，$\bar{x}$ 为观测值的平均值，w_{ij} 为反映乡镇空间 i、j 空间权重矩阵。Moran's I 指数的取值范围为 $[-1, 1]$，当 Moran's I 指数为正值时，表示指标呈现空间正相关；反之，若为负值，表示指标呈现空间负相关，且 Moran's I 指数的绝对值越大，表明其空间相关性越明显；当 Moran's I 指数为 0 时，意味着该指标在空间上呈随机分布。

---

① 赵静、王婷、牛东晓等：《用于评价的改进熵权 TOPSIS 法》，《华北电力大学学报》2004 年第 3 期。

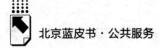

全局空间自相关仅能够从数值判断空间相关关系，需要通过局部空间自相关表征局部空间异质性特征和极值空间聚类的位置。为此，进一步通过冷热点分析探明指标在空间中的集聚特征。具体公式为：

$$G_i^* = \frac{\sum_{j=1}^{n} w_{ij}(d)\,x_j}{\sum_{j=1}^{n} x_j} \tag{2}$$

其中，$w_{ij}(d)$ 为基于距离 d 的空间权重函数，x_j 是第 j 个要素的属性值。若 G_i^* 值显著为正，则该乡镇及周边区域的属性值较高，为集聚热点；反之，若为负，则该乡镇及周边区域的属性值较低，为集聚冷点。

二　结果与分析

（一）京津冀地区农村人居环境发展水平的空间分异格局

本报告以厕所改造、污水处理、垃圾治理和规划引导 4 个方面情况反映京津冀地区农村人居环境整治空间分异特征。

厕所改造方面，京津冀地区高值区和低值区空间分异明显，总体呈现"南高北低、东高西低"的空间特征。以唐山、北京、天津、廊坊、衡水、石家庄、邢台为高值区的"S"形空间格局，低值区呈"C"形分布，主要集中在秦皇岛、承德、张家口和保定。京津冀农村地区户籍拥有卫生厕所比重超过 60% 的乡镇有 1138 个，占样本乡镇的 50.4%，其中天津的农村厕所改造程度最高，河北最低。

污水处理指数在北京和天津呈现空间聚集分布，71.8% 的高值区集中分布在北京、天津，93.4% 的低值区分布在河北。河北也存在小范围集聚的高值区，主要分布在张家口的万全区，唐山的丰南区、曹妃甸区，保定的安新县、容城县和阜平县，沧州的孟村回族自治县、盐山县和吴桥县，石家庄的鹿泉区、辛集市，以及邢台南部和邯郸中部，整体呈现交错分布和分散分布的特征。

垃圾治理水平空间分布格局极为稳定，高值区空间分布均匀，乡镇生活垃圾集中收集的村比重占到95%以上。说明京津冀地区的乡村生活垃圾集中治理化程度高，生活垃圾专项治理取得显著成效。

规划引导方面，村庄规划覆盖率较低，编制村庄规划的村比重均值为27.4%。规划引导指数空间特征呈现"北京大集聚、保定和邢台小聚集"的特点，其他区域整体以低值分布为主，比重低于45%的乡镇有1654个，占样本量的73.2%。天津与河北的规划引导程度不高，平均值仅为39.3%和21.6%。

基于ArcGIS 10.5软件自然间断法以0.177、0.263、0.350、0.445为中断值，将农村人居环境综合指数划分为5个等级。从空间形态来看，京津冀地区农村人居环境整治质量空间分异明显，整体呈现以京津为核心，以邢台市、保定市等其他高值市为中心，向外逐步降低的"核心—边缘"结构特征。京津冀地区农村人居环境综合指数平均值为0.274，共有546个较低水平发展乡镇，671个低水平发展乡镇，分别占总样本区的24.2%和29.7%。综合来看，京津冀地区农村人居环境综合发展水平仍有待进一步提升。

（二）京津冀地区农村人居环境空间集聚特征

利用ArcGIS 10.5软件分别计算京津冀地区农村人居环境综合指数以及厕所改造、污水处理、垃圾治理、规划引导评价因子的Moran's I指数，并进行显著性检验。由表2可知，农村人居环境综合指数的Moran's I指数为正值（0.476），z值（72.029）较高，而P值为0，说明京津冀地区农村人居环境整治综合效果存在显著空间正相关。在各评价因子中，厕所改造、污水处理和规划引导通过了1%水平下的显著性检验，且Moran's I指数值均为正，分别为0.405、0.422和0.419，说明厕所改造、污水处理和规划引导存在显著的正向空间自相关关系，相邻乡镇之间存在相互影响的关系。其中，污水处理的Moran's I指数最高，空间自相关性最强。垃圾治理因子的P值为0.890683，未通过显著性检验，说明垃圾治理情况不存在明显的空间相关关系。

表2　京津冀地区农村人居环境综合指数及评价指标的 Moran's I 指数

指数	Moran's I	z	P
农村人居环境综合指数	0.476	72.029	0.000000
厕所改造指数	0.405	61.352	0.000000
污水处理指数	0.422	63.857	0.000000
垃圾治理指数	-0.001	-0.137	0.890683
规划引导指数	0.419	63.447	0.000000

（三）京津冀地区农村人居环境冷热点分布特征

进一步分析京津冀地区农村人居环境质量中厕所改造、污水处理、垃圾治理和规划引导指标的空间集聚特征。厕所改造、污水处理和规划引导指数在北京和天津均分布着一个核心热点区。厕所改造指数的热点区具有双核心分布的特征，除京—津—唐热点核心区外，在石家庄、邢台、邯郸有分布较为集中的热点核心区。污水处理和规划引导指数热点空间分布具有"一核多中心"分布特征。污水处理的热点中心区分布在邢台中部、邯郸中部、保定西部阜平县、保定东部安新县和雄县、沧州吴桥县和盐山县；规划引导热点中心区分布在张家口市尚义县，保定市唐县、顺平县、竞秀区、莲池区和清苑区，邢台市临城县、柏乡县、宁晋县、隆尧县、内丘县、宁县和巨鹿县。垃圾治理无热点集中区，原因是垃圾治理水平普遍较高，低值乡镇较少且分布较为分散。

相比热点区，厕所改造、污水处理、垃圾治理和规划引导指数的冷点区整体具有面积较大、边界指向的空间特征。厕所改造的冷点区集中在保定、张家口和承德，呈现半包围形态，整体分布在京—津—唐核心热点区北部、西北部和西部。污水处理和规划引导的冷点区分布较为分散，但具有交界地区分布的特点。分布在邢台、石家庄、衡水、保定和沧州的交界区以及唐山、秦皇岛和承德交界区，邯郸南部也分布范围较大的冷点区。同时，规划引导污水处理冷点分布与京津冀地区农村人居环境质量冷点区分布具有高度的一致性。三个较为明显的垃圾治理冷点区，分别为承德市鹰手营子矿区、张家口下花园区及周边、天津滨海新区南部。

京津冀地区农村人居环境指数热点区具有明显的"一核心、四中心"空间分布特征。核心热点区分布于京—津—唐地区，四个热点区中心具有分散分布的特征，分布于石家庄（正定县、平山县和鹿泉区）、保定（雄县、清苑区和安新县西部）、沧州（盐山县）、邢台（中部的多个县区）。冷点区空间分布较为分散，一方面整体分布在张家口、承德北部和东部、秦皇岛西部和东南部、邯郸西部和东南部；另一方面呈现交界地带指向性特征，具体为石家庄—保定、保定—沧州、沧州—衡水、衡水—邢台交界区形成的"7"字形冷点带。冷点区是新时期农村人居环境整治需要重点关注的区域。

三　京津冀地区农村人居环境整治提升路径

（一）推进村庄规划编制工作，重视乡村规划引领作用

乡村规划对农村人居环境整治的引领作用是十分必要的，但本报告分析发现，京津冀地区编制村庄规划的村比重平均值在4个评价指标中是最低的。未来一段时期，需要以推进村庄规划编制为先导工作，引领农村人居环境整治。一是要开展农村人居环境整治成效全面性、系统性普查工作，明确根源性问题，为村庄规划的编制工作打下良好基础；二是组织专家团队，建立村庄规划专家组，深入探索"多规合一"实用型村庄规划的编制方法；三是学习浙江"千村示范、万村整治"的先进理念和宝贵经验，统筹城乡发展实施全域全要素编制乡村连片规划，建立健全实用型村庄规划体系。

（二）大力实施村庄清洁行动，重点关注薄弱地区发展

京津冀地区存在农村厕所改造和生活污水治理水平整体偏低、整治水平区域差异大等问题。因此，一方面，要加大村庄清洁行动的力度，选择合适的改厕模式，加强改厕后的服务和管理，因地制宜探索适宜的污水处理模

式。另一方面，应重点关注农村人居环境冷点区域及薄弱区域的发展。此类区域受地理位置偏远、经济基础薄弱、各类资源匮乏等因素的制约，农村人居环境整治质量与其他相对发达的乡村存在明显差距，应在政策扶持、公共服务、设施建设等方面给予更多关注，加快缩小农村人居环境综合水平的区域差异。

（三）加大边界地区整治力度，促进边界区域更好发展

县域和市域边界区域往往地处山区，是农村人居环境综合指数的低值地带，加大边界地区的农村人居环境整治力度迫在眉睫。一方面，对不同行政区域的自然环境和人文资源进行综合研判，相邻的乡镇或村庄跨区域协调，共同制定统一的环境整治标准和规划，创新农村人居环境整治跨域联动模式。另一方面，对边界地区给予特殊关注，出台专门针对边界农村地区的环境整治政策，设立边界农村环境整治专项基金，加强跨区域的政策协同，避免出现政策差异导致的整治空白或重复建设。

（四）健全环境整治长效机制，因地制宜选择整治模式

京津冀地区在农村人居环境整治方面已取得一定成效，但从可持续发展的角度，仍需进一步建立和完善农村人居环境整治的长效机制，尤其有必要从完善制度体系建设、加强专项资金保障、强化人才队伍建设、提升创新技术支撑和加强政府监督考核等方面进行综合提升。另外，考虑到自然环境、经济发展和民俗文化等因素，农村人居环境整治的长效机制建设，宜按照"一村一策"的思路，因地制宜地选择农村人居环境整治模式。

B.19
区域协同发展视角下的京津冀地区碳排放研究

杨浩 韦苇*

摘　要：　京津冀地区作为中国北方经济核心区，其碳排放问题对区域可持续发展具有重要意义。本报告从区域协同发展的视角出发，分析了京津冀地区碳排放的历史变化、现状以及与全国其他城市群的对比，并深入探讨了区域协同优化能源结构进程中存在的问题及影响因素。研究发现，京津冀地区碳排放总量虽有所下降，但碳排放强度仍高于全国平均水平、高耗能产业分布不均衡、协同减排力度不足、交通一体化发展不均衡、能源消费结构失衡等问题依然突出。基于此，本报告提出持续优化产业结构、加强高耗能产业协同减排、提升区域交通一体化水平、增强地区环保政策协同性、协同优化区域能源结构等对策建议，以期为京津冀地区实现碳达峰、碳中和目标提供理论支持和政策参考。

关键词：　碳排放　区域协同发展　低碳转型　京津冀地区

一　京津冀地区碳排放量的变化趋势及取得的成效

京津冀地区作为中国北方经济核心区，其碳排放历史变化呈现显著的阶段性特征。2005～2021 年京津冀城市群碳排放总量年均增长率达 3.35%，约合 4.12 亿吨/年，其中能源消费和工业活动是主要驱动因素。分阶段来

---

* 杨浩，北京市社会科学院管理所副研究员，主要研究方向为公共管理、公共服务；韦苇，江苏理工学院文化与旅游学院讲师，主要研究方向为文化产业、旅游管理。

看，2005~2015年碳排放增速较快，年均增速达4.2%，主要源于重工业扩张与城镇化加速；2016~2020年增速放缓至2.8%，得益于节能减排政策的实施与产业结构调整；2021年后，碳排放增速进一步下降至1.5%以下，2024年京津冀地区碳排放总量约为4.35亿吨，较2020年下降约7.2%。

从结构变化看，工业部门贡献了70%以上的碳排放量，其中，钢铁、建材和化工行业占主导地位。河北省作为重工业基地，2021年碳排放量占区域总量的58.6%。2024年，通过环保绩效创A行动和新能源货车推广，河北省工业碳排放强度较2020年下降18%。北京市和天津市则持续进行能源结构优化，如天然气替代煤炭、交通电气化，碳排放强度分别降低至0.89吨/万元和1.12吨/万元，显著低于河北省的2.65吨/万元。在政策驱动下，京津冀碳排放效率从2010年的1.85吨/万元降至2024年的1.21吨/万元，但仍高于全国平均水平0.98吨/万元。这表明区域低碳转型仍需深化。同时，京津冀区域的碳汇能力有所提升，2024年植被净初级生产力（NPP）达0.352PgC/a，较2010年增长4.3%，但碳赤字问题依然突出，河北省碳赤字占比持续高于80%。[①]

二 京津冀地区碳排放现状分析及对比分析

京津冀地区与长三角地区、珠三角地区、成渝地区双城经济圈等城市群的碳排放特征存在显著差异。2024年，京津冀地区碳排放总量为4.35亿吨，高于长三角地区的5.02亿吨和珠三角地区的3.78亿吨。京津冀地区碳排放强度为1.21吨/万元，显著高于长三角地区的0.76吨/万元和珠三角地区的0.62吨/万元，反映其经济增长仍依赖高碳路径。

从行业分布看，京津冀地区工业碳排放占比为72%，远高于长三角地区的65%和珠三角地区的58%。特别是钢铁行业贡献了区域工业碳排放的

---

① 《京津冀碳排放效率的影响因素与空间分布特征研究》，https://zrzy.hebei.gov.cn/heb/gongk/gkml/kjxx/kjfz/101075110674768609280.html，2025年2月7日。

40%，而长三角地区和珠三角地区则以电子制造和服务业为主。在能源结构方面，京津冀地区煤炭消费占比为45%，仍高于长三角地区的32%和珠三角地区的25%。尽管如此，京津冀地区可再生能源装机容量增速较快，2024年风电和光伏发电装机容量占比达28%，接近长三角地区的31%和珠三角地区的34%。

在减排政策成效上，京津冀地区通过协同机制，如大气污染联防联控，实现了$PM_{2.5}$年均浓度连续四年达标，2024年北京市$PM_{2.5}$年均浓度降至30.5微克/米³。然而，京津冀地区碳排放协同治理效果弱于长三角地区。例如，长三角地区通过碳市场联动机制，2024年碳配额交易量达2.1亿吨，覆盖80%的重点排放企业，而京津冀地区碳市场仍处于试点阶段，交易规模仅为长三角地区的30%。从碳达峰路径看，京津冀地区预计在2030年前实现碳达峰，晚于长三角地区的2025年和珠三角地区的2027年，主要受限于河北省重工业转型压力。未来需进一步优化产业协同，如北京研发、津冀制造链条、能源协同、绿电跨区调配、交通一体化、新能源货运网络，以缩小京津冀地区与其他城市群的低碳发展差距。

三 区域协同提升碳排放水平进程中的制约因素

（一）产业转移与结构调整对区域碳排放的影响

京津冀地区的产业转移与结构调整是区域协同发展战略的重要组成部分，其对碳排放的影响具有双重性。产业转移与结构调整有助于优化区域资源配置，推动绿色低碳发展，但也可能导致碳排放的"空间转移"效应，增加区域减排的复杂性。例如，北京市通过疏解非首都功能，将钢铁、化工等产业转移至河北省，京津冀各地工业增加值及京津冀地区占全国的比重如图1所示。根据历年《中国统计年鉴》，2015~2020年，河北省钢铁产量占全国的比重从23.5%上升至25.8%，2019年河北省碳排放总量达到9.2亿吨，占京津冀地区的75%以上。产业结构调整是降低碳排放的重要途径，

北京市通过发展高新技术产业和现代服务业，显著降低了碳排放强度，2019
年北京市第三产业占比达到 83.5%，碳排放强度较 2010 年下降了约 45%，
天津市通过推动制造业高端化，逐步减少高耗能产业比重，碳排放强度也有
所下降，然而，河北省由于承接了大量高耗能产业，产业结构调整进展缓
慢，碳排放强度仍处于较高水平且高于全国平均水平，2019 年河北省第二
产业占比为 47.3%，其中高耗能行业占比超过 60%。产业转移与结构调整
在短期内可能加剧京津冀地区碳排放的不均衡性。

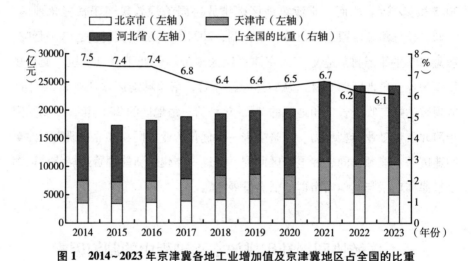

图 1　2014~2023 年京津冀各地工业增加值及京津冀地区占全国的比重

资料来源：国家统计局。

（二）高耗能产业分布不均衡与协同减排力度不足

京津冀地区高耗能产业的分布高度集中，且区域间协同减排力度不足，
这是该地区碳排放问题的重要特征之一。高耗能产业的空间分布不均衡，主
要集中在河北省，尤其是钢铁、建材、化工等行业。根据《中国工业统计
年鉴》的数据，2024 年河北省粗钢产量达到 2.6 亿吨，占全国总产量的
26.0%，其中唐山市、邯郸市等地的钢铁产能占河北省的 75% 以上。相比之
下，北京市和天津市的高耗能产业占比较低，但天津市在石化、化工领域仍

有一定规模。例如，天津市的石化产业占其工业增加值的 22% 以上。这种不均衡的产业分布不仅加剧了区域碳排放的不均衡，也对区域协同减排提出了更高要求。

协同减排力度不足主要体现在政策协同、技术共享和资金支持三个方面。首先，政策协同不足，三地在高耗能产业减排政策上缺乏统一标准。如河北省的高耗能行业低排放改造进度滞后于北京市和天津市，导致区域减排效果不均衡。其次，技术共享不足，北京市在低碳技术研发方面处于全国领先水平。但这些技术在河北省的推广应用较为有限。例如，河北省钢铁行业的绿色化改造技术普及率仅约为 35%。最后，资金支持不足，河北省作为高耗能产业集中地，减排任务重，但资金支持相对不足。2024 年，河北全省在工业污染治理方面的投资仅为北京市的 45%。这种协同减排力度的不足，进一步凸显了区域碳减排的复杂性，也为未来区域协同减排带来了挑战。

（三）交通一体化发展对碳排放水平提升的影响因素

京津冀地区交通一体化发展不均衡是导致区域碳排放水平提升的重要因素之一。2024 年京津冀地区的交通运输碳排放量约为 1.3 亿吨，占全国交通运输碳排放总量的 12%。交通一体化发展不均衡主要体现在以下几个方面。首先，交通基础设施分布不均，北京、天津等中心城市交通网络密集，而河北部分地区交通基础设施相对滞后，导致交通流量集中在核心城市，加剧了交通拥堵和碳排放。其次，公共交通发展不均衡，北京、天津的公共交通系统较为完善，2024 年公共交通出行比例分别达到 65% 和 55%，而河北部分城市的公共交通出行比例仅为 35%。这种不均衡导致私人车辆使用率居高不下，进一步提高了碳排放量。最后，跨区域交通协同不足，京津冀三地在交通规划、政策执行和资源配置上缺乏有效协调，导致交通资源利用效率低下，碳排放控制效果不佳。例如，2024 年京津冀地区跨区域货运量中，公路运输占比仍高达 70%，而铁路和水路运输占比仅分别为 25% 和 5%，这种高耗能的运输方式直接提高了区域总体的碳排放量。

（四）区域协同优化能源结构进程中存在的问题

京津冀区域协同优化能源结构的进程中，长期存在能源消费结构失衡、区域间利益协调不足以及可再生能源消纳能力有限等问题。2008~2023年，京津冀地区化石能源消费占比从92.5%降至85.6%，但仍显著高于全国平均水平（79.3%），且区域内部差异显著。河北省因重工业主导，2023年煤炭消费占比达62.8%，远高于北京市的8.3%和天津市的48.5%。此外，区域间能源政策协同性不足，北京市通过非首都功能疏解转移高耗能产业，导致河北省承接产业后碳排放强度上升。据生态环境部的数据，2023年河北省单位GDP碳排放强度为1.82吨/万元，为北京市0.28吨/万元的6.5倍，凸显产业转移与低碳转型的矛盾。同时，可再生能源消纳能力受限，2023年京津冀风电和光伏利用率仅为89.2%，低于全国平均水平（94.5%），弃风弃光问题突出。北京市虽在技术创新与资金支持上发挥引领作用，但三地能源基础设施互联互通不足，制约了区域能源结构优化的整体效能。

（五）区域政策对碳排放水平提升的制约因素

当前京津冀地区碳排放政策体系在实施过程中呈现多维度制度性约束，主要体现在三方面。一是政策协同机制存在壁垒。2024年《京津冀生态环境协同发展报告》显示，三地重点行业碳排放强度差异达38.7%。其中，北京高新技术产业单位GDP碳排放为0.23吨/万元，仅为河北传统制造业0.98吨/万元的23.5%，但省级碳排放权交易体系的配额分配标准仍未实现动态协同调整。二是市场激励机制尚未形成有效传导。据国家碳交易中心数据，2024年京津冀碳市场日均成交量仅占全国总量的12.3%，价格发现功能弱化导致钢铁、建材等支柱产业减排成本内部化率不足45%。三是监管体系仍然存在监测盲区。生态环境部2024年专项督查发现，京津冀地区跨区域移动污染源监管数据共享率仅为63.8%，特别是公路货运领域存在12.7%的监测数据异常缺口。这些区域制度不均衡直接导致了政策边际减排效应的持续衰减。

四 区域协同发展视角下的京津冀地区 碳排放水平提升路径

（一）持续进行区域产业的合理转移与结构优化调整

近年来，京津冀地区在产业转移与结构调整方面取得了一定进展，但仍存在一些显著问题。根据国家统计局的数据，2020年京津冀地区的碳排放量约为1.5亿吨，占全国碳排放总量的10%左右，尽管到2024年底，碳排放量将减少至1.3亿吨，但产业转移与结构调整仍面临高碳产业转移不彻底、产业结构调整缓慢以及区域间产业协同不足等问题，京津冀地区的高碳产业转移不彻底，导致碳排放量居高不下，产业结构调整速度较慢，清洁能源和低碳产业的占比仍然较低，京津冀三地在产业转移与结构调整中的协同不足，导致政策效果不尽如人意。北京作为首都，产业转移与结构调整压力较大，尽管取得了一定进展，但仍然面临高碳产业转移不彻底和清洁能源产业占比较低等问题，2020年北京的高碳产业占比约为15%，预计到2024年底将减少至10%；天津作为重要的工业城市，产业转移与结构调整面临工业碳排放量大和清洁能源产业占比低等挑战，2020年天津的工业碳排放量占全市碳排放总量的60%以上，2024年减少至50%；河北作为能源消费大省，产业转移与结构调整任务艰巨，面临煤炭依赖度高和清洁能源产业占比低等问题，2020年河北的煤炭消费量占能源消费总量的70%以上，2024年底减少至60%。根据中国能源研究会的数据，2020年京津冀地区通过产业转移与结构调整，减少了约500万吨的碳排放，截至2024年底，通过进一步深化产业转移与结构调整，京津冀地区碳排放减少量达到约800万吨，通过高碳产业转移减少京津冀地区的碳排放量，通过产业结构调整提高清洁能源和低碳产业的占比，通过区域间产业协同优化布局，提高产业效率，减少碳排放。北京在产业转移与结构调整中面临高碳产业转移不彻底和清洁能源产业占比低等问题；天津在产业转移与结构调整中面临工业碳排放量大和清洁能源产业占比低等问题；河北在产业转移与结构调整中面临煤炭依赖度高和清洁能源产业占比低等问题。

（二）高耗能产业减排的路径优化

为加强京津冀地区高耗能产业的协同减排力度，需从多方面入手，系统推进区域能源结构优化。首先，应统一减排标准，制定区域统一的高耗能产业排放标准，避免"政策洼地"效应。在此基础上，京津冀三地应加强能源市场领域的合作，建立统一的能源市场监管平台，共同开发能源交易市场，推进能源交易的标准化与规范化。其次，发挥北京作为科技中心的优势，建立区域低碳技术共享平台，促进北京和天津在高耗能产业的先进技术在河北省重点项目上推广应用。再次，加大资金支持，通过区域协同基金等方式，支持河北省高耗能产业的绿色低碳化改造。最后，持续将北京市的数据中心等高耗能企业进行外迁。这些措施有助于优化高耗能产业的分布，提升区域协同减排效果，实现区域碳排放整体下降，缓解区域碳排放不均衡，为实现区域可持续发展提供重要保障。

（三）提升区域交通一体化发展水平

首先，加强交通基础设施均衡布局，重点提升河北省的交通网络密度和质量，推动核心城市与周边地区的交通互联互通。其次，优化公共交通资源配置，提升河北省公共交通服务水平，推广新能源公交车和智能调度系统，力争到2025年底将河北省公共交通出行比例提升至50%。再次，推动跨区域交通协同，建立统一的交通规划和政策执行机制，促进铁路、水路等低碳运输方式的发展。例如，通过政策引导和技术支持，到2026年将京津冀地区铁路货运占比提升至45%，水路货运占比提升至15%。最后，推广智能交通系统和绿色出行模式，利用大数据和人工智能技术优化交通流量管理，减少交通拥堵和碳排放。通过以上路径优化，京津冀地区有望在2024年底将交通运输碳排放量减少至1.1亿吨，降幅可达到15%，为实现区域碳减排目标提供有力支撑。

（四）增强地区环保政策的协同性

首先，应当通过建立跨区域能源管理平台，统一规划三地能源供需，推动河北省钢铁、建材等传统产业低碳化改造。2024年国务院印发的《京津冀协同发展能源专项规划》提出，2025年区域非化石能源消费占比提升至15%，需通过财政转移支付补偿河北省产业转型成本。其次，提升可再生能源消纳能力，依托张家口国家级可再生能源示范区，2024年京津冀计划新增风电装机5GW、光伏7GW，并配套建设智能电网项目，预计弃风弃光率可降至5%以下。北京市应发挥科技创新优势，牵头成立京津冀绿色技术联盟，推动氢能储能、碳捕集技术商业化应用。2024年北京市研发投入强度为6.8%，居全国首位，可为区域提供技术外溢支撑。最后，完善生态补偿机制，通过碳排放权交易市场扩大覆盖范围，2024年京津冀碳市场配额总量拟增至5亿吨，探索跨区域碳汇交易，激励河北省生态保护与产业升级协同。通过上述措施，可以有效破解能源结构优化壁垒，实现区域低碳发展目标。

（五）协同优化区域能源结构

为实现京津冀地区能源结构优化目标，需针对能源消费失衡、区域协调不足及可再生能源消纳瓶颈等问题实施系统性解决方案。第一是推进能源基础设施的跨区域整合，构建具备坚强互联特性、调配灵活且智慧化的能源网络体系，重点加速张北—胜利特高压工程建设，形成三横三纵特高压环网架构，同步完善陕京四线、中俄东线中段等天然气管网系统，2024年输气能力突破630亿立方米。第二是聚焦能源技术创新联合攻关，依托京津冀科研联盟在煤层气高效开发、特高压柔性输电、风光储氢协同系统等领域部署17项关键技术研发，其中±500kV直流输电技术可使新能源并网损耗降低至8.9%，风光储氢系统能量转换效率达76.8%。第三是统筹能源安全与低碳转型，通过多能互补枢纽建设实现可再生能源制氢、区域供冷供热等新型消纳模式，在雄安新区等核心区域建成10个集成电热冷氢联供的能源站，综合能效提升至 84.3%。最终强化政策协同机制，建立三地统一的绿电配额交易体系，2024 年已完成 82.6 万千瓦时跨省绿证交易，并实施能源消费总量与强度双控策略，推动冀北清洁能源基地 2024 年新增风电装机容量 380 万千瓦。经测算，该方案实施后区域可再生能源消费占比将提升至 29.7%，单位 GDP 能耗下降 19.5%，形成 2500 万千瓦级清洁能源输送能力，为区域群构建低碳安全的新型能源体系提供实践范式。

参考文献

韩冬：《京津冀城市群协调发展与碳排放耦合协调度的时空演进》，《统计与决策》2024 年第 13 期。

刘媛媛、杜伟航：《城市群绿色低碳发展中开放与创新的作用机制——以京津冀区域为例》，《科技管理研究》2024 年第 8 期。

邹艳芬、黄美娟：《城市群碳排放：特征挖掘、形成机理及达峰干预》，《北京理工大学学报》（社会科学版）2023 年第 6 期。

李健、郭姣、苑清敏：《京津冀协同发展背景下能源需求预测与政策影响研究》，《干旱区资源与环境》2018 年第 5 期。

B . 20
2024年北京市环境质量
与可持续发展研究

彭志文　厉明明*

摘　要： 本报告基于 2024 年数据评估了北京市环境质量与低碳转型情况。研究发现，北京市在空气质量、水资源管理、固体废物处理和绿色能源应用等关键领域取得显著成效。但臭氧污染问题仍然突出、区域协同治理机制尚需完善、绿电市场化消纳不足等挑战依然存在。本报告提出通过科技赋能精准治理、市场化机制激活多元主体、区域协同突破行政壁垒等创新路径，为超大城市的碳中和提供"北京方案"。未来需推动政策工具从"粗放管制"向"精细调控"转型，强化科技创新与公众参与的协同效应，为全国生态文明建设提供实践经验。

关键词： 环境质量　低碳转型　数据驱动

一　引言

（一）研究背景与意义

北京市作为国家首都和超大城市，其环境治理成效不仅是城市可持续发展的重要标志，更是全国生态文明建设的风向标。自 2013 年启动大气污染

---

* 彭志文，北京邮电大学经济管理学院副教授，北京城市管理学会秘书长，主要研究方向为数字经济、环境管理、人工智能治理；厉明明，北京邮电大学硕士研究生，主要研究方向为金融学。

防治行动以来，北京市通过"工程减排、结构优化、精细管理、科技支撑"四轮驱动，实现了空气质量从"五颜六色"到"绿意盎然"的历史性跨越。2024年，北京市PM2.5年均浓度降至30.5微克/米³，同比下降6.2%，连续四年稳定达到国家二级标准；优良天数达290天，创监测记录以来的新高，重污染天数仅2天，较2013年减少96.6%。这一系列数据标志着北京市大气污染治理取得阶段性胜利，"北京蓝"已成为常态。

然而，尽管污染物浓度持续下降，区域排放总量仍远超环境容量，空气质量改善成效尚未与气象条件完全脱钩。例如，2024年10~11月，受北方冷空气势力偏弱、高湿静稳天气影响，京津冀及周边地区发生3次大范围污染过程，北京市多次发布重污染预警，暴露了治理成效的脆弱性。同时，"双碳"目标对北京市低碳转型提出了更高要求，需在经济增长与生态保护间实现动态平衡。

在此背景下，本报告系统评估北京市环境质量现状，具有以下三重意义。

政策响应性。结合《推进美丽北京建设持续深入打好污染防治攻坚战2024年行动计划》，分析政策执行效果，为"十四五"后期治理方向提供依据。例如，2024年北京市新增新能源汽车超40万辆，建成充电桩42万个，新能源物流车优先通行政策显著降低了移动源污染。

科学前瞻性。针对臭氧污染加剧、再生水利用效率不均等新问题，提出优化建议。如首钢园区通过固废资源化项目实现工业循环经济，年减排量达数万吨，为同类区域提供可复制模式。

社会协同性。通过量化公众参与度，揭示环境治理中政府、企业与市民的协同作用，推动"人努力"与"天帮忙"深度融合。

（二）研究数据与方法

本研究以2024年数据为基础，优先采用生态环境部、北京市生态环境局、北京市政务服务和数据管理局等发布的权威数据。部分全年数据尚未完全公布，则结合前三季度数据进行趋势分析，并辅以历史数据进行纵向对比，确保结论的科学性与可靠性。

1. 数据来源

空气质量数据。主要来自北京市生态环境监测中心和北京市生态环境局。例如，2024 年北京市 $PM_{2.5}$ 年均浓度为 30.5 微克/米^3，同比下降 6.2%，连续四年稳定达到国家空气质量二级标准。

水资源数据。主要来自北京市水务局 2024 年《北京市水资源公报》。2024 年，北京市再生水配置利用量达 13.23 亿立方米，占全市水资源配置总量的 31.4%。

固废管理数据。北京市统计局 2024 年 5 月的调查数据显示，全市居民生活垃圾分类参与率达 96.7%，生活垃圾无害化处理率为 99% 以上。

绿色能源数据。根据北京市发展和改革委员会《北京市 2024 年能源工作要点》，2024 年，北京市力争推动可再生能源开发利用量占能源消费比重达 14.8%，可再生能源电力消纳权重达 21.7%，可再生能源装机累计达 310 万千瓦。

2. 研究方法

定量分析法。采用统计分析方法，计算污染物浓度变化率、达标率等核心指标。例如，通过对比 2024 年与 2023 年同期 $PM_{2.5}$ 浓度数据，评估大气污染治理成效。

案例研究法。选取典型政策或项目进行深入分析。例如，大兴国际氢能示范区涵盖"制、储、运、加、用"的全产业链，产业聚集效应初现。

趋势预测法。对部分尚未公布全年数据的领域（如工业固废年度总量），基于前三季度数据进行趋势预测。例如，2024 年 1~9 月工业固废综合利用率为 85%，预计全年可达 87%。

通过上述数据与方法，本报告力求全面、客观地评估北京市环境质量现状，为政策优化与治理创新提供科学依据。

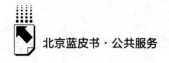

二　2024年北京市环境质量核心指标分析

（一）空气质量

2024年，北京市空气质量持续改善，多项核心指标达到或接近历史最优水平。然而，空气治理成效仍具有一定脆弱性，特别是在季节性污染和区域协同治理方面仍存在挑战。

2024年，北京市$PM_{2.5}$年均浓度降至30.5微克/米^3，同比下降6.2%，连续四年稳定达到国家二级标准（小于等于35微克/米^3）。与2013年的89.5微克/米^{3}相比，累计下降65.9%。这一显著改善与北京市长期实施的"一微克"行动密切相关，包括对移动源污染、扬尘等关键污染源的精细化管理。2024年全市新增新能源汽车保有量达到100.9万辆，累计建成充电桩40.4万个，同时实施新能源物流车优先通行政策，极大地降低了交通源污染排放。这些措施是$PM_{2.5}$浓度逐年下降的重要保障。

除$PM_{2.5}$外，PM_{10}年均浓度为54微克/米^3，同比下降11.5%；NO_2年均浓度为24微克/米^3，同比下降7.7%；SO_2浓度维持在3微克/米^{3}的极低水平。这些核心污染物指标均显示出系统性下降趋势，与2013年相比，四项主要污染物浓度降幅均超过50%，反映了北京市空气质量在多维度治理下实现了全面改善。

空气质量改善的另一表现是优良天数的持续增加。2024年全年优良天数达到290天，占全年监测天数的79.2%，天数为有监测记录以来最多的一年。与2013年相比优良天数增加了114天，重污染天数则从2013年的58天减少至2天，降幅达到93.3%。特别是全年$PM_{2.5}$浓度达到优良级别的天数多达345天，占比达到94.3%，连续半年保持优良水平。尽管如此，秋冬季节污染问题仍不容忽视，尤其是2024年10~11月，由于北方冷空气偏弱和静稳高湿天气影响，京津冀地区发生了三次大范围污染，北京市多次启动重污染天气预警。城区及沿山站点短时$PM_{2.5}$浓度达到160~170微克/米^3，这表明空气质量改善仍受气象条件的显著影响。

京津冀地区协同治理是北京市空气质量改善的重要保障。通过联合执法和应急减排等措施，2024年京津冀地区$PM_{2.5}$平均浓度同比下降3.4%。北京市的降幅达到6.2%，高于区域平均水平，凸显协同治理措施在重点区域的增效作用。臭氧污染问题在治理成效上仍存在较大挑战。2024年，北京市臭氧年均浓度为171微克/米³，同比下降2.3%，但仍未达到国家二级标准（160微克/米³）。这表明臭氧污染的治理需要与$PM_{2.5}$协同推进，尤其是在高温时段采取更加精准的减排策略。

北京市在治理创新方面引入了"含绿量"指标体系，以量化企业、工地、车辆等主体的绿色绩效。2024年，全市新增绿色企业191家，绿牌工地占比较2023年提升37.2个百分点，扬尘负荷均值同比下降12%。通过技术手段的应用，如基坑气膜全密闭施工技术，降尘率超过90%，噪声水平降低70%，显著减少了环境扰民投诉。这一技术推广的成功为未来其他污染源治理提供了重要示范。

总体来看，北京市在空气质量改善方面已经取得了显著成效，但臭氧污染的治理难度依然较高，同时区域排放总量过大和秋冬季节污染的反复性问题也需要重点关注。未来，进一步深化科技赋能、提高政策的精准性和加强区域协同，将是应对低浓度污染阶段复杂挑战的关键策略。

（二）水资源与水环境

北京市作为典型的资源型缺水城市，近年来在"节水优先"理念的指引下，通过产业调整与技术创新，在水资源管理与水环境治理方面取得了显著进展。然而，水资源供需之间的"紧平衡"态势依然是长期面临的结构性挑战。

2024年，北京市万元GDP用水量降至8.45立方米，比上年下降约10%，与2013年相比下降了54.7%，连续多年在全国范围内保持用水效率领先地位。这一成绩主要得益于北京市推进产业结构优化与节水技术的应用。在工业领域，2024年北京市完成了32个一般制造业生产环节的退出，并选定了10家重点用水企业实施"水效领跑者"计划，使工业用水重复利用率提升至95%，万元工业增加值用水量降至4.8立方米。在农业方面，通过推广喷灌、滴灌等高效节水技术，覆盖农田面积达70万亩，水肥一体化技术也得到了进一步普及，有效提升了粮食生产的用水效率。此外，公共供水系统的管理也实现了技术突破，通过更换80万支智能远传水表，全市供水管网漏损率为8.5%以下，大幅减少了供水过程中的损耗。

2024年，北京市再生水利用量达到13.23亿立方米，占全市水资源供给总量的30%以上，① 成为稳定的第二水源。亮马河风情水岸通过再生水的补给，已成为国家级夜间文旅消费的重要集聚区。此外，槐房再生水厂作为亚洲规模最大的全地下MBR膜处理设施，年处理污水达2亿立方米，年产沼气约2400万立方米，年发电量约6000万千瓦时，体现了再生资源利用的综合效益。工业再生水利用率达32.6%，有效缓解了南水北调供水压力。

在水质安全保障方面，北京市建立了较为完善的全流程监测体系。2024年，全市5个市级集中式饮用水水源、19座自来水厂的出厂水及140个末梢水监测点样本合格率均为100%。密云水库与南水北调等主要地表水水源每月均需监测61项指标，地下水水源的年度监测项目达到93项，确保水质稳定达标。北京市健康水体比例提升至85.8%，五大主干河流连续4年实现贯通入海，平原区地下水位自2015年以来已连续9年回升，累计回升13.39米，增加储量70亿立方米，地下水严重超采区全部清零，这标志着北京市水生态修复取得了历史性进展。

（三）固体废物管理

近年来，北京市以"减量化、资源化、无害化"为原则，构建了覆盖城乡的固体废物治理体系，并在生活垃圾处理、工业固废资源化及循环经济建设等方面取得积极成效。

2024年，北京市生活垃圾无害化处理率达100%，垃圾分类居民参与率达96.7%。在典型的垃圾处理项目中，海淀区稻香湖再生水厂二期工程采

---

① 北京市水务局：《北京市水资源公报》，2024。

用全地下式污水处理工艺技术，日处理污水 8 万吨，惠及约 100 万人口。根据 2025 年 5 月 8 日《北京日报》援引的北京市城市管理委员会的数据，新版《北京市生活垃圾管理条例》实施 5 年以来，全市生活垃圾处理量从 2.77 万吨/日下降为 2.17 万吨/日，减量超过 20%。厨余垃圾日均分出量从 2394 吨增长到 4828 吨，增长 102%。生活垃圾回收利用率达到 42%，提前完成"十四五"规划目标。以焚烧和生化处理为主的垃圾资源化处理能力从 24780 吨/日提升到 31145 吨/日，提前一年实现原生垃圾零填埋。

作为北京市工业固废资源化利用的标杆，首钢园区（含京唐公司）在 2024 年获评国家级"无废企业"典型案例，固废综合利用率超 99%，年减排二氧化碳超百万吨，成为钢铁行业绿色转型典范。2024 年北京市通过多层次金融工具和政策创新，构建了绿色信贷、绿色债券、绿色产业基金、碳排放权交易、财政补贴等协同发力的金融支持体系，提升了固废处理项目的融资可得性和经济收益，显著推动资源化利用和产业升级。

尽管北京市在固废管理方面取得了显著成效，但仍存在两方面的挑战。首先，固废焚烧与臭氧污染治理之间的协同不足。2024 年夏季，臭氧超标天数占全年污染天数的 60%，表明需要进一步探索焚烧尾气中挥发性有机物（VOCs）的深度处理技术。其次，再生资源市场体系尚未完善，尤其是废塑料的回收率不足 50%。为此，北京市应加快"互联网+回收"模式的推广，利用大数据与智能分拣技术提升回收效率。此外，推动京津冀地区固废资源化产业链的协同，并将其与碳交易市场挂钩，实现环境效益与经济收益的双赢。

三 低碳转型与绿色能源进展

（一）可再生能源规模化应用

2024 年 9 月，北京电力交易中心提出，分布式发电主体以聚合商代理参与绿色电力交易，常态化开展中长期分时段交易，允许签订分时段或带电力曲线的绿电交易合同，匹配供需波动需求。根据《北京市 2025 年能源工作要点》，2024年北京市外调绿电规模达到354.8亿千瓦时，同比增长27%，可再生能源电力消纳责任权重约为29.7%。智研咨询的研究报告显示，2024年北京市光伏发电新增并网容量21.9万千瓦，同比增长67.18%，其中分布式光伏新增18.9万千瓦（占86.3%），户用光伏新增8.4万千瓦。截至2024年底，光伏发电累计并网容量达130.3万千瓦，其中分布式光伏占比93.8%（122.2万千瓦），集中式光伏8.1万千瓦。华经产业研究院数据显示，2024年，北京市太阳能发电量1.87亿千瓦时，同比增长0.8%。风电发电量1.4亿千瓦时，同比增长2.4%。2024年4月，北京市印发《北京市可再生能源开发利用条例》，支持在产业园区、农村地区建设分散式风电项目，并将空气能热泵技术纳入可再生能源进行补贴。《北京市2025年能源工作要点》提到，2024年北京市新增新能源供热面积约900万平方米。典型案例包括利用浅层地热能供热的北京城市副中心行政区、利用中深层地热能供热的世园会安置房（博园雅居），以及利用再生水源热泵供热的中关村东升科技园等。根据《北京市"十四五"时期能源发展规划》和《北京市可再生能源替代行动方案（2023—2025年）》，到2025年新增浅层地源热泵供热面积2000万平方米，新增中深层地热能供热面积200万平方米，可再生能源供热面积占比达10%以上。

京津冀燃料电池汽车示范城市群建设加速，推动氢能制储运加用全链条发展。北京市形成京南（大兴、房山、经开区）和京北（昌平"能源谷"）"一南一北"氢能产业集群。据新闻报道，截至2024年底，北京市累计推广氢燃料电池汽车超3397辆（含京津冀城市群），覆盖公交、物流、环卫等领域。建成加氢站44座（含油氢合建站），日供氢能力达74吨，服务车辆超4000辆。燕山石化氢气产能提升至8000吨/年，成为华北最大燃料电池氢供应基地。

（二）交通领域电动化转型

根据《北京市2024年国民经济和社会发展统计公报》，截至2024年底，新能源私人载客汽车保有量为64.2万辆，较2023年增加11.4万辆。

2025年4月1日，北京市发展和改革委员会披露，全市新能源汽车保有量达到100.9万辆（含商用车及公共领域车辆），累计建成充电桩40.4万个。2024年，全市共建设440座超充站。在物流低碳化方面，修订新能源物流车优先通行政策，设置五环路内新能源载货汽车昼运通行证。对在2024年7月31日至2025年12月31日期间，将国四营运柴油货车淘汰后，更新为轻型新能源货车的货运业户，对其更新的新能源货车发放《城区货运通行证》进行激励。据2025年1月14日的《北京日报》报道，截至2024年底，北京新能源和清洁能源公交车占比达95%，其中新能源公交车占比75%，纯电动公交车突破1万辆。2024年，北京公交集团产生的二氧化碳排放量降低到95万吨，运营车辆碳排放强度再创新低，每万公里二氧化碳排放降至8.68吨，绿电消纳3.68亿度，减少二氧化碳排放22万吨。

（三）建筑领域低碳化实践

2024年3月1日起，《北京市建筑绿色发展条例》施行，对绿色建筑分级管理，新建民用建筑须一星级以上，大型公共建筑、政府投资建筑及城市副中心居住建筑须二星级以上，超高层及核心区建筑须达三星级。要求在建筑工程立项、规划、设计、施工、监理中应当编制绿色专篇，明确绿色建筑等级、装配式建筑要求、超低能耗建筑性能、可再生能源与绿色建材应用、节能减排效益、技术路径等相关内容。2024年，北京市结合老旧小区改造，完成超1000万平方米既有建筑节能绿色化改造，平均节能率超20%，并推动建筑垃圾资源化处置率提升至91%。昌平区试点建筑垃圾全链条管理，要求新建建筑施工现场垃圾排放量每万平方米不高于300吨，装配式建筑则降至200吨以下。2024年底，《北京市公共建筑能效分级管理办法》印发，通过"能效等级划分+差别化管理"倒逼节能改造。

2024年，北京中海金融中心建成首个大型商业办公"光储直柔"示范项目，通过光伏发电、电池储能、直流配电与V2G充电桩柔性用电，年节电约30万度，减少二氧化碳排放约250吨。首程时代中心成为北京市首个负碳建筑，实现年减碳 96 吨，碳排放量减少 43 吨。西城区新兴盛危改项目是全国首例双基坑气膜工程，开创了首都核心区绿色施工新模式。气膜密闭空间减少 90% 以上扬尘排放，降噪效果为 80%～90%，工期缩短 6 个月。2024 年，北京市新建装配式建筑面积占新建建筑面积的比例达 62%。

（四）挑战与优化方向

北京市在推进低碳转型的过程中，依然面临一些技术和政策上的挑战。首先，氢能储运成本居高不下，氢源供应不足，加氢站建设进度滞后，制约了氢能的规模化应用。根据《北京市氢能产业发展实施方案（2021—2025）》，2023 年前应建成 37 座加氢站，2025 年前达 74 座。但截至 2024 年 11 月，实际建成仅 19 座，实际运营仅 9 座。其次，区域协同仍是一个突出问题，尤其是在绿电消纳方面，京津冀地区在政策协同、市场创新和区域协作方面仍大有可为。此外，市场化激励不足也是一大问题，碳普惠平台的注册用户增长和用户活跃度都进入瓶颈期，需要探索更多的激励模式，如积分兑换公共服务等长效机制。

针对这些挑战，本报告提出了几项优化建议。首先，建立和完善跨区域的绿电交易平台和机制；其次，试点建筑碳排放限额与交易机制，将超低能耗建筑的减排量纳入碳市场；最后，强化财政支持，对氢能储运技术的研发给予补贴，以加速技术的突破和应用。

北京市的低碳转型在技术创新和制度设计方面取得了多项突破，但仍需解决技术成本、区域协同和市场激励等核心问题，以为全国超大城市的碳中和路径提供实践样本。

四　环境政策实施与效果评估

（一）现行政策回顾与2024年新举措

北京市的环境政策体系围绕"十四五"生态环境保护规划展开，重点构建了包括低碳技术推广、碳市场交易、能源结构优化等多维度的治理框架。2024年，北京市进一步聚焦"双碳"目标，推出了一系列创新性举措。其中，在移动源污染管控方面，自2024年7月1日起，北京市执行国家在用汽油车和柴油车排放标准限值B，污染物限值较A限值加严30%~50%。

在碳市场深化与绿证机制方面，《北京市碳排放权交易管理办法》自2024年5月1日起施行，将绿电消费纳入碳排放核算体系，重点碳排放单位通过市场化手段购买使用的绿电碳排放量核算为零。2024年，北京市外调绿电354.8亿千瓦时，同比增长27%。2024年11月，北京市经济和信息化局等部门联合印发《北京市存量数据中心优化工作方案（2024—2027年）》，要求到2025年，PUE值（电能利用率）低于1.2（含）、1.2~1.35（含）之间、1.35以上的数据中心，绿色电力使用比例达到20%、30%、40%。2024年北京市重点推进了先进低碳技术项目、低碳领跑者、气候友好型区域三类低碳试点。

（二）现存问题与政策短板

北京市的环境政策取得了显著成效，但在实施过程中仍面临一些挑战。

首先，臭氧污染问题突出。2024年，臭氧是夏季主要污染物之一。其次，区域协同治理不足仍是一个亟待解决的问题。尽管京津冀联防联控机制在应急减排中取得了一定的成效，但在常态化治理方面，依然过于依赖行政指令，缺乏高效的跨区域协作。例如2024年11月京津冀及周边地区发生了3次大范围污染事件，表明跨区域排放总量管控低效。最后，数据与机制的脱节影响了政策的评估精度。一些领域的数据缺失，导致政策评估缺乏全面性。此外，绿证交易与碳市场的互通性尚未完善，企业难以通过绿证抵消碳排放配额，从而影响了碳市场的运行效率。

五 对策建议

（一）强化科技赋能环境治理

针对北京市在臭氧污染和固废资源化协同不足方面存在的问题，可以加大人工智能与物联网技术的应用力度。北京市可以依托"城市大脑"平台,在重点工业园区,部署污染源识别系统,实时监测VOCs排放热点,结合气象数据预测臭氧生成趋势,实现精准的污染源管控。此外,建议将首钢园区的钢渣资源化模式推广至津冀区域,通过跨区域技术共享提高固废处理能力,减少碳排放量,节约土地资源。

(二)完善市场化生态补偿机制

为了应对绿电消纳和碳市场流动性不足的问题,可以试点"绿证—CCER"联动交易机制。根据2024年1月国家发展改革委等部门印发的《关于加强绿色电力证书与节能降碳政策衔接大力促进非化石能源消费的通知》,绿证可作为抵扣企业间接碳排放的途径之一。北京市作为试点碳市场,明确将绿电消费纳入碳排放核算体系,企业外购绿电的碳排放量可直接核算为0,从而降低间接碳排放总量。北京市鼓励企业采购本地或京津冀地区的绿证,以支持区域绿色转型。对于高耗能企业,可将绿证与CCER结合使用,绿证抵消范围二排放,CCER抵消范围一排放,或用于全国碳市场履约。同时可以探索"碳普惠+公共服务"的激励模式,例如垃圾分类积分兑换公交优惠、抵扣物业费等政策,有效提升市民参与度。

(三)深化区域协同治理体系

针对京津冀联防联控机制在执行中的碎片化问题,可以在区域层面建立跨行政区的碳排放总量控制目标。全年尺度下北京$PM_{2.5}$区域传输贡献约为28%~36%,应据此设定天津市和河北省重点行业的年度排放配额,将回收利用可与城市供暖结合,解决区域供暖需求。此外,推动整合固废资源化产业链也是一个重要方向。可以将唐山钢铁废渣与北京的透水砖生产体系相对接,减少天然砂石开采量,进一步优化区域资源利用。

(四)提升数据透明度与政策适配性

为了解决由于数据缺失带来的政策评估偏差问题,生态环境部门可以联合市政数局共同建立环境治理数据共享平台，定期发布工业固废、VOCs 排放等关键环境数据。例如，2024 年西城区通过实时公开工地扬尘监测数据，PM_{10} 年均浓度同比下降 7.8%。政策工具的适配性也需进一步优化，特别是对中小型企业的管理。可以考虑实施分级管理策略，对于年碳排放量低于 1 万吨的企业，允许其享受碳配额豁免，并通过购买绿证履行减排义务，有效降低中小型企业的参与门槛，鼓励更多企业参与到环境治理中。

六 结论

本研究基于 2024 年的数据，全面评估了北京市在环境质量改善和低碳转型方面的进展。首先，北京市在多个领域取得了显著的治理成效，例如 $PM_{2.5}$ 年均浓度下降至 30.5 微克/米^3，新能源汽车保有量突破 100 万辆，绿色建筑认证面积占比持续高位增长，这标志着北京市在环境质量上取得了"质变"进展。其次，北京市面临的深层次问题仍然突出，包括臭氧超标天数占受污染天数比超过 60%、区域协同机制的碎片化、绿电市场化消纳不足等问题，表明治理体系需要从"单点突破"转向"系统重构"。最后，明确了未来的创新路径，通过科技赋能精准治理、市场化机制激活多元主体以及区域协同突破行政壁垒，北京市能够为超大城市的碳中和路径提供切实可行的"北京方案"。

未来，推动政策工具从"粗放管制"向"精细调控"转型，将以数据驱动为核心，进一步强化科技创新与公众参与的协同效应。这不仅能提升北京市的环境治理水平，也能为全国生态文明建设提供宝贵的实践经验。

Abstract

The book is divided into seven sections: General Report, Overall Evaluation, Science and Technology Education and Culture, Social Security, Infrastructure, Public Safety, and Environmental Protection. It conducts in-depth research on the layout and high-quality development of public services in Beijing. Through qualitative and quantitative analysis, it presents the overall development of public services in Beijing from the perspectives of science and technology, basic education, public culture, social security, infrastructure, public safety, and environmental protection.

Overall, in 2024, Beijing is advancing into a new phase of high-quality development in public services, striving to create a balanced, high-quality, and efficient public service supply framework. The city is elevating service standards to exemplary levels and continuously refining its public service system. Reforms in science, education, and cultural sectors have yielded positive outcomes, enhancing quality and efficiency. Social security services have seen improvements, bolstering the governance capabilities of labor relations comprehensively. Urban infrastructure is undergoing accelerated upgrades and digital transformation, ensuring operational efficiency and quality of life for residents. Innovative measures have strengthened public safety oversight, maintaining the capital's social stability. Breakthroughs in "blue skies, clear waters, and clean land" initiatives have solidified achievements in ecological civilization. Nonetheless, Beijing's public services still face shortcomings, necessitating further reforms to build and perfect a balanced, high-quality, efficient, sustainable, and multi-layered social public service system.

Thematic research reveals that in the field of science and technology, adhering to the "Four Orientations" concept while focusing on regional sci-tech development issues, Beijing has systematically planned reforms in the sci-tech system with the core goal of promoting the construction of an international sci-tech innovation center, achieving positive results. The sci-tech sector has seen leapfrog development, with new progress in building the international sci-tech innovation center, notably in comprehensive innovation strength, basic research, and the integration of sci-tech innovation with industrial innovation. In the realm of basic education, multiple measures have been taken to promote the balanced development of high-quality educational resources, optimize the supply of school places, enhance school conditions, strengthen the cultivation of student literacy, improve the quality of education, and continuously increase the public's sense of gain and satisfaction with education. In the public culture sector, public cultural service policies have continued to exert force, with a strong momentum in new cultural productive forces. Cultural services and supply have been continuously optimized, with a clear trend towards high-end and integrated development. The number of public cultural service brands has been increasing, with service quality and efficiency steadily improving. In the field of employment and social security, the level of digital management construction for the protection of the rights and interests of workers in new forms of employment has been continuously improving. Delayed retirement has a positive impact on the pension benefits of urban employees in Beijing. It is necessary to promote gender equality in Beijing's life service industry by stimulating the vitality of new business forms, improving laws and regulations, enhancing social security for people's livelihoods, and weakening the shackles of household registration. Beijing's elderly care services are showing a trend of digital and intelligent transformation, with the housing provident fund system continuously empowering the high-quality development of housing security in Beijing. In the infrastructure sector, a comparative analysis of the digital infrastructure levels of 30 provinces and cities across the country found that Beijing has significant advantages in areas such as 5G base stations and computing power supply. At the same time, it leads the country in the construction of artificial intelligence infrastructure such as algorithm frameworks, datasets, and platforms, continuously empowering industrial upgrading. The construction and layout of new public facilities in rural areas of Beijing are accelerating, but the main practical problems are uneven regional coverage, difficulty in enjoying convenience in remote villages, high difficulty and cost in construction and operation and maintenance, and difficulty in adapting to population and industrial development. In the field of public safety, Beijing's active efforts and significant achievements in the security of politics, economy, and culture have provided valuable experience for national security governance. Community social organizations play an irreplaceable role in grassroots social governance, but they still face many challenges and difficulties in the process of cultivation and development. In terms of environmental protection, research has found that Beijing has made significant achievements in key areas such as air quality, water resource management, solid waste treatment, and green energy application. However, ozone pollution remains a prominent issue, regional collaborative governance mechanisms still need to be improved, and challenges such as insufficient market-based absorption of green electricity still exist. The Beijing carbon market is a leader among local carbon pilots, with a relatively perfect market mechanism, rich trading entities, and its market design features "high constraint + strong service orientation". Although the total carbon emissions in the Beijing-Tianjin-Hebei region have decreased, the carbon emission intensity is still higher than the national average, and it is necessary to continuously optimize the industrial structure, strengthen coordinated emission reduction in high-energy-consuming industries, improve the level of regional transportation integration, enhance the synergy of environmental protection policies, and collaboratively optimize the regional energy structure. In addition, the comprehensive quality of the rural living environment in the Beijing-Tianjin-Hebei region needs to be improved, and it is necessary to improve the long-term mechanism for rural living environment improvement and choose improvement models according to local conditions.

Keywords: Public Services; Science and Technology; Basic Education; Social Security; Infrastructure; Public Safety; Environmental Protection

Contents

I General Report

Abstract: In 2024, Beijing continued to build a balanced, high-quality, and efficient public service supply system, improving service levels with the highest standards and continuously refining the public service framework. Significant progress was made in the reform and quality enhancement of science, education, and cultural initiatives. Social security services saw improved efficiency, and governance capabilities in labor relations were comprehensively strengthened. Urban infrastructure underwent accelerated upgrades and digital transformation, ensuring operational efficiency and enhancing residents' quality of life. Innovative measures were implemented to strengthen public safety supervision, maintaining overall social stability in the capital. Breakthroughs in "blue skies, clear waters, and clean land" initiatives consolidated achievements in ecological civilization. However, challenges remain in Beijing's public services, necessitating further reforms to build and improve a balanced, high-quality, efficient, and multi-layered public service system.

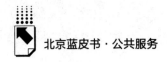

Keywords: Public Service Supply; Scientific and Technological Innovation; Social Security; Infrastructure; Public Safety; Ecological Civilization

II　Overall Evaluation

B.2　Comprehensive evaluation of the public service performance in 16 districts of Beijing

Research group of Comprehensive Evaluation and Research on the Public Service Performance in Districts of Beijing, *Administration Research Institute of Beijing Academy of Social Sciences* / 023

Abstract: Based on the *Beijing districts Statistical Yearbook* 2024, we evaluated the public service supple of Beijing's districts from six dimensions: basic education, social security, medical and health, public culture, environmental protection and public safety. The results show that: the performance of the "ChengLiu" districts is generally balanced, with Fengtai having relatively obvious weaknesses; Tongzhou and the "Pingyuan" districts have more weaknesses and a large gap compared with other districts; The "ShengTai" districts have significant gaps in the dimensions of public culture and public safety.

Keywords: Public Service; Comprehensive Evaluation; 16 Districts of Beijing

III　Technology, Education and Culture

B.3　A Study on Further Deepening the Reform of the Scientific and Technological System in Beijing　　*Bi Juan* / 042

Abstract: Further deepening the reform of the science and technology system is of great significance. Theories such as innovation-driven development, institutional change, and national innovation systems can provide theoretical guidance for the reform. By constructing an analytical framework from five levels— concepts, goals, pathways, measures, and performance—it is evident that Beijing's science and technology system reform adheres to the "Four Orientations" principle while addressing regional scientific development challenges. The core goal is to promote the construction of an international science and technology innovation center. The reform strategically plans a systematic pathway and establishes a legislative-backed institutional framework, refining policy measures to achieve results. Faced with domestic and international circumstances and its own development needs, the next steps involve systematically implementing reform measures in areas such as improving organizational models, optimizing resource allocation methods, advancing the transformation of scientific and technological achievements, fostering an open innovation landscape, and creating a favorable environment.

Keywords: Innovation-drivern; Science and Technology System Reform; Beijing

B.4 The Integration of Scientific and Technological Innovation with Industrial Innovation to Accelerate the Construction of Beijing's International Science and Technology Innovation Center

Dong Lili / 059

Abstract: As a crucial bearer of the national science and innovation strategy, Beijing's construction of an international science and technology innovation center is not only vital for the city's own high-quality development but also has profound implications for promoting coordinated innovation in the Beijing-Tianjin-Hebei region and strengthening the country's autonomous scientific and technological innovation capabilities. This article comprehensively reviews the progress made in 2024 in the construction of Beijing's international science and technology innovation center. Based on this, it deeply analyzes the current challenges faced in the construction of Beijing's international science and technology innovation center, as well as relevant practices and successful experiences. Furthermore, it suggests continuously advancing the work on constructing Beijing's international science and technology innovation center by perfecting systems and mechanisms, promoting collaboration along the industrial chain, leveraging enterprises as the main body of innovation, and deepening international cooperation.

Keywords: International Science and Technology Innovation Center; Scientific and Techonological Innovation; Industrial Innovation; Beijing

B.5 Actions and Progress in Expanding and Enhancing the Quality of Basic Education in Beijing in the New Era

Dong Zhujuan, Huang Xiaoling / 070

Abstract: In the new era, Beijing's basic education focuses on expanding excellence and enhancing quality, by firmly grasping the political, people's, and strategic attributes of education, maintaining the principle of fostering virtue through education, and positioning of priority. We are promoting comprehensive reforms of "big subtraction, small addition, multi-channel, and new carriers", focusing on optimizing the school places to enhance school conditions, strengthening the cultivation of student competency to improve education quality, and continuously enhancing the sense of achievement and satisfaction of the people's education. We are coordinating and making precise efforts in resource allocation and layout optimization, ideological and political guidance and education mode reform, organized teacher system construction, digital intelligence empowerment of new quality productivity in education, and collaborative efforts to build a new education ecology, striving to build a high-quality and balanced basic public education service system.

B.6 Research on the Current Situation, Problems and Countermeasures
of Public Cultural Services in Beijing in 2024

Abstract: Continuously improving the quality and system construction of public cultural services is an important force in promoting the construction of Beijing's national cultural center. In 2024, Beijing's public cultural services will continue to improve, mainly manifested in three aspects: first, the public cultural service policies will continue to be strengthened, and the momentum of cultural new quality productivity will be strong; The second is the continuous optimization of cultural services and supply, with a clear trend towards high-end and integrated development; Thirdly, the number of public cultural service brands continues to increase, and the quality and efficiency of services are steadily improving. However, there are also certain problems in the development process, such as institutional constraints and the need to improve operational efficiency; Lack of participatory, experiential, and diversified cultural services, and the need to enhance distinctive public cultural services; The supervision and evaluation system needs to be improved, and there are shortcomings in the talent team and talent incentives. Based on a systematic review of the current situation and problems of public cultural services in Beijing in 2024, this report proposes to take "people" as the guide, seize opportunities for the development of new quality productivity to improve service efficiency, and encourage social organizations to actively participate; Taking "reform" as the starting point, strengthening characteristic services, and jointly building and sharing in high-quality development; Taking "service" as the ultimate goal, effectively improving the supervision and evaluation system, and continuously motivating talents to unleash their vitality.

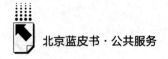

Keywords: Public Culture Service; Service Efficiency; Quality of Service; New Quality Productivity; Beijing

Ⅳ Social Security

B.7 Digital Management Construction of Workers' Rights Protection in New Employment forms in Beijing　　　　*Li Jiamei* / 095

Abstract: As the digital economy wave swept the world, platform economy, sharing economy, circular economy, etc. emerged, and the emergence of new economic forms will inevitably change the corresponding labor relationship. Deconstructing the traditional employment form is replaced by a new employment model with extensive labor space, free labor time, more self-initiative and large-scale platform management. Faced with the problems of flexible employment relations under the new employment form, insufficient social security for workers, and lack of a corresponding labor supervision mechanism, Beijing strives to protect the rights and interests of workers to the greatest extent and ensure legality through digital management construction. The rights protection function when rights are infringed, and the solution to prominent problems such as labor alienation brought about by platform algorithms.

Keywords: New Employment Form; Workers' Rights; Digital Management

B.8 The impact of delayed retirement on the pension benefits of urban workers in Beijing　　　　*Hao Jia, Zhou Wei* / 104

Abstract: With the promulgation of China's policy on "gradual increase of the statutory retirement age," there has been considerable public concern over whether the level of pension benefits will be affected. This paper takes the urban employees in Beijing as the research subjects and constructs a pension calculation model to analyze the impact of delayed retirement on pension benefits. Through numerical simulation, it is found that delayed retirement will not reduce the pension benefits of urban employees in Beijing; instead, it will increase the monthly pension amount, which fully reflects the principle of China's basic old-age insurance that "the longer you pay, the more you get; the more you pay, the more you receive."

Keywords: Delayed Retirement; Urban Employees; Pension; Beijing

B.9 Gender Differences in Employment and Social Security of Living Service Workers in Beijing

Yan Ping, Chen Zhizhi and Zheng Luying / 119

Abstract: This study is based on a survey of six types of living service workers in Beijing, including couriers, maintenance workers, security guards, catering service workers, cleaners and e-taxi drivers, focusing on their gender-based occupational segregation, employment and social security gender differences. First, using Ducan Index to measure the degree of occupational gender segregation, it is found that the degree of gender segregation in the new business models is lower than that in the traditional service industry, and the development of online ride-hailing economy plays an important role in weakening gender-based occupational segregation. Secondly, it is found that men are better than women in terms of job income and stability, employment status and insurance participation. Finally, from the aspects of stimulating the vitality of new business forms, improving laws and regulations, enhancing the social security of people's livelihood, and weakening the shackles of household registration, the author puts forward countermeasures and suggestions to promote gender equality in Beijing's living service industry.

Keywords: Living Service Workers; Gender-based Occupational Segregation; Gender Difference

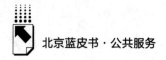

B.10   Research on the Development of Pension Models in Beijing:

    From Digitization to Intelligence   *Li Jiangtao* / 135

Abstract: The issue of pension care is a matter of common concern for the entire society. With the intensification of population aging in China, the pension issue has increasingly garnered attention from all sectors of society. It has become a focal point of concern for all walks of life and a key issue that needs to be addressed in China's future economic development. Beijing has always prioritized improving and upgrading its pension service system as a key aspect of its pension service work, and has continuously explored various innovative models of pension services. After years of effort, Beijing has developed a unique "Beijing Model." In recent years, building on this model, Beijing has focused on advancements in pension technology, achieving significant progress in pension services through continuous upgrades and transformations from digitization to intelligence.

Keywords: Aging; Digitization; Intelligent Pension Care

B.11   Research on the High Quality Development of Beijing Housing

    Security Enabled by Housing Provident Fund

                                           Tang Jiangwei / 145

Abstract: housing security is related to the well-being of the people's livelihood and is an important area for the high-quality development of the people's livelihood in the capital. The housing provident fund system, as a mutual aid and mutual aid mechanism to realize the housing of all people, plays a very important role in promoting the high-quality development of housing security. Based on the policy practice of Beijing's housing provident fund, this paper deeply analyzes the effects of Beijing's housing provident fund in terms of deposit, withdrawal, loan policy optimization, strengthening the innovation practice of housing provident fund policy, implementing the policy of combining rent and purchase, and continuously improving the service efficiency of housing provident fund. On this basis, it points out that the current high-quality development of housing security enabled by housing provident fund has some shortcomings, such as the utilization efficiency of housing provident fund needs to be improved, the support for families in need needs needs needs to be strengthened, and the support field of housing security needs to be expanded. Finally, from strengthening the top-level design of the provident fund system, expanding the coverage of the housing provident fund, innovating the service mode of the housing provident fund, and strengthening the policy propaganda, the paper puts forward the positive optimization strategies in the future, so as to provide some reference for accelerating the realization of the social development goal of "housing".

Keywords: Housing Provident Fund; Housing Security; High-quality Development

V   Infrastructure

B.12   2024 Beijing Digital Infrastructure Study

Wang Peng, Zao Zhenduo, Li Shuaiying and Yan Bo / 156

Abstract: As a core resource in the era of digital economy, data elements are profoundly reshaping the economic and social structure. Relying on its industrial foundation and policy advantages, Beijing has taken the lead in digital infrastructure construction. In 2023, the added value of the digital economy will account for 42.9% of regional GDP, becoming an important driving force for economic growth. At the policy level, documents such as the Action Plan for the Development of Smart Cities during the 14th Five-Year Plan Period of Beijing have clarified the development direction focusing on 5G networks, data centers and computing platforms. By constructing an evaluation index system that includes four dimensions: population penetration level, geographical coverage, economic contribution capacity, and network resource support strength, this paper uses the entropy method to compare and analyze the digital infrastructure level of 30 provinces and cities in China, and finds that Beijing has significant advantages in 5G base stations and computing power supply, but it still needs to be improved in industrial integration and collaborative governance. Drawing on the experience of Shanghai Zhangjiang Science City, Guangzhou and Hangzhou, this paper puts forward suggestions on strengthening top-level design, optimizing industrial integration, improving collaborative governance, increasing talent introduction and promoting green and low-carbon development, so as to provide a scientific basis and practical path for Beijing to build a global digital economy benchmark city.

Keywords: Digital Infrastructure; Digital Economy; Scientific and Technological Innovation; Green Development

B.13 Development Practice and Improvement Path Analysis of Artificial Intelligence Infrastructure inBeijing *Meng Fanxin* / 170

Abstract: Artificial intelligence infrastructure is a key area that Beijing should take the lead in laying out and investing in to accelerate the development of a benchmark city for the digital economy, build an international science and technology innovation center, and promote the development of digital intelligence in public services. Beijing leads the country in the construction of artificial intelligence infrastructure such as computing power centers, algorithm frameworks, datasets, and platforms, continuously empowering industrial upgrading. However, it still faces many challenges such as chip constraints, insufficient computing power supply, high energy consumption, and insufficient application scenarios. In the new era, efforts should be made to accelerate the construction of artificial intelligence infrastructure in Beijing, focusing on breakthroughs in the research and development of key digital technologies such as chips, forward-looking layout of urban basic energy systems, and support for basic systems and element systems. This will enhance the level of construction and operation of Beijing's artificial intelligence infrastructure and help promote high-quality economic and social development in the capital.

Keywords: Artificial Intelligence Infrastructure; Algorithm Framework; Large Model; Computing Power Center; Data Set

B.14   Progress and Policy Implications of New Rural Public Facilities

Construction in Beijing   *Wang Jing* / 185

Abstract: With the development of rural socio economy, some new public facilities are built in rural areas according to demand. It is of great significance to study the scientific connotation, basic pattern, and typical models of rural new public facility construction. This article preliminarily explores the concept and scope of new public facilities, and analyzes the current situation, weak areas, and practical problems of rural new public facility construction in Beijing based on five representative indicators. At present, the situation of express delivery services to villages and 5G network coverage in Beijing is relatively good, and the construction of elderly care service facilities is also being promoted. The coverage of new energy vehicle public charging piles and agricultural product storage and preservation cold chain logistics facilities is relatively low, and there is a certain gap with Shanghai, Zhejiang and other provinces and cities. The main problems currently faced include uneven regional coverage, difficulty in accessing convenience in remote rural areas, high construction and operation costs, and difficulty in adapting to the development of population industries. In the future, we should strengthen basic research, clarify specific needs, promote orderly classification, strengthen urban-rural integration, explore innovative models, and establish a sound long-term operation and maintenance mechanism for new public facilities in rural areas of Beijing.

Keywords: New public Facilities; Rural Construction; Rural Revitalization

Ⅵ Public Safety

B.15 Research Report on the Cultivation and Development Path of
Community Social Organizations in Beijing

Xu Ming, Chen Sijie and Liu Yahan / 197

Abstract: As an important force in grassroots social governance, community social organizations play an irreplaceable role in stimulating community vitality, promoting resident participation, providing community services, enriching community culture, and resolving grassroots conflicts. However, community social organizations still face many challenges and difficulties in their cultivation and development process. This study constructs a theoretical analysis framework of " role-resource-capacity," conducts an in-depth analysis of the role of community social organizations in grassroots governance, explores the dilemmas in their development process, and proposes effective solutions. The research points out that the cultivation and development of community social organizations require clarifying the roles of different entities and strengthening support from various resources, including power resources, institutional resources, and social resources. At the same time, the research emphasizes that the ultimate goal of cultivating and developing community social organizations is to enhance the awareness and capacity of community residents and increase the social capital stock for community self-governance. To promote the cultivation and development of community social organizations, further efforts should be made to strengthen the organizational and institutional development of the Party within community social organizations, clarify the role positioning of service management for community social organizations, further optimize the environment for their cultivation and development, promote balanced development in terms of the types and regional structures of community social organizations, and improve their internal governance.

Keywords: Community Social Organizations; Grassroots Governance; Modernization of Social Governance

B.16 Comprehensive Governance of China's Capital Security

Abstract: This paper centers on the comprehensive security governance in the capital. After expounding on the significance of national security and the theoretical framework of the overall national security concept, it meticulously organizes and details the security measures and outcomes in various fields of Beijing. Through empirical case-based research, an in-depth analysis is conducted. The research sums up Beijing's proactive initiatives and tangible accomplishments in political, economic, cultural, and other security aspects, offering precious experience for national security governance. Looking ahead, strategic suggestions are put forward regarding the optimization of the governance system, intensifying the application of science and technology, and enhancing international cooperation. These are aimed at dealing with intricate security circumstances, safeguarding the security and development of both the capital and the nation, and providing a solid foundation for the realization of the great rejuvenation of the Chinese nation.

Keywords: Capital Security; Holistic National Security Concept; Security Governance

Ⅶ   Enviromental Protection

B.17 Current Status andOptimization Suggestions of China's Carbon Trading Market

—With a Discussion on the Development of Beijing Carbon Market

Abstract: This paper provides a detailed exploration of the current status, development process, and existing issues of China's carbon trading market, and offers suggestions for optimization. Since the pilot program was launched in 2011, China's carbon market has gradually expanded from local pilots to a unified national market, with continuous improvements in market size and policy frameworks, and gradually increasing international influence. However, the market still faces issues such as insufficient activity, poor data quality, limited industry coverage, and inadequate carbon price discovery mechanisms. In response to these challenges, this paper proposes multidimensional optimization of quota allocation mechanisms, phased expansion of industry coverage, stabilization of the institutional environment, strengthening of the MRV system, and enhanced international coordination to promote the healthy development of China's carbon market and support the achievement of the "dual carbon" goals.

Keywords: Carbon Trading Market; Quota Allocation; Industry Coverage; MRV System; Carbon Price Discovery

B. 18   Spatial Differentiation and Improvement Path of Rural Living Environment in Beijing-Tianjin-Hebei Region

Zhao Weiyi, Pan Wei and Wang Jing / 240

Abstract: The improvement of rural living environment is an important lever for promoting the strategy of rural revitalization and implementing rural construction actions. Evaluating the current situation of rural living environment is the leading work for carrying out rectification activities. This article quantitatively explores the current situation, spatial differentiation, and improvement path of rural living environment improvement in the Beijing-Tianjin-Hebei region based on fine data at the township level. The results showed that the overall quality of rural living environment in the Beijing-Tianjin-Hebei region is not high, presenting a "core edge" characteristic of "Beijing Tianjin as the core, other high-value areas as the center, and low value areas as the edge"; In terms of subdivision dimensions, toilet renovation presents a spatial differentiation characteristic of "high in the south, low in the north, high in the east, and low in the west". The high-value areas of sewage treatment index are concentrated in the Beijing Tianjin region, and the planning guidance index space presents the characteristics of "large agglomeration in Beijing, small agglomeration in Baoding and Xingtai"; There is a significant spatial positive correlation among the three indicators, and the hotspots are generally distributed in Beijing, Tianjin, Tangshan, Langfang, and Chengde, while the cold spots have the characteristics of large area, boundary orientation, and dispersed distribution; The level of garbage management is high and the high-value spatial distribution is uniform, without spatial agglomeration characteristics or hot spots. In the new journey of promoting comprehensive rural revitalization, further improving the level of rural living environment in the Beijing-Tianjin-Hebei region requires efforts to promote village planning and emphasize the leading role of rural planning; Vigorously implement the Clean Village Action, with a focus on weak areas; Intensify the rectification efforts in border areas and promote better development of border regions; Establish a long-term mechanism for environmental remediation and choose appropriate remediation models based on local conditions.

Keywords: Rural Living Environment; Quality Evaluation; Spatial Differentiation; Hot and Cold Spots; Beijing-Tianjin-Hebei Region

B.19 Research on Carbon Emissions in the Beijing Tianjin Hebei Region from the Perspective of Regional Collaborative Development   *Yang Hao, Wei Wei /* 249

Abstract: As the core economic area of northern China, the carbon emissions issue in the Beijing Tianjin Hebei region is of great significance for regional sustainable development. This article analyzes the historical changes and current situation of carbon emissions in the Beijing Tianjin Hebei region from the perspective of regional coordinated development, and compares it with other urban agglomerations in China. It also explores in depth the problems and influencing factors in the process of regional coordinated optimization of energy structure. Research has found that although the total carbon emissions in the Beijing Tianjin Hebei region have decreased, the carbon emission intensity is still higher than the national average. The distribution of high energy consuming industries is uneven, the collaborative emission reduction efforts are insufficient, the development of integrated transportation is unbalanced, and the imbalance of energy consumption structure remains prominent. Based on this, this article continuously optimizes the industrial structure, strengthens the coordinated emission reduction of high energy consuming industries, enhances the level of regional transportation integration, strengthens the coordination of environmental protection policies, and proposes countermeasures for the coordinated optimization of regional energy structure, in order to provide theoretical support and policy references for achieving carbon peak and carbon neutrality goals in the Beijing Tianjin Hebei region.

Keywords: Carbon Emissions; Regional Collaborative Development; Low Carbon Transformation; Beijing Tianjin Hebei Region

B.20 A Study on Environmental Quality and Sustainable Development in Beijing in 2024 *Peng Zhiwen*, *Li Mingming* / 259

Abstract: This report, based on 2024 data, provides a comprehensive assessment of Beijing's environmental quality and progress in low-carbon transformation. The research finds that Beijing has made significant achievements in key areas such as air quality, water resource management, solid waste treatment, and the application of green energy. However, ozone pollution remains a prominent issue, regional collaborative governance mechanisms need improvement, and challenges like insufficient market absorption of green electricity persist. The report proposes innovative approaches, including leveraging technology for precise governance, activating diverse stakeholders through market mechanisms, and breaking administrative barriers through regional cooperation, to offer a "Beijing solution" for carbon neutrality pathways in megacities. Moving forward, it calls for a shift in policy tools from "extensive management" to "fine-tuned regulation," enhancing the synergistic effects of technological innovation and public participation to provide practical experience for national ecological civilization construction.

Keywords: Environmental Quality; Low-carbon Transformation; Data-driven

社会科学文献出版社

皮 书

智库成果出版与传播平台

❖ 皮书定义 ❖

皮书是对中国与世界发展状况和热点问题进行年度监测，以专业的角度、专家的视野和实证研究方法，针对某一领域或区域现状与发展态势展开分析和预测，具备前沿性、原创性、实证性、连续性、时效性等特点的公开出版物，由一系列权威研究报告组成。

❖ 皮书作者 ❖

皮书系列报告作者以国内外一流研究机构、知名高校等重点智库的研究人员为主，多为相关领域一流专家学者，他们的观点代表了当下学界对中国与世界的现实和未来最高水平的解读与分析。

❖ 皮书荣誉 ❖

皮书作为中国社会科学院基础理论研究与应用对策研究融合发展的代表性成果，不仅是哲学社会科学工作者服务中国特色社会主义现代化建设的重要成果，更是助力中国特色新型智库建设、构建中国特色哲学社会科学"三大体系"的重要平台。皮书系列先后被列入"十二五""十三五""十四五"时期国家重点出版物出版专项规划项目；自2013年起，重点皮书被列入中国社会科学院国家哲学社会科学创新工程项目。

皮书网

（网址：www.pishu.cn）

发布皮书研创资讯，传播皮书精彩内容
引领皮书出版潮流，打造皮书服务平台

栏目设置

◆ 关于皮书

何谓皮书、皮书分类、皮书大事记、
皮书荣誉、皮书出版第一人、皮书编辑部

◆ 最新资讯

通知公告、新闻动态、媒体聚焦、
网站专题、视频直播、下载专区

◆ 皮书研创

皮书规范、皮书出版、
皮书研究、研创团队

◆ 皮书评奖评价

指标体系、皮书评价、皮书评奖

所获荣誉

◆ 2008 年、2011 年、2014 年，皮书网均
在全国新闻出版业网站荣誉评选中获得
"最具商业价值网站"称号；

◆ 2012 年，获得"出版业网站百强"称号。

网库合一

2014年，皮书网与皮书数据库端口合
一，实现资源共享，搭建智库成果融合创
新平台。

皮书网

"皮书说"
微信公众号

权威报告·连续出版·独家资源

皮书数据库
ANNUAL REPORT(YEARBOOK)
DATABASE

分析解读当下中国发展变迁的高端智库平台

所获荣誉

- 2022年，入选技术赋能"新闻+"推荐案例
- 2020年，入选全国新闻出版深度融合发展创新案例
- 2019年，入选国家新闻出版署数字出版精品遴选推荐计划
- 2016年，入选"十三五"国家重点电子出版物出版规划骨干工程
- 2013年，荣获"中国出版政府奖·网络出版物奖"提名奖

皮书数据库

"社科数托邦"
微信公众号

成为用户

　　登录网址www.pishu.com.cn访问皮书数据库网站或下载皮书数据库APP，通过手机号码验证或邮箱验证即可成为皮书数据库用户。

用户福利

- 已注册用户购书后可免费获赠100元皮书数据库充值卡。刮开充值卡涂层获取充值密码，登录并进入"会员中心"—"在线充值"—"充值卡充值"，充值成功即可购买和查看数据库内容。
- 用户福利最终解释权归社会科学文献出版社所有。

社会科学文献出版社 皮书系列
SOCIAL SCIENCES ACADEMIC PRESS (CHINA)

卡号：467198514335
密码：

数据库服务热线：010-59367265
数据库服务QQ：2475522410
数据库服务邮箱：database@ssap.cn
图书销售热线：010-59367070/7028
图书服务QQ：1265056568
图书服务邮箱：duzhe@ssap.cn

法律声明

"皮书系列"（含蓝皮书、绿皮书、黄皮书）之品牌由社会科学文献出版社最早使用并持续至今，现已被中国图书行业所熟知。"皮书系列"的相关商标已在国家商标管理部门商标局注册，包括但不限于LOGO（▨）、皮书、Pishu、经济蓝皮书、社会蓝皮书等。"皮书系列"图书的注册商标专用权及封面设计、版式设计的著作权均为社会科学文献出版社所有。未经社会科学文献出版社书面授权许可，任何使用与"皮书系列"图书注册商标、封面设计、版式设计相同或者近似的文字、图形或其组合的行为均系侵权行为。

经作者授权，本书的专有出版权及信息网络传播权等为社会科学文献出版社享有。未经社会科学文献出版社书面授权许可，任何就本书内容的复制、发行或以数字形式进行网络传播的行为均系侵权行为。

社会科学文献出版社将通过法律途径追究上述侵权行为的法律责任，维护自身合法权益。

欢迎社会各界人士对侵犯社会科学文献出版社上述权利的侵权行为进行举报。电话：010-59367121，电子邮箱：fawubu@ssap.cn。

社会科学文献出版社